甘阳 主编

文化：中国与世界新论

*

施特劳斯与古典研究

中国比较古典学学会第二届年会主题论文选

中国比较古典学学会 编

生活·讀書·新知 三联书店

图书在版编目（CIP）数据

施特劳斯与古典研究：中国比较古典学学会第二届年会主题论文选／中国比较古典学学会编．—北京：生活·读书·新知三联书店，2014.11
ISBN 978-7-108-05093-9

Ⅰ．①施… Ⅱ．①中… Ⅲ．①施特劳斯，L.（1899～1973）-哲学思想-研究 Ⅳ．①B712.59

中国版本图书馆 CIP 数据核字（2014）第 167680 号

责任编辑 舒 炜
装帧设计 薛 宇
责任印制 徐 方
出版发行 生活·讀書·新知 三联书店
（北京市东城区美术馆东街 22 号 100010）
网　　址 www.sdxjpc.com
经　　销 新华书店
印　　刷 北京隆昌伟业印刷有限公司
版　　次 2014 年 11 月北京第 1 版
2014 年 11 月北京第 1 次印刷
开　　本 880 毫米×1092 毫米 1/32 印张 12.75
字　　数 180 千字
印　　数 0,001-5,000 册
定　　价 38.00 元
（印装查询：01064002715；邮购查询：01084010542）

“文化：中国与世界”新论

缘起

百年前，梁启超曾提出“中国之中国”，“亚洲之中国”，以及“世界之中国”的说法。进入21世纪以来，关于“世界之中国”或“亚洲之中国”的各种说法益发频频可闻。

但所谓“中国”，并不仅仅只是联合国上百个国家中之一“国”，而首先是一大文明母体。韦伯当年从文明母体着眼把全球分为五大历史文明（儒家文明，佛教文明，基督教文明，伊斯兰文明，印度教文明）的理论，引发日后种种“轴心文明”讨论，至今意义重大。事实上，晚清以来放眼看世界的中国人从未把中国与世界的关系简单看成是中国与其他各“国”之间的关系，而总是首先把中国与世界的关系看成是中国文明与其他文明特别是强势西方文明之间的关系。二十年前，我们这一代人创办“文化：中国与世界”系列丛书时，秉承的也是这种从大文明格局看中国与世界关系的视野。

这套新编“文化：中国与世界”论丛，仍然承继这种从文明格局看中国与世界的视野。我们以为，这种文明论的立场今天不但没有过时，反而更加迫切了，因为全球化绝不意味着将消解所有历史文明之间的差异，绝不意味着走向无分殊的全球一体化文明，恰恰相反，全球化的过程实际更加突出了不同人民的“文明属性”。正是在全球化加速的时候，有关文明、文化、民族、族群等的讨论日益成为全球各地最突出的共同话题，既有所谓“文明冲突论”的出场，更有种种“文明对话论”的主张。而晚近以来“软实力”概念的普遍流行，更使世界各国都已日益明确地把文明潜力和文化创造力置于发展战略的核心。说到底，真正的大国崛起，必然是一个文化大国的崛起；只有具备深厚文明潜力的国家才有作为大国崛起的资格和条件。

哈佛大学的张光直教授曾经预言：人文社会科学的21世纪应该是中国的世纪。今日中国学术文化之现状无疑仍离这个期盼甚远，但我们不必妄自菲薄，而应看到这个预言的理据所在。这个理据就是张光直所说中国文明积累了一笔最庞大的文化本钱，如他引用 Arthur Wright 的话所言："全球上没有任何民族有像中华民族那样庞大的对他们过去历史的记录。二千五百年的正史里所记录下来的个别事件的总额是无法计算的。要将二十五史翻成英文，需要四千五百万个单词，而这还只代表那整个记录中的一小部分。"按张光直的看法，这笔庞大的文化资本，尚未被现代中国人好好利用过，因为近百年来的中国人基本是用西方一时一地的理论和观点去看世界，甚至想当然地以为西方的理论观点都具有普遍性。但是，一旦"我们跳出一切成见的圈子"，倒转过来以中国文明的历史视野去看世界，那么中国文明积累的这笔庞大文化资本就会发挥出其巨大潜力。

诚如张光直先生所言，要把中国文明的这种潜力发挥出来，我们需要同时做三件事，一是深入研究中国文明，二是尽量了解学习世界史，三是深入了解各种西方人文社会科学理论，有了这三个条件我们才能知所辨别。做这些工作都需要长时间，深功夫，需要每人从具体问题着手，同时又要求打破专业的壁垒而形成张光直提倡的“不是专业而是通业”的研究格局。这套丛书即希望能朝这种“通业研究”的方向做些努力。我们希望这里的每种书能以较小的篇幅来展开一些有意义的新观念、新思想、新问题，同时丛书作为整体则能打破学科专业的篱笆，沟通中学与西学、传统与现代、人文学与社会科学，着重在问题意识上共同体现“重新认识中国，重新认识西方，重新认识古典，重新认识现代”的努力。

之所以要强调“重新认识”，是因为我们以往形成的对西方的看法，以及根据这种对西方的看法而又反过来形成的对中国的看法，有许多都有必要加以重新检讨，其中有些观念早已根深蒂固而且流传极广，但事实上却未必正确甚至根本错误。这方面的例子可以举出很多。例如，就美术而言，上世纪初康有为、陈独秀提倡的“美术革命”曾对20世纪的中国美术发生很大的影响，但他们把西方美术归结为“写实主义”，并据此认为中国传统美术因为不能“写实”已经死亡，而中国现代美术的方向就是要学西方美术的“写实主义”，所有这些都一方面是对西方美术的误解，另一方面则是对中国现代美术的误导。在文学方面，胡适力图引进西方科学实证方法强调对文本的考证诚然有其贡献，但却也常常把中国古典文学的研究引入死胡同中，尤其胡适顽固反对以中国传统儒道佛的观点来解读中国古典文学的立场更是大错。例如他说“《西游记》被三四百年来的无数道士和尚秀才弄坏了”，认为儒道佛的“这些解说都是《西游记》的大敌”，但正如《西游记》英译者余国藩教授所指出，胡适排斥儒道佛现在恰恰成了反讽，因为欧美日本中国现在对《西游记》的所有研究成果可以概观地视为对胡适观点的驳斥，事实上，“和尚，道士和秀才对《西游记》的了解，也许比胡适之博士更透彻，更深刻！”

同样，我们对西方的了解认识仍然远远不够。这里一个重要问题是西方人对自己的看法本身就在不断变化和调整中。例如，美国人曾一度认为美国只有自由主义而没有保守主义，但这种看法早已被证明乃根本错误，因为近几十年来美国的最大变化恰恰是保守主义压倒自由主义成了美国的主流意识形态，这种具有广泛民众基础而且有强烈民粹主义和反智主义倾向的美国保守主义，几乎超出所有主流西方知识界的预料，从而实际使许多西方理论在西方本身就已黯然失色。例如西方社会科学的基本预设之一是所谓“现代化必然世俗化”，但这个看法现在已经难以成立，因为正如西方学者普遍承认，无论“世俗化”的定义如何修正，都难以解释美国今天百分之九十以上的人自称相信宗教奇迹、相信上帝的最后审判这种典型宗教社会的现象。晚近三十年来是西方思想变动最大的时期，其变动的激烈程度只有西方17世纪现代思想转型期可以相比，这种变动导致几乎所有的问题都在被重新讨论，所有的基本概念都在重新修正，例如什么是哲学，什么是文学，什么是艺术，今天都已不再有自明的答案。但另一方面，与保守主义的崛起有关，西方特别美国现在日益呈现知识精英与社会大众背道而驰的突出现象：知识精英的理论越来越前卫，但普通民众的心态却越来越保守，这种基本矛盾已经成为西方主流知识界的巨大焦虑。如何看待西方社会和思想的这种深刻变化，乃是中国学界面临的重大课题。但有一点可以肯定：今天我们已经必须从根本上拒斥简单的“拿来主义”，因为这样的“拿来主义”只能是文化不成熟、文明不独立的表现。中国思想学术文化成熟的标志在于中国文明主体性之独立立场的日渐成熟，这种立场将促使中国学人以自己的头脑去研究、分析、判断西方的各种理论，拒绝人云亦云，拒绝跟风赶时髦。

黑格尔曾说，中国是一切例外的例外。近百年来我们过于迫切地想把自己纳入这样那样的普遍性模式，实际忽视了中国文明的独特性。同时，我们以过于急功近利的实用心态去了解学习西方文明，也往往妨碍了我们更深刻地理解西方文明内部的复杂性和多样性。21 世纪的中国人应该已经有条件以更为从容不迫的心态、更为雍容大气的胸襟去重新认识中国与世界。

承三联书店雅意，这套新编论丛仍沿用“文化：中国与世界”之名，以示二十年来学术文化努力的延续性。我们相信，“文化”这个概念正在重新成为中国人的基本关切。

甘 阳

2007 年中秋于杭州

目 录

附录

出版说明

2010年秋，我国六所大学的古典学研究中心和比较文学研究所联署向中国比较文学学会理事会发出倡议，成立“中国比较古典学学会”。2011年8月，中国比较文学学会理事会经讨论一致通过批准成立“中国比较古典学学会”，受中国比较文学学会节制。2012年12月，在中山大学高等人文研究院和博雅学院支持下，比较古典学学会首届年会在广东肇庆召开。2013年，学会第二届年会凭靠重庆大学高等人文社会科学研究院的支持在重庆大学召开——这届年会的主题为“施特劳斯与古典研究”，以纪念施特劳斯逝世四十周年。

这次年会共收到98篇论文，其中涉及年会主题的论文12篇，译文一篇。我们从主题论文中选出9篇辑为文集单行（另收附录两篇），年会的其他论文选集将另外出版。

中国比较古典学学会

2013年12月

古典学：扣两端而执其中

纪念施特劳斯古典学进入中国十六年（1998—2013）

墨哲兰

（海南大学社科中心）

一、从启蒙到反省启蒙

1986年，甘阳、刘小枫、赵越胜等创办“文化：中国与世界”掀起“后文革”时期的第一次翻译浪潮或“五四”以来的第二次启蒙运动。

2002年，刘小枫从香港回广州中山大学任教古希腊古典学，2003年创办“经典与阐释”系列，一改上世纪80年代的“随机”翻译“精选”古希腊经典及其考证集注、精读细释的研究本翻译，旨在矫正“启蒙”为“反省启蒙”的西学方向。

2009年，甘阳从香港回广州中山大学建立“高等人文研究院”和“博雅学院”并在全国推而广之。

17年跨过了120年“启蒙”与“回归”的鸿沟：20世纪做了一百年西化“启蒙梦”，到21世纪才如梦初醒。所谓如梦初醒，恐怕也只能在小范围内算数，大范围仍然还在“西化梦”里。谁能识别其中的玄机？

有感李商隐《锦瑟》：

锦瑟无端五十弦，一弦一柱思华年。

庄生晓梦迷蝴蝶，望帝春心托杜鹃。

沧海月明珠有泪，蓝田日暖玉生烟。

此情可待成追忆，只是当时已惘然。

三个“五十弦”了，五代人的“华年”已思如过往。庄生还在该醒的晓梦中沉迷于“不知周之梦为蝴蝶与？蝴蝶之梦为周与？”——“不知中之梦为西与？西之梦为中与？”

“沧海月明蓝田日暖”分明也是“珠有泪玉生烟”的伤痛，只有“此情可待成追忆”，才知“只是当时已惘然”。“惘然”何其久矣。难能望帝春心“一寸相思一寸灰”地化作杜鹃啼血：“不如归去，不如归去”！

——归向何处？

“日暮乡关何处是，烟波江上使人愁。”

“鸦片战争”（1840）、“甲午战争”（1894）、“八国联军”(1900)、特别是“第一次世界大战”作为战胜国的中国还要向日本割让德国租赁的胶东半岛（1914—1916），等等越来越凶险的丧权辱国事件，中国政治腐朽再也掩藏不了自欺不了，遂被迫掷于“救亡与启蒙”的盲目“变奏”之下。所谓“救亡”就是合盘照搬西方的资本主义生产方式及其资本式利用科学技术以“强国”；所谓“启蒙”仍然是合盘照搬“西方意识形态”以为“真理”——“凡西方皆真理：世界性、进步性、现代性。与此相对中国皆本土性、落后性、传统性”——从政治学、经济学、军事学的“革面”，到哲学、伦理学、美学、音乐绘画、乃至神学的“洗心”。如此“洗心革面”的全民西化教育首先“重塑”了主导中国知行方向的“知识分子”与“城市生活”。代代累进，迄今一百二十年矣。不夸张地说，如此这般的“救亡下的启蒙”，除了“人种”与“文字”(“文字改革”只剩下最后一步“拼音化”)，中华民族文化种性之“根脉”，已经“细如游丝”了！

它造成这样的后果：离开了西方的概念、范畴、逻辑、模式、甚至比喻、象征，我们几乎不能说话，既不能思维也不能表达。不仅西学如此，连中学或研究中学的人从胡适开始，用西方学术框架套制中国文献还以此为能事，蔚然风成一代“新儒家”气象。从“中体西用”到“西体中用”甚至恨不得“西体西用”了去——是为中国文化“现代转型”的“样板”焉。

这正是西方启蒙思想对非西方启蒙所需要的殖民效果。它们按其地中海区域文化本性就是要“把特殊的东西说成是普遍的东西窃‘真理’之名，再把普遍的东西说成是统治的东西获‘权力’之实”。马克思把这“两个特征”归结为西方形而上学“意识形态”。如前者表现为哲学与神学的“一元论”、“一神论”、“进化论”，后者表现为政治哲学与政治经济学的“强力意志”（“自然正当”）以及资本式的“民主”、“人性”、“技术”的“普遍必然性”与“历史终结性”。由此把非西方民族文化“启蒙”到西方轨道上“臣服而尾随”。如中国然。“启蒙”竟如此奇诡：不启蒙，亡国；启蒙，亦亡国。

可见，“只是当时已惘然”之“惘然”何其深！

今天，尽管世界范围的“启蒙”之“蒙”已显，但真正想做“启‘启蒙’之蒙”者，比当时“启蒙”还难。“启蒙”，字面上是说“真相大白于天下”。但谁知道“大白”即“大隐”呢？

“雅典民主”历来作为美谈，诸如民主、人性的“完美形式”，包括“社会”与“人格”中那些黑格尔自傲的“精神家园”——“哲学、艺术、科学”——“闲暇的产物”，往下“净化”恐惧与悲苦，往上牺牲崇高与神圣，仅以自然物欲宣泄为能事。

谁去关注承受“恐惧与悲苦”的民主制内的“奴隶制”和民主制外的“种族奴隶制”？谁去关注稍不服从雅典霸权的弥洛斯人不就被雅典帝国灭绝种族了吗！

这就是西方民主发端的亚得里亚海的“阳光”（“自然之光”、“自然理性”啊！）——既遮蔽了奴隶制的黑暗，又连这“遮蔽”也遮蔽着地“双重遮蔽”。为什么衷心赞美的人们不把“民主”、“人性”的美妙词句也施舍一点这些奴隶制下的奴隶们？他们没有，因为被剥夺——无非“强力意志”的“自然正当”而已——恰正是麻木于“自然正当”的奴化人性造就了“主人道德”的标记。

近三千年过去，科技昌明，然历史仍在重演。当今所谓西方发达国家的发达，没有不是靠国内“雇佣奴隶制”（马克思对“资本私有制”的称呼）和海外作为“种族奴隶制”的“殖民地”或“殖民地国家”相辅相成维持的，只是维持的方式——军事殖民、经济殖民、文化殖民——三者合一地花样翻新着。除此，民主制从来都不是什么“以民为主”。现行西方民主制国家没有不是其“君主制、贵族制、民主制”地三制合一：“总统、参议院、众议院”，如此等等。施特劳斯有理由把它叫做“扩大的贵族等级制”。一句话管总：民主制社会即资本主义社会。资本决定民主。它就是西方“启蒙”思想“大白于天下”的“白色神话”——双重遮蔽着自身的黑暗！

就历史存在而言，它们本来都有“存在的合理性”，好也罢，坏也罢，我并不否认这一“存在者”事实，正如还有其他“存在者”一样，各是其是。我所不能容忍的是把“西方民主”这一双重遮蔽的“白色神话”叫做“普世真理”、“普世价值”自欺欺人。不跟而从之便忤逆不地道背上“民族主义”的骂名。别人即便是最霸道的“种族自我中心主义”也甘愿归顺之而心悦诚服——怎么能这样黑白颠倒！

二、如何反省启蒙

按理，马克思主义是更根本的启蒙，因为它是对私有制的最后一个形式资本主义的批判与推翻；它是更根本的民主，因为它是无产阶级在推翻私有制后建立全民公有制平等社会的要求与尝试。因其在某国具体实施的无产阶级专政制度的失败而失败了——人们怎么就容不了它不过是“一次失败”？为什么这“失败”不可以是“成功之母”？非迫不及待地宣布“历史终结”而把“资本主义”看做“永恒价值”，即一定要按西方资本主义的意识形态标准“启蒙”，蛮横关闭“他法”与“他途”？历史哪里就盖棺论定在“资本主义”上了?!

犹太人或犹太民族，就是一个——不启蒙——的民族！

近两千年来，犹太民族居无定所，在其他民族中常被驱赶甚至被屠杀，以致二战几乎被纳粹赶尽杀绝，牺牲了六百多万人。但令人惊讶的是，这个民族从来没有化整为零地消失掉。一部《托拉》就让他们存活下来。也就是说，除了“存亡”或“救亡”，犹太民族历史上从来没有出现过什么“启蒙运动”时期。他们非常清楚：“启蒙”就是背弃自己的保护神“耶和华”，即背弃自己的民族文化之根脉，故启蒙即亡族。尽管对于犹太青年人，除了“肉体割礼”，始终还必须面对“犹太人问题”的“精神割礼”，即“做不做犹太人、如何做一个真正的犹太人?”结论当然总是“如何做一个真正的犹太人”，即做耶和华神的“特选子民”，由此传承犹太人之为犹太人的民族命脉，与其他民族划分出不可认同、亦不可混同的民族界限。这在人类历史上实属一个奇迹。由此也招来了欧洲“以个人主义无限性欲求为宗旨”的现代性之忌恨。[1]

当然，犹太人问题远非如此简单。它还有另一面（略）。这个世界上只有犹太民族能够打通“神”—“人”—“物”，当然是在历史性地被驱赶被屠杀历尽劫难之中、之后。但是，绝对信神的民族为何沉迷于物？这三种物质力量（金融、科学、信息）将把人类引向何方？救赎，还是毁灭？仍然是个谜！——真正的“斯芬克斯之谜”，按埃及奥义，其诅咒是在（西方）人自以为胜算了的成功中执行的——俄狄浦斯及其子孙的灾难绵延。岂非摩西“十一戒”！——难怪犹太人德里达在世纪末惊呼“西方的上空盘旋着三个幽灵：俄狄浦斯、哈姆雷特、马克思”！

相比之下，中华民族现代史困扰于所谓“救亡与

---

〔1〕请参阅雅克·朗西埃《民主之恨》，杜可柯译，香港，2009年。附言：当然不排除个别犹太人“不愿意做犹太人”而改宗、改族、改换国籍身份等等，但这终不过是“特例”，不能以偏概全，不能个别经验性事实上升为普遍命题。作为一个犹太民族，断不会如此的，否则就是亡族。

启蒙”的“双重变奏”，至今还自觉自愿地把西方的价值标准当成“普世价值”作为“启蒙”自己的绝对尺度，恨不得把自己完全西化了去才善罢甘休；从来不反省这种“启蒙”的殖民主义性质已经造成了几乎亡族灭种的危险。其中一个现象尤其令人警醒，犹太人中的“文士”即知识分子是固守民族文化根脉的自觉者，宣讲《托拉》成为凝聚民族精神的灵魂，而中国的“士”即“知识分子”，完全背道而驰，以变“启蒙”为“西化”而后快……以致今天，知识分子自身的“启启蒙之蒙”即“归根复命”，成为中华民族真正复兴的先决条件。当然，这是要以反省“西方现代性”为前提的，是否也会招来犹太人曾一直招受的“以个人主义无限性欲求为宗旨”的现代性之忌恨？

再回到自身。我比甘阳、刘小枫、赵越胜他们虚长10到16岁，但又都在后文革时代的1978、1979、1980年先后进入学术圈。从此，我就一直被他们拖着走。由于我的历史包袱沉重，思想感受自然比他们曲折。

我青年时代算得是“青年马克思主义者”。青年马克思的使命——“如何才能突破私有制的局限，如何才能埋葬私有制的最后一个形式‘资本主义’?”——也当作是自己的使命，因此参加文革，因此成为文革的陪葬——我是死过一次的人。

1980年进入学术圈。前后算起来，我研究西方哲学，凡四十年有余。

1992年写了《形而上学的巴比伦塔》之“下篇 重审形而上学的语言之维”；

1996年五四前后，写了《启蒙思想中死去的与活着的》；

2009年“纪念五四九十周年”又写了《启蒙：落日前的凭吊》；

2010年接连出版了两本书：《西学中的夜行——隐匿在开端中的破裂》、《偶在论谱系——西方哲学史的阴影之谷》；

2011年写了《“人”的定义与“是”的用法》、《谁来反省科学?》；

2012年暑期在重庆大学讲了《如何阅读傅勒的〈思考法国大革命〉》，重点在“民主悖论”；

接着在自己的研究生班上讲了马克思《1844年经济学·哲学手稿》后的两个错误导向：“人是‘生产

力’”与“货币是‘一般等价物’”；等等。重新开始了对“资本”的关注。

拿“民主”、“人性”、“技术”这三样东西来说，它们是现代西方影响世界的主潮，给世界带来巨大改变。但这种改变的性质上个世纪——被历史称作“战争世纪”、“灾难世纪”——还明显看作人类“历史终结”的资本主义全胜。然而，21世纪刚刚过去第一个十年，西方就有人喊出《债：第一个5000年》、《西方的人性幻象》、《民主之恨》的声音——“好东西”的“民主”、“人性”、“技术”如何成了骨鲠在喉的“骨刺”？

中国知识分子为什么总是滞后于西方知识分子的敏感？今天中国知识分子大都还在把西方的“民主”、“人性”、“技术”当做“偶像”崇拜，却对其实质“资本”遗忘了，或讳莫如深。

我是想告诉大家，我研究西方哲学有一个痛苦的转换过程。

上个世纪八十年代初，我自设的研究课题是“个人真实性及其限度”。可以说，我是当时最激进的“以个人为本位”的“虚无主义者”，也就是最早的“自由主义者”。从“政治虚无主义”反对一切形式的专制，到“思想虚无主义”反对任何形式的形而上学。就差一步成为“民族文化虚无主义者”。一件事情惊醒了我：

“虚无主义”是西方思想特有的，但为什么没有把西方文化自身虚无掉，而虚无掉的都是非西方文化？比如中国，凡学习西方文化的人骨子里都成了“全盘西化论者”。因为西方思想让我们牢固地树立起“凡西方皆真理”的“意识形态”，即西方代表“进步性、现代性、世界性”，而非西方民族文化则只能是“落后性、传统性、本土性”。西方名之为“启蒙思想”，并推向全世界迄今快三百年了。

在后来的研究中我才逐渐清醒了如下问题：

（1）西方思想利用形而上学真理观把自己装扮成真理化身；

（2）西方思想中有一个特殊的显隐机制：形而上学与虚无主义两极摇摆。其实两者正是一个铜板的两面，相互掩盖、相互显隐。

（3）其背后的推动力量是从古希腊开始的带“宇宙论”倾向的智能性思想和功能性利益，走着“知识即德性”—“知识即力量”—“知识即功利”的技术理性路线，一直走到今天“非人属”、“无德性”、“唯功利”的宇宙论物义论地步。“资本”乃是其“物化”体现。也就是说，一切与“力量”、“利益”无关的东西都虚无掉了，如德性知识、德性人性、德性社会。

它们就是西方思想三根“骨刺”的总根源，在西方历史上从来都不是孤立的。

民主：君主——贵族——民主（三制合一但彰显民主）

人性：神性——人性——物性（即人性欲望化、人体色情化）

技术：自然——艺术——技术（到技术存在即科学的自我证成）

今天历史的链条之所以突出纠结在“民主”—“物性（人性下行）”—“技术”三位一体上，那是资本的资本主义式发展的结果。资本式生产就是掠夺过剩式生产，对自然是这样，对人也是这样。否则，哪来不断扩大的剩余价值形成超额利润养活资本？

在资本形式下，“民主”之所以能成为“社会主体”，因为生产过程中的“生产力”是他们，消费过程中的“消费体”也是他们，他们就是“民主大众”。但他们不过是“资本雇佣者”，而“资本及其政治主体”则属资本家阶级以及代表他们利益的资产阶级政党、“代议制宪章”及其“政体”。西方发达国家之所以显得富裕，那是因为长期靠海外殖民掠夺和不等价剪刀差交换的结果。进入现代尤以西方为主的国际金融机构更利用自己的金融垄断与货币主导设置各种巧取豪夺的放贷名目简直就是明目张胆地抢夺后起国家的国民财富——与公然抢劫毫无二致，只是改变了名号而已：“纳贡”换成“借贷”，其背后的武力威慑始终不变。这就是所谓“国际民主新秩序”。民主就是资本主义、帝国主义。

至于“民主”、“人性”、“技术”的现代表现，此处从略。但毋庸讳言，正是对三者的研究，特别有助于洞穿西方思想已堕入人道的末路。

三、“归根复命”：传承中国文化的德性之制

（提纲存照）

（一）施特劳斯古典学进入中国的连锁反应

1、翻译方式的改变（从大众性译本到研究型译本）

2、解释方式的转变（解释学类型的完整格局）

3、阅读心理的双重性（选择的犹移与决断、阅读的虔信与怀疑）

4、现代性之后的古典学门槛（越过又一轮更高门槛是为了回归还是重建西学金字塔）

5、新的西学论争（施特劳斯学派与图宾根学派

的论争、与现代性的论争）

6、新的中西之争（用西方古典学方法与范式解释中国经学与传统国学之争）

（二）如何回归中国元典

1、回溯“开端”的三种“成规”

（1）利用西方的方法、范式、逻辑去解读与阐发中国元典

（2）按新儒家套路

（3）按已有的儒道释套路

2、为什么一定要回归中国文化种性的德性开端？

（1）悬置西中现存观念与成规套路，直接阅读开端文献让其自身显现。

（2）如何确定开端（首先回答：是孔子，还是前孔子？）

（3）归根何处：取前孔子时代“道一德”规定“礼一法”，“礼一法”制衡“王权”的制衡关系，同时引申规定“义利之辨”的制御关系。

（4）分清源流之间的演变关系：（甲）什么是源自身演变的流；（乙）什么是受外来文化影响而融入嬗变的流；（丙）到什么情况根本截断了源而引来西方之流成为今天的西体中用者；等等。从中权衡本民

族文化种性最终扶正的“大而化之”以“致中和”的源流考。

（三）归根为了复命

1、“归根复命”的前提：认清西方文化的实质与走向

所谓以古希腊为开端以英美为导向的西方文化不过是地中海区域文化的一以贯之地功能性功利性延伸；清理并看穿这西方文化归根结底排除人的神义维度和德性维度，走的是一条非人属的宇宙论物义论路线；

2、“归根复命”的条件：借西方“生产力”做“大”，但必须化解“把人归结为生产力”的历史唯物论，从而把“生产力”置于“人的德性”之下呈“中体西用”。

3、复命何往：德性与神义牵手联合驾驭“技术与人欲互为对象化”之物义论。

4、尤其关注中国文化自身的现代积累与传承，不能陷入来自两个方向的自我忽视与自我否定：一是囿于西化意识形态的殖民习惯，以为中国文化自身的积累传承毫无意义乃至毫无兴趣，习惯性地以西方的“更新”为尺度；一是囿于内部的政治、经济、文化的朋党之争，习惯用党同伐异之斧树一家之言。

四、古典学如何面对现实：执其中而扣两端

问题一：古典学悖论

施特劳斯的古典学，有一个天生的悖论：它一方面在回溯中可以用来诊断西方现代性的得失，另一方面它又不能回避现代性正是古希腊自然理性的自然延伸。也就是说，那延伸中丢失的东西恰好也是延伸的代价：失即得—得即失。

换句话说，古典学进退两难：往者不可回，来者不可追。

这是不是游走于耶路撒冷与雅典之间的施特劳斯之“不可解决的问题”？

施特劳斯越到晚年越显现出犹太人的“土地与血”的本性。可参见他的演讲《我们为什么仍然还是犹太人》。

犹太人是中国人的一面镜子。犹太人何曾拜倒在西方“启蒙理性”为“普世价值”的殖民王冠之下？但他们毕竟又靠人的理性建立了世俗的以色列国。结果竟是如此荒诞：“圣城”耶路撒冷“苦路”与“哭墙”像十字架插在“大屠杀纪念馆”前。这条“苦

路”让耶路撒冷背负着当年耶稣背负的“十字架—耻辱柱”，不管是“故事”，还是“真实”——犹太人毕竟现实地遭到了回报：“哭墙”与“大屠杀纪念馆”。它们是犹太人背负的现代性之“债”。

现代性仍然在取证：“个人单子化、欲求无限化”的民主运动，不会放过“坚守血亲与族群”的犹太人。于是，以色列被推到西亚或中东前沿，像推进了“新罗马斗兽场”一样，再决生死存亡。

短小精干的犹太民族也改变了策略。它摇身变成“挟持人类”之“西方马车”的“御手”，使尽一切手段——资本世界的“三根骨刺”（民主的、人性的、技术的）三管齐下——让“西方马车”疯魔一般地朝“机器人世界”狂奔，仿佛那里正等着最终清算的“末日审判”，以此了却自己作为“特选子民”的“救赎”使命。能够打通“神”—“人”—“物”的犹太民族他们最后要把放出的“债”本利不差地收取回来。至于他们在“放债”中实际上可能有更大的欠负（“在计谋中”），它真的能指望“旧约”会允许“一笔勾销”吗？

“救赎”也好，“复仇”也好，“和解”也好，“末日清算”如果不是整体人类的毁灭，获救的只会是少数人，他们想就此一了百了。

中国人为什么要承担如此风险？

因为我们“数典忘祖”？或许我们心知肚明、大化无极，能极高明而道中庸——扣两端而执其中。

那时，或许神义与德性连手而让技术与欲望“知止”——“知耻”。

问题二：谁来反省科学？

清算西方哲学史，揭示形而上学之不可能，并不难，难的是建构形而上学的方法却锻造了西方的“强力意志”即“主人道德”。

[**插语：**向西方人寻求民主不啻“与虎谋皮”。除非两强相遇勇者为王。这才是西方的霍布斯“丛林原则”；注意，洛克的“自由原则”是主人间的谈判原则；康德的“永久和平”，不过是柯尼斯堡人的“自在之物”。殖民们拿它说事“邯郸学步”皮毛而已，既学不到别人也丢了自己。]

具体地说，虽然从来没有一个形而上学体系是成立的，但它所随之锻造的使用逻辑方法确是有限地有效准（“当且仅当，必然如此”）——形而上学“巴别塔”最后倒掉了，但完善巴别塔的“建筑技术”却因此获得了。这就使得形而上学“醉翁之意不在酒”

（即“本体”），而在可实用的“方法”之间矣。换句话说，形而上学的本体论真理根本没有，但虚无主义的强力意志获实反倒深入骨髓，因而，它隐蔽的恰恰是强力意志的主人逻辑，即按西方人的思维方式以尼采式的五大主题系统（虚无—超人—强力意志—价值重估—永恒轮回）重新安排世界秩序——自己“取出”的正是自己“塞入”的，尼采把它叫做“西方人的特权”。但其逻辑早就是柏拉图—亚里士多德开创的本质主义与逻辑实证主义，即形而上学的范畴逻辑体系。柏拉图的本质主义早在古希腊神话时代就完成了启蒙性质的“哥白尼革命”，即柏拉图式的“人”用自己的“本相论”为宇宙立法（设定“本质”），然后由亚里士多德在柏拉图的“本质”位置上添置“个体实体”加以逻辑论证。〔1〕由此一步一步地走向非人属的宇宙论物义论到今天科学技术主宰世界。

除开前柏拉图时期从埃及传过去的“几何学”奠定了柏拉图学园的“数学门槛”，西方思想史上还有

〔1〕 排除神性、漠视痛苦、强力意志、功利目的的自然法道德，决定了西方的“主奴辩证法”的知行原则。这就构成了他们的政治哲学基础。形而上学与虚无主义在要求“超人”和“强力意志”上是一致的，有了这个核心，重估并重新安排价值变成了自然逻辑。

两次巨大的数学转折：一次是中世纪后期借过阿拉伯世界的“自然数”，由伽利略完成几何代数学转换；一次是18世纪莱布尼兹借过中国的“二进制制”创建了“微积分学”，为“波粒二象性”的电子计算转换奠定了基础。两次转换彻底使人类走上了非人属的宇宙论物义论道路。中国的八卦易经开创的二进制制，还限定在与人相关的阴阳易象上，不比（1，0）这样完全非人性的符号逻辑之所为。

由此反过来，科学技术利用“科学强人”自我证成地控制世界的时代，在地球上成为现实。到那时，已经不是东西方的文化之争、诸神之争了，而是科学与人之争。

我对人类能否驾驭科学技术，持悲观态度，关键在于，人对科学技术导致的苦难、灾难是否惊醒到非智能的—智慧高度。历史证明，智能西方已不可能。早在古希腊，“悲剧精神”就力图排除人的“苦难”而转向了非人属的“强力意志”方向。“化悲痛为力量”就是其日常表达。

以捷克人艾萨克·阿西莫夫“机器人三定律”为例：

1、机器人不得伤害人，也不得见人受到伤害袖手旁观；

2、机器人应服从人的一切命令，但不能违反第一戒律；

3、机器人应保护自身的安全，但不得违反第一第二戒律。

其实，这“三大定律（或戒律）”深藏于西方的思想史中，我们甚至可以设想，起初“西方神”也是这样对自己的造物“西方人”定下同样“戒律”，现在照搬过来“西方人”对自己的造物“机器人”如法炮制。结果，“西方神”不是无形神，而是被降解为穿着民族服装的“民族神”，自然诸神不和。自“公元”伊始就圣战不断，愈演愈烈。“西方人”服从自己的“民族神”等于服从自己的民族意志。现在，同样的戒律重复发生在“机器人”对“人”的关系上。因为三大戒律的逻辑缺陷在于，人自身的分裂正如神自身的分裂，因而自己毁坏推翻自己的界限，结果就是，人如同神自己推翻人或神规定的第一戒律。为人或机器人独立决断埋下伏笔。

它客观上证实了科学归根结底“自我证成”地走上非人属的宇宙论物义论道路。换句话说，科学造成的灾难不能靠科学自身解决（按目前能知推测，它只能“黑洞”坍缩—“大爆炸”地周而复始；不可知的“暗物质”排除在外），因为科学就像一条“自己咬着自己尾巴的蛇”——“埃舍尔蛇”。

从“布利丹驴”到“埃舍尔蛇”，正象征着西方人的“自由”向“必然”的让渡，“强力意志”则是其让渡的中介——以为可以稳操“主人道德”的胜算，然而总起来看，正好是“斯芬克斯之谜”对西方人的“诅咒”：俄狄浦斯不是瞎了吗？尼采不是疯了吗？机器人不是来了吗？

…………

如何真正能打通“神”—“人”—“物”，让“人”执其中而扣两端地致中和？

德性如何能与神义连手既制衡西方的“强力意志”又驾驭人性下行的“技术与肉欲互为对象化”之“物义论”？

古典学如何担待自己的使命而悲天悯人？

只有无形神能救渡我们。

2013年12月2日　海甸岛

2014年1月17日　修　改

论施特劳斯的否定哲学

陈建洪

（南开大学哲学院）

一、问题缘起

施特劳斯的否定哲学？这似乎是一个闻所未闻的提法。

施特劳斯这个名字始终伴随着争议。施特劳斯是20世纪著名的政治哲学家和政治哲学史家，这一点本身并没有什么争议。施特劳斯备受争议，恰恰因为他对政治哲学的独特理解和对西方政治哲学史的重新解读。通过生前的著作和死后的影响，施特劳斯不折不扣地确立了一个流派——施特劳斯学派。不管我们怎样看待以他命名的这个流派，施特劳斯毫无疑问引发了许多思想争议甚至政治争议。“施特劳斯的否定哲学”这一说法是否又增添了一种完全没有必要的争议，甚至只不过是一种完全没有必要的提法而已？

笔者曾借鉴迈尔的著作关注施特劳斯和施米特之间的思想对话，基于对迈尔研究思路的质疑，[1]从哲学上探讨施特劳斯和施米特之间思想对话的性质。[2]在探索过程中，笔者耳边始终响起一种不那么学理但流传甚广的说法：施特劳斯是美国新保守主义的思想教父。这种声音不胫而走，几成定论。然而，施特劳斯的政治哲学真的是美国新保守主义的教父？笔者尝试通过提出“施特劳斯的否定哲学”这个概念来澄清这个问题。

关于施特劳斯和新保守主义的传言，一个流俗背

---

〔1〕 参拙文“What Is Carl Schmitt's Political Theology?” *Interpretation*: *A Journal of Political Philosophy*, Vol. 33, No. 2 (Spring 2006): pp. 153 – 175. 针对拙文批评迈尔思路的反批评，参 Anna Schmidt, “The Problem of Carl Schmitt's Political Theology,” *Interpretation*, Vol. 36, No. 3 (Summer 2009): pp. 219 – 252. 作者维护了迈尔的思路，但是并没有超出迈尔本身的思路和论证，也没有令人感到信服。

〔2〕 陈建洪：《耶路撒冷抑或雅典？施特劳斯四论》，北京：华夏出版社，2005 年；CHEN Jianhong, *Between Politics and Philosophy*: *A Study of Leo Strauss in Dialogue with Carl Schmitt*, Saarbrücken: VDM Publishing, 2008.

景是伊拉克战争。这种流传的一个政治依据是，布什政府内的重要鹰派人物（最典型的是沃尔福威茨）据传曾经是施特劳斯的学生。实际上，沃尔福威茨并不是施特劳斯的学生。况且，即便他真的是施特劳斯的学生，他的政治理念也未必就一定体现施特劳斯的思想。时至今日，伊拉克战争本身早已烟消云散。但是，关于施特劳斯和新保守主义的传言却似乎越来越成了不证自明的事实。这种传言让人想起，阿尔基比亚德和克里提亚曾经追随过苏格拉底，雅典人就把他们的政治行为不当归咎于苏格拉底的教诲。色诺芬和柏拉图——虽然各自秉持不同的角度——都倾向于澄清：这两个著名政治人物都因为抵挡不住政治生活的诱惑，没有听从苏格拉底的哲学劝导，才导致他们的政治不幸和雅典的不幸政治。[1]不过，色诺芬和柏拉图的辩护都是苏格拉底死后才有的辩护。苏格拉底还是被雅典人民依法处决了。也恰恰因为苏格拉底被处决这一个事实，才催生了柏拉图和色诺芬的辩护。施特劳斯

〔1〕柏拉图：《柏拉图的〈会饮〉》，刘小枫等译，北京：华夏出版社，2003年，215a—222b。色诺芬：《回忆苏格拉底》，吴永泉译，北京：商务印书馆，1984年，6—21页（第一卷第二章）。

的情况自然有所不同。他是在死后而非生前面临一种政治指控：施特劳斯是新保守主义的思想奠基者。

北美的自由派政治学学者德鲁里一直致力于从理论上论证施特劳斯对于新保守主义的思想奠基作用。她明确断言：

> 新保守主义是列奥·施特劳斯的遗产。它分享了施特劳斯哲学的所有最有影响的特征——宗教的政治重要性、民族主义的必要性、虚无主义的语言、危机感、非友即敌的心态、对现代性的拒绝、对过去的怀旧以及对自由主义的憎恨。[1]

德鲁里认为，施特劳斯在宗教上持政治工具论和民族主义的立场，在哲学上秉承海德格尔的反现代立场，在政治上远比施米特更激进也更血腥。德鲁里所描绘的这个施特劳斯，宗教立场上似乎是一个马克思主义者，民族立场上是一个犹太复国主义者，思想本质上是一个虚无主义者，对现代性的拒绝则基于浪漫主义式的怀旧情结（同上，第90—91、107页）。德鲁里关于施特劳斯和新保守主义的种种标签式论述，

---

〔1〕 德鲁里：《列奥·施特劳斯与美国右派》，刘擎等译，上海：华东师范大学出版社，211页。

都似是而非，每一点都很难经得起推敲。在这个关系问题上，福山（Francis Fukuyama）对施特劳斯虽无深入研究，他的说法反倒比较准确：关于施特劳斯和伊拉克战争之间的联系基本上是“不实之词”；如果正确理解施特劳斯（比如说他对 regime 的解释），并不能从中找到对新保守主义外交政策的理论支持。[1]

在大力批判施特劳斯的时候，德鲁里断言：

> 施特劳斯认为，哲学家的角色不是把关于太阳真理的知识带入洞穴，而是去操纵洞穴中的影像。他教导哲学家必须向大众编造谎言，而他们自己却拥抱黑暗。（德鲁里，《列奥·施特劳斯与美国右派》，前揭，第 93 页）

这里，德鲁里对施特劳斯的隐微显白论做了简单粗暴的处理。据此，施特劳斯似乎成了一个提倡撒谎和政治操控的哲学家。施特劳斯所论之显白教诲，也被简单等同为哲学家在态度上对大众的傲慢、在手段上的欺骗和在政治实践上的操控。国内的自由派理论才俊模仿德

〔1〕 福山：《美国处在十字路口：民主、权力与新保守主义的遗产》，周琪译，北京：中国社会科学出版社，2008 年，18—28 页。译文依原文稍有改动：Shadia B. Drury，*Leo Strauss and the American Right*，New York：St. Martin's Press，1997，p. 80。

鲁里也对施特劳斯的隐微论提出了质疑和批评。批评理据主要有两点。第一，隐微论如适用于施特劳斯本人所提出的隐微论，便会造成自我矛盾或者吊诡的现象；所以，直接介绍和讨论隐微论是对隐微论的"嘲讽和背叛"，只有对它不置一词，才是对隐微论的实质继承。[1]第二，施特劳斯的言外之意阅读法不仅有"真理化"和"特权化"自身的阅读和阐释路径的嫌疑，而且其隐微写作论实际上遮盖了"哲人一个根本的无能，即最终无法言说出真理。'隐微写作'这一操作使得无能者躲入洞穴中，通过贬低洞外的大众而抬高自身，从而遮盖自己的根本性无能。"[2]这两点批评表明，论者并不清楚，施特劳斯所说的隐微论传统到底想要隐藏什么东西，以及为什么需要隐藏。

为了澄清关于施特劳斯的种种简化和歪曲，有必要强调施特劳斯的否定哲学立场。

---

〔1〕 吴冠军：《刘擎的"声东击西"与"施特劳斯之局"》，载氏著《日常现实的变态核心》，北京：新星出版社，2006 年，169—170 页。

〔2〕 吴冠军：《爱与死的幽灵学：意识形态批判六论》，长春：吉林出版集团，2008 年，58—59 页。

二、概念说明

施特劳斯本人并没有提过否定哲学的说法，怎么能用否定哲学来说明施特劳斯的基本立场呢?

施特劳斯承认，政治哲学是哲学的一个部门。如此，政治哲学首先是对政治的哲学理解。要理解政治哲学的要义，首先要理解施特劳斯眼中的哲学是什么。其实，施特劳斯在这方面首先只是恢复了哲学的最初含义。哲学探询万事万物的自然。探究事物的自然，因而需要刨根问底，不再满足于关于万事万物的习俗理解和流俗意见。换句话说，哲学探究关于万事万物的真知。从这一点来看，哲学的探究精神本身就是一种否定，首先是对意见和习俗的根本否定。

政治哲学的第一层含义，因此是探究政治事物的自然，因此也就是探究政治事物的*真知*。强调这种探究的必要性立足于两个判断。第一，我们的政治生活依旧被强大的政治意见和习俗所包围。第二，我们的政治生活始终处于缺乏真知的状态。这也是苏格拉底哲学精神的根本所在。这种精神在于揭示，人始终处于缺乏真知的状态。苏格拉底的无知之知就在于揭示，大部分人缺乏对这种缺乏的明确意识。否定意见而呼唤真知的哲学就在于唤醒这种意识。哲学作为一种生活方式在这个世间的必要性也在于，它始终是一种否定，否定人间生活已经臻于完美。许多对哲学的独断论理解，以及由此出发指责施特劳斯的隐微论意味着哲学的真理化就是因为没有很好滴理解哲学的根本否定性。哲学的特点并不在于拥有真理，而在于追求真知。用阿多（Pierre Hadot）解释《会饮》的话来说，“哲学被自己缺乏的东西所规定，就是说，这个东西是一种逃离它，却以某种方式在它自己内部所拥有的超越的规范。”〔1〕哲学的在场始终意味着真知的缺乏。如果真知已然在手，哲学在这个世间也就不再具有必要性。

政治哲学的第一层含义标识了哲学的路向，也就是追问政治事物的自然，也就是追问政治事物的真知。政治哲学的第二层含义则是追问*政治事物*的自然，这标识了苏格拉底哲学和前苏格拉底哲学的区别。为了区隔苏格拉底和智者，色诺芬就宣称，苏格拉底“并不像其他大多数哲学家那样，辩论事物的本性，推想

〔1〕 阿多:《古代哲学的智慧》，张宪译，上海：上海译文出版社，2012年，44页。

智者们所称的宇宙是怎样产生的，天上所有的物体施通过什么必然规律而形成的。相反，他总是力图证明那些宁愿思考这类问题的人是愚妄的。"[1]也就是说，苏格拉底并不像诸多智者那样关心自然事物的自然。如《斐德若》中的苏格拉底所说，"田园树木不会让我学到什么，倒是城里的人们让我学到东西。"（《斐德若》，230d4—5）换句话说，苏格拉底认为真正重要的事情是要探究*政治事物*的真知。在这一点上，亚里士多德的判断即为明证："苏格拉底正忙着谈论伦理问题，他遗忘了作为整体的自然世界，却想在伦理问题中求得普遍真理"（《政治学》，987b3—7）。[2]苏格拉底的政治哲学首先意味着人间还缺乏关于*政治事物*的真知。这也意味着，人间政治始终还处于缺乏状态。对政治事物的哲学追问意味着，人间政治的任何形态都不能自称完美。换个角度来说，人间政治始终需要探究究竟什么是最佳政治秩序的问题。在这个意义上，政治哲学是对任何现实政治自称完美的根本否定。如果人间政治达到完美境地，那么政治哲学也就不再具

〔1〕 色诺芬：《回忆苏格拉底》，前揭，4 页。
〔2〕 亚里士多德：《形而上学》，吴寿彭译，北京：商务印书馆，1959 年。

有必要性，也就失去了它的意义。所以，苏格拉底的政治哲学精神具有两方面的否定意义。第一，人本身缺乏自知之明，苏格拉底的无知之知就在于揭示这种缺乏。第二，人间政治远未臻于完美，政治哲学对最佳政治的探究在于提醒，人类政治始终处于不完美的现实之中。哲学的否定性也就是它的超越性。政治哲学指示了任何人间现实政治的界限。

只有立足于政治哲学的这两种含义，才可以讨论施特劳斯政治哲学的第三层含义：哲学的政治学，也就是被强调最多的隐微显白论。只有首先回答哲学对于人类生活的必要性和重要性问题之后，政治哲学才能顺理成章地转变为哲学的政治学。换句话说，只有首先阐明了哲学生活的必要性之后，哲学政治学的必要性才能成立。哲学政治学得以成立的基础在于追求真知和止于意见、追求最佳政治和止于政治现实之间的根本矛盾。真知是对意见的否定，最佳政治是对现实政治的否定。而意见和现实政治始终是人间世界的主导力量。沉溺于意见和完全接受现实政治意味着认可、保守和顺从。从这一点来看，把施特劳斯视为一个政治保守主义者是荒谬的。哲学本身的否定性意味着对保守的根本否定。施特劳斯如果在一定意义上可以被看作是保守主义者的话，就是因为他所说的哲学政治学。但是，这种哲学政治学的前提首先是为了保护哲学精神本身的否定性。为了保护哲学的根本否定性，哲学才需要讲政治，才需要用合乎政治精神的话语掩藏哲学的根本否定性。

三、哲学的秘密王权？

哲学的政治学首要目的是为了保护哲学，保护哲学的根本否定性，从而保护人类对于美好生活和最佳政治的希望。这种政治学经常被歪曲了怂恿现实政客对大众的愚弄和欺骗。前引德鲁里的断言清楚地表明了这种歪曲："施特劳斯认为，哲学家的角色不是把关于太阳真理的知识带入洞穴，而是去操纵洞穴中的影像。他教导哲学家必须向大众编造谎言，而他们自己却拥抱黑暗。"

有别于德鲁里这种粗暴的标签式论述，更倾向于沃格林（Eric Voegelin）路径的罗德之（James Rhodes）则采取了比较温和的理论质疑。在分析施特劳斯隐微论的时候，他首先指出，"只有当我们知道哲学家的真理时，我们才能理解哲学家奉行隐微论的理由。我们必须思考我提出的下一个问题：哲学家警惕守护的那个危险的真理是什么?”[1]针对这个问题，罗德之提供了两种猜想。第一种猜想是：哲学家所要隐藏的秘密是，“根本不存在神，也不存在道德事实”（同上，第93页）。由于无神论在现代社会不再是一个冒犯大众的立场，罗德之否定了这一猜想。他的第二种猜想是，施特劳斯所掩藏的是“对贵族制的偏爱”和“哲学家的秘密王权”，因为智慧之人要想统治，需要建立一种法，来赢得不智之人的同意。由此，罗德之得出结论：“施特劳斯看起来是指向了《理想国》中的色拉叙马霍斯，他的邪恶的角色可能就是柏拉图秘密的发言人”（同上，页94）。也就是说，施特劳斯只是把色拉叙马霍斯包装成无辜的苏格拉底，或者说用苏格拉底的美妙言辞掩藏了色拉叙马霍斯。罗德之如此论述色拉叙马霍斯立场所包含的危险：

> 这个野蛮的智者的“原则”是：正义是强者的利益，统治者应该像牧羊者对待羊群一样对待他们的臣民。如果公开这个原则的话，会激发大众去大开杀戒。（同上，页94）

由此来看，罗德之的观点实质上未必比德鲁里的

[1] 罗德之：《柏拉图的政治理论：以及施特劳斯与沃格林的阐释》，张新刚译，上海：上海三联书店，2012年，92页。

结论温和和理论化，虽然二者强调的重点不太一样。

如果罗德之的猜想为确，那么施特劳斯的立场在实质上等同与施米特的立场，像后者一样冷峻地面对人间政治的可怕真相。色拉叙马霍斯将正义等同与强者的利益这一立场其实也暗示了多元价值论的一种解决方式。各种价值之间的冲突不可通约，伯林的设想是通过承认矛盾并强调通过对话解决冲突。施米特则对人性持更为灰暗的认识：不可通约的冲突和敌意将最终通过强弱实力的彼此争斗得到解决，并会构成新的矛盾和冲突。人类世界始终处在这种矛盾和冲突之中，没有希望，也无需幻想。

无论德鲁里还是罗德之，共同的错误都在于，没有充分注意到施特劳斯对哲学否定性的根本坚持，从而将施特劳斯等同于施米特。这一等同的根本原因在于对柏拉图的独断理解。为了更为清楚地说明这一误解，有必要引入阿伦特来作一番比较。

四、哲学对政治的否定？

和施特劳斯一样，阿伦特也试图复兴古典，尤其是复兴古典共和政治。阿伦特之为阿伦特，主要在于她对政治行动概念的思想史反思以及由此引发的政治立场。阿伦特系统考察了积极生活（vita activa）的概念史。这一概念史实际上包括两个方面：积极生活的苦难史和革命史。苦难史就是积极生活深受沉思生活（vita contemplativa）压抑和鄙视的历史。革命史就是积极生活试图摆脱沉思生活的压迫翻身做主人的历史，转折点在于现代哲学对理性和信仰传统的双重怀疑。根据阿伦特的分析，整个历史的起点是柏拉图，终点是马克思。马克思彻底颠倒了柏拉图所开启传统政治哲学的沉思精神，把劳动（传统上最受鄙视的积极生活）作为规定人类生命的本质。这一规定既否定了将理性视作人类本性的哲学传统，也否定了笃信上帝创造人的宗教传统。

阿伦特没有止步于积极生活和沉思生活的对照和颠倒，而是进一步揭示积极生活本身的三重结构。她强调，新老传统都没有充分重视构成积极生活的劳动、制作和行动三者之间的内在差异。与劳动对应的是生命本身的必然性，与制作对应的是世界的有用性，与行动对应的则是人类生活的复数性。根据阿伦特的分析，柏拉图奠立的哲学传统蔑视积极生活，仅从“制作”层面来解释积极生活；作为这一传统终点的马克思主义则完全从“劳动”层面解释政治，但在一定程度上未脱传统的窠臼，仍然遵从追求彻底自由王国的逻辑。阿伦特主张恢复政治生活的本来面目，从“行动”的逻辑去理解政治。

阿伦特不仅反对真理压抑意见的传统，而且还有意复活“意见”的生命力。[1]古代哲学传统鄙视积极生活本身，因而也鄙视作为积极生活顶峰的政治生活。现代哲学传统不仅颠覆了沉思生活和积极生活的等级秩序，而且也颠覆了积极生活内部的传统等级，将作为人类生活必然性的劳动视为所有价值的源泉，而将人的本质从根本上规定为劳动动物（animal laborans）。这一颠倒过程意味着现代丧失了对形而上学和永恒问题的关怀，同时也丧失了对公共领域和政治生活的关切。[2]

基于对现代境况的忧思，阿伦特强调了公共性和复数性对于重建良好政治生活的重要意义，提出了一种人类生活的政治本体论。人之为人的根本既不在于

〔1〕川崎修：《公共性的复权》，斯日译，石家庄：河北教育出版社，2001年，293页。

〔2〕阿伦特：《人的境况》，王寅丽译，上海：上海人民出版社，2009年，37、63页。

孤独玄奥的沉思生活，也不在于忙碌耗神的劳动和制作活动，而在公共生活的多样性、复数性和公共性。如加拿大学者汉森指出，阿伦特的政治本体论要求我们“更加彻底地认识到，我们与他人一起生活在世界里；稳固的政治体制不仅以多样性为基础，它还培育着这种多样性，并使之成为我们日常生活中一股生动的力量”。[1]阿伦特政治理论的核心要素就是维护以人类境况多样性作为基础的公共生活。

阿伦特的著作充满着对公共生活的希望和对多样性的赞美。希望是坚定的，赞美是动人的。这也是一位曾经20世纪黑暗岁月的犹太人和政治理论家发自肺腑的呼唤。不过，这种呼唤也是率真的。这种主张可行与否，不仅有赖于每个个体皆怀有对多样性的珍视和对差异性的理解，而且有赖于每个个体都赞同通过相互交往、求同存异以实现美好的公共生活。这说明了阿伦特政治思想的乌托邦色彩。

阿伦特带有乌托邦色彩的政治主张要得以实现，至少需要满足两个前提。其一，每个个体都应该是成

〔1〕 汉森:《汉娜·阿伦特：政治、历史与公民身份》，刘佳林译，南京：江苏人民出版社，2004年，9页。

熟而有教养的个体。其二，差异性和多样性不会上升为某种不可调和的冲突，而且始终都能够通过交流实践而得到尊重和维护。第一个前提始终是西方哲学传统的未竟之梦。培养文质彬彬的个体是古今政治哲学的共同目标。这一目标的实现似乎一直被冷酷的政治现实所阻延。换句话说，严苛的政治现实一直是美好哲学理念的阻碍者和延迟者。政治现实的历史从来没有为培育有教养的成熟个体创造出充分的条件。根据悲观主义的角度，现实教育总是比哲学教育更为深刻地影响着人性的根本。阿伦特的政治主张则更多地体现了乐观的精神。所以，她的政治主张几乎忽略了这样一种与之对立的主张：决定人类政治生活的根本是不可调和的根本冲突，而不是温文尔雅的交往。

为了更为清楚地理解阿伦特的政治主张，不妨对比考虑施米特和伯林的立场。伯林和施米特的政治立场虽然截然不同，但都强调政治生活的多样性和差异性，而且不约而同地强调了冲突的不可调和的价值间的不可通约。当然，不可通约问题的解决方式完全不同：施米特诉诸危急时刻的主权决断，伯林则诉诸差异共存的对话交流。在这一点上，阿伦特更近于伯林。阿伦特和伯林都强调交往和交流的重要性。只不过伯林更突出冲突问题、强调存异，阿伦特则更突出共在事实、强调求同。这也意味着，阿伦特的政治理论暗中预设了：面对差异性和多样化的事实，人们始终都能理性而文雅地寻求相互理解和彼此交往的可能性。

阿伦特的思路确证了哲学对政治的否定性，不过，阿伦特从独断论的角度而不是从怀疑论的角度来理解这种否定。这也决定了阿伦特的政治乌托邦和施特劳斯思想的不同。

五、否定的乌托邦

汉森将阿伦特政治思想的乌托邦色彩描述为“此时此地的乌托邦主义”，以别于憧憬和向往遥远彼岸的另一种乌托邦（同上，第12页）。其实，现代启蒙理性也追求一种此时此地的乌托邦。当然，根据阿伦特的观点，现代乌托邦的最终结果是一种全球范围的僭政。[1]在这一点上，施特劳斯有着类似的诊断。[2]

---

〔1〕阿伦特：《极权主义的起源》，林骧华译，北京：三联书店，2008年，211页。

〔2〕施特劳斯：《论僭政》，何地译，北京：华夏出版社，2006年，25—26、193—194、327—328页。

但类似的诊断并不必然得出类似的解决方案。如卡诺凡指出，阿伦特的共和主义更加倾向于复活荷马的希腊，而非柏拉图的希腊。[1]施特劳斯则恰恰要回归柏拉图式的政治哲学。根本分歧可能在于该如何理解柏拉图的问题。

根据阿伦特的分析，柏拉图的真理对于意见的压抑构成了哲学对政治的僭政，因此造成了政治生活的失落。阿伦特试图恢复政治生活的荣光，一种承认多样性和差异性之公共生活的荣光。根据施特劳斯的分析，柏拉图式政治哲学恰恰要赋予政治生活以荣光，这种赋予以认识哲学与政治的根本冲突为前提；如若缺乏对完美城邦的哲学追思，政治生活始终落入无休止的冲突。从施特劳斯的角度看，柏拉图式政治哲学明确描绘了一种彼岸倾向的乌托邦，通过语言编织一种完美城邦的理想，始终提示任何现实城邦的永恒不完美。比起现世乌托邦思想，这种语言编织更为清醒地意识到，政治生活本身所蕴含的差异性和多样性始终处在升级为根本冲突的威胁之中。阿伦特的政治本

[1] 参陈伟:《阿伦特与政治的复归》，北京：法律出版社，2008 年，96 页。

体论看起来缺乏对这种威胁的充分考虑，也没有明确勾勒出，如何才能得到确保这种牧歌式的公共生活。

施特劳斯的柏拉图式方案是，从相互冲突的意见出发，探寻自然法作为绝对标准的意义，探寻一个理想秩序，一个由语言构造而成的永恒标准。这种构造提示了人间现实秩序的永恒不完善，如施特劳斯所说，构成了政治的限度。因此，这个乌托邦实际上是一种根本的否定。如斯密什（Steve Smith）所说，施特劳斯的怀疑论倾向意味着一种双重警惕：一是对政治的幻象式期望的警惕，一是对政治持蔑视态度的警惕。[1]这也意味着这种怀疑论本身就是对政治本质限度的反思。不过，斯密什的思路存在一个问题是把施特劳斯和乌托邦思想完全对立起来。他认为，柏拉图的完美城邦理念对施特劳斯来说构成了或者象征着人类生存处境的根本问题。人类生存始终面临着乌托邦主义和理想主义的诱惑。他认为，施特劳斯的政治哲学就是对这一诱惑的抵抗。导致斯密什得出这一结论的原因在于他没有像施特劳斯那样区分古今乌托邦主义。

---

〔1〕 斯密什：《阅读施特劳斯：政治学、哲学、犹太教》，高艳芳、高翔译，北京：华夏出版社，2012 年。

对施特劳斯来说，古代乌托邦是垂直式的，作为对现实政治的根本否定；现代乌托邦是未来式的，是现实政治的延伸和完善。[1]

垂直式乌托邦和现实没有交点，始终无法现实化，未来式乌托邦则可以在未来某个时间得以实现。垂直式乌托邦始终是对现实政治的一个问号，一种否定。在这个问题上，雅各比（Russell Jacoby）关于乌托邦思想的区分有助于理解施特劳斯的思想。在《不完美的图像：反乌托邦时代的乌托邦思想》中，雅各比对比了两种乌托邦思想传统。一种为蓝图派传统，这种传统也就是现代启蒙传统，从时间和空间角度规划未来。另一种则为植根于犹太教的反偶像崇拜传统，这种传统拒绝描述未来，在根本上是一种否定式乌托邦。[2]把施特劳斯置于这一传统中来理解，有助于理解施特劳斯政治哲学之否定精神的犹太思想根源（同上，第169—170、175—176页）。

---

〔1〕关于斯密什一书的详细评论，参见拙评 "Review essay of *Reading Leo Strauss*: *Politics*, *Philosophy*, *Judaism* by Steven B. Smith," *Sino-Christian Studies*: *An International Journal of Bible*, *Theology*, *and Philosophy* No. 2 (December, 2006): pp. 220–225.

〔2〕雅各比：《不完美的乌托邦：反乌托邦时代的乌托邦思想》，姚建斌等译，北京：新星出版社，2007年，7—8、10—11页。

雅各比的不足之处在于，他只清理了哲学传统中的蓝图派乌托邦，而没有充分讨论古典形态比如柏拉图意义上的乌托邦与现代蓝图派的根本区别。施特劳斯的政治哲学始终坚持一种超越。无论在希腊还是在犹太传统中，这样一种超越都是一种根本的否定性。恰因为根深蒂固的否定性，它是一种超越的、作为现实界限的乌托邦。从这一点上来说，施特劳斯既是一个犹太人，也是一个希腊人。

施特劳斯论色诺芬的“苏格拉底申辩”

程志敏

（西南政法大学政治系）

施特劳斯对色诺芬的研究经历了与色诺芬类似的曲折命运，所不同的在于施特劳斯大半生的努力最终改变了色诺芬在现代的不公正遭遇，[1]但迄今还没有人能够反过来全面彻底地为施特劳斯的色诺芬研究正名。[2]

---

〔1〕 施特劳斯学派之外的人也逐渐认识到了这一点，尽管他们并不完全赞同施特劳斯的具体解读路径和结论，参 Louis-Andre Dorion, “The Straussian Exegesis of Xenophon: The Paradigmatic Case of Memorabilia IV 4,” in V. J. Gray（ed.）, *Xenophon*. Oxford University Press, 2010, pp. 283–284。另参 D. M. Johnson, “Strauss on Xenophon,” in F. Hobden and Ch. Tuplin（eds.）, *Xenophon: Ethical Principles and Historical Enquiry*, Leiden: Brill, 2012, pp. 123ff.。

〔2〕 剑桥大学“哲学指南”系列哲学类近年的一部就是“剑桥施特劳斯指南”(2009)，把施特劳斯列为西方思想史上重要的哲学家，但该书对于施特劳斯的色诺芬研究似乎仍然重视得不够。

原因很多，主要在于施特劳斯采用了自己极为喜爱（Liebling）的色诺芬的写作方式，不仅让本来就极为隐秘和“羞涩”的色诺芬变得更加难以捉摸，而且还加上了施特劳斯自己以色诺芬为基础所构建的思想大厦。色诺芬和柏拉图以“苏格拉底”来表达自己，施特劳斯同样借色诺芬、柏拉图和苏格拉底等人来立论。如果考虑到苏格拉底本人没有著书立说，那么，施特劳斯对苏格拉底的借用本身就已经是在柏拉图和色诺芬的迷宫中穿行，而施特劳斯本人又在一座座各自独立因而大不相同的迷宫上又加盖了自己的一层，于是，这种模仿的模仿、影像的影像、用迷宫的材料建筑的迷宫，就变得颇为难以穿越了。〔1〕

一、《苏格拉底向法官的申辩》的位置

施特劳斯生前发表的最后一部著作是《色诺芬的苏格拉底》。这是一本“奇怪”的书，它的书名、开端结尾以及谋篇结构都极为奇特，正如施特劳斯所意

〔1〕 S. Rosen, Review on *Xenophon's Socrates* by Leo Strauss, in *The Classical World*, 8 (1973), p. 470.

识到的色诺芬本人著作也颇为奇怪一样。[1]

色诺芬的“苏格拉底书”或“苏格拉底的言辞”（logoi Sokratikoi）共有四部，即《回忆》、《苏格拉底向法官的申辩》、《会饮》和《齐家》，但施特劳斯的《色诺芬的苏格拉底》只解读了前三部，而在此前两年出版的《苏格拉底的苏格拉底言辞》以一部专著的形式解读了篇幅本身并不大的《齐家》。我们是否可以由此推断，《齐家》记载的是苏格拉底的言辞（discourse），而其余三部写的是苏格拉底身上除“言辞”之外甚或与之相反的东西，比如，“行动”——这毕竟是希腊古典思想最著名的对子？《会饮》的确记录的是苏格拉底的“行为”（deeds）。[2]或者说，按照施特劳斯的理解，《回忆》、《申辩》和《会饮》记录的才是“苏格拉底”，而《齐家》只是“苏格拉底的言辞”？言辞并不代表一个人的真实想法，更不能等同于那个人。但其他三部著作（尤其《回忆》）也记载了苏格拉底的大量言辞，难道这三部书中的言辞才是

---

〔1〕 施特劳斯：《古典政治理性主义的重生》，郭振华等译，北京：华夏出版社，2011 年，194 页。

〔2〕 施特劳斯：《色诺芬的苏格拉底》，高诺英译，北京：华夏出版社，2011 年，131 页。下引此书，随文夹注。

苏格拉底真实的或近乎真实的想法，而《齐家》只是“苏格拉底式”的言辞？毕竟《齐家》的主角不是苏格拉底，而是另有其人，此人虽与苏格拉底稍有共同之处，[1]但那位真正的主讲人终究与苏格拉底相差甚大，甚至与居鲁士一样，算得上作为哲人的苏格拉底的另一极：[2]苏格拉底因为侍奉神明无暇齐家而至一贫如洗，本身就是对“齐家术”的蔑视，且不说是无情的反讽。[3]总之，仅仅从书名来看，施特劳斯突出了“色诺芬的苏格拉底”，也就是至少不同于阿里斯托芬、柏拉图和亚里士多德笔下的苏格拉底。

施特劳斯的《色诺芬的苏格拉底》成稿，标志着他“就完成了对色诺芬的苏格拉底作品的研究”，但

---

〔1〕 如《齐家》7.1在市场中的忙碌，另参《回忆》1.1.10，比较柏拉图《申辩》17c8，23b7—9。但这种忙碌未必有好结果，参柏拉图《申辩》28b，比较《回忆》1.1.8。

〔2〕 施特劳斯：《古典政治理性主义的重生》，前揭，页194。但很多学者只看到了色诺芬笔下的苏格拉底与其他角色，如居鲁士、阿格西劳斯和伊斯科马科斯（Ischomachos）等人相同之处，说他们都是色诺芬的“理想”人物。参D. L. Gera, Xenophon's Socrates, in M. Trappp (ed.), *Socrates from Antiquity to the Enlightenment*. Aldershot: Ashgate Publishing Limited, 2007, p. 34。作者也看到了这些理想人物的各种差异。

〔3〕 施特劳斯：《色诺芬的苏格拉底言辞》，杜佳译，上海：华东师范大学出版社，2010年，118页。

这部无论对色诺芬还是对作者本人来说都堪称“完成性”的著作却以对《回忆》书名突兀的阐释开头。施特劳斯一上来就写道：

> 标题 apomnemoneumata 可以姑且译作“回忆”（Recollection）。Apomnemoneuein（或它的派生词）在《回忆》中仅出现一次（1.2.31）；它在那里的意思是“愤恨”，即“记某人的仇”。花费这段笔墨阐释标题，是为了从最荒谬处开始，毕竟我们都是初学者。（页3）

施特劳斯知道自己的解读在别人（包括内行）看来多少有些“荒谬”。但色诺芬的《回忆》这本书的名称本身就有几分“荒谬”，这部“色诺芬的回忆录”记载的几乎全是“苏格拉底的言辞”（故而很多人把它直接译成 Socrate Commentarii 或 Momorabilia of Socrates 即“回忆苏格拉底”）。

色诺芬记录乃师的光辉事迹，如施特劳斯所说，是为了表明他最值得怀念的经历不是与居鲁士或阿格西劳斯的交往，而是纪念自己与苏格拉底的交往（页3），而他在自己的书名中故意省去“苏格拉底”（而与柏拉图一样，只在“申辩”时才加上“苏格拉底”）字样，大概是为了以沉默的方式予以特殊的强调。难道色诺芬以如此深情的怀念来表达自己的“愤恨”和“记仇”？据施特劳斯的弟子布吕尔转述，当有学生请教这个问题时，施特劳斯回答：“鉴于色诺芬可能批评苏格拉底，这样具有反讽意味：色诺芬怨恨自己的败坏”，布吕尔把施特劳斯的回答运用到老师身上，认为“施特劳斯同样‘怨恨’自己败坏在苏格拉底（和其他人）手上，因此，他就以这种败坏作为他最后两本关于色诺芬的研究著作的唯一主题”（前言，页6）。布吕尔让读者参考施特劳斯著作的页171，在那里我们看到，色诺芬对苏格拉底的爱不可能得不到回报，也就是说，色诺芬的“记恨”不是因为温文尔雅的苏格拉底只把色诺芬一个人骂成“傻瓜”和“蠢蛋”（1.3.11—13，另参施特劳斯书，页20），而是因为苏格拉底对自己的“败坏”（即“回报”），尤其是自己对老师不得不作出的僭越性批评！

正如古典语文学家所看到的那样，色诺芬的这个书名，基本上与 hypo-mnemata 同义（而有两个抄本就以此为书名），后者相当于拉丁语的 memorabilia，[1]就是“回忆”，也就是一些值得回忆的重要的事情。就起内容而言，色诺芬不是在写自己的“回忆录”，而是回

---

〔1〕 公元1569年 Johanes Leonclavius 以此来翻译色诺芬的这部著作。

忆苏格拉底的言辞，因此这本书标题改为“论语”（Analects）也是合适的。[1]这种“回忆”不是报告文学，而是精挑细选了一些值得回忆的事情，既有删节，也有增加（或曰虚构），其目的不在于客观公正的历史档案撰著，而在于“反思”甚至“评论”。[2]所以，该书名的拉丁译文不应该是 memorabilia，其正确的译法乃是 commentarii。古罗马文法学家 Aulus Gellius 把该书称为 libros quos dictorum atque factorum Socratis commentaries composuit Xenophon［色诺芬撰写的一部评述苏格拉底言行的书］。[3]尽管《回忆》“的写作原则就是提示苏格拉底真正活动的特性，不过并不对其进行阐释”，[4]但这种“提示”本身就包含着色诺芬的“评论”。色诺芬不是在“录音”或“录像”，而是在“评注”，尽管这种评注本身也是一种“回忆”。这是我们理解包括《回忆》在内的所有色诺芬著作的

---

〔1〕 R. Robbins, *Xenophon's Memorabilia of Socrates*, New York: D. Appleton and Company, 1863, p. 173.

〔2〕 C. Anthon, *Xenophon's Memorabilia of Socrates*, New York: Harier & Brothers Publishers, 1867, p. 141.

〔3〕 A. Momigliano, *The Development of Greek Biography*, Harvard University Press, 1971, p. 52.

〔4〕 施特劳斯：《古典政治理性主义的重生》，前揭，196 页。

一个前提，当然也是解读《申辩》的指针。

《色诺芬的苏格拉底》的结尾（即附录）也同样十分“怪异”：它突然提到祖国（此前的《色诺芬的苏格拉底言辞》全书最后处也顺带提到了“祖国”），这似乎与全书的主题无关，而只与“色诺芬”的个人遭遇有关。[1]施特劳斯借用尼布尔这位伟大的普鲁士爱国者对色诺芬的评价来试图扭转现代的主流偏见，然后极为简略却又全面地提到了色诺芬笔下对“祖国”的论述。在施特劳斯看来，对于正确地评价色诺芬，“‘光有爱国主义是不够的’，因此在有些时候和有些情况下，投奔敌人和对抗自己的祖国比常态下最高贵的行为更高贵”（页166）。这种惊世骇俗的言论不是那些持狭隘“祖国”观的人所能接受的，也不是

---

〔1〕也许稍有思考能力的人都会注意到《色诺芬的苏格拉底》最后这篇仅有两页的附录着实奇怪，但很少有学者愿意讨论它。大名鼎鼎的古代哲学专家 Terence Irwin 在《色诺芬的苏格拉底》出版后不久就注意到了这一点，但认为色诺芬笔下有很多材料都能够说明色诺芬的品格和意见，但施特劳斯却提供了一些对 patris（祖国）一词毫无帮助（uninformative）的评论，见 Review on Xenophon's Socrates by Leo Strauss, *The Philosophical Review*, Vol. 83, No. 3（Jul., 1974），p. 410。Irwin 不明白施特劳斯的笔法，所以认为施特劳斯这本书“几乎毫无价值”（类似的还有 Norman Gulley 和 R. E. Allen 等一帮人的评价）。

我们这些理智平庸的人所能理解的。施特劳斯与色诺芬一样，被迫流亡异邦达三四十年之久，这个事实不是这里的“祖国论”最好的解释理由。莫非施特劳斯此时已然高龄，可能自知不久之后就会魂归天国，才会写下如此带有自况性的文字？我们因为不清楚施特劳斯的“祖国”究竟何所指而无法继续讨论这个问题，但总之深觉《色诺芬的苏格拉底》非同寻常。

《色诺芬的苏格拉底》一书的结构编排亦颇为考究。施特劳斯依次讨论了色诺芬的三部著作：《回忆》、《申辩》和《会饮》。这个顺序似乎既不是色诺芬写作的先后关系，也不是三部书内容的发生年代。就算如施特劳斯所说，色诺芬在写《苏格拉底的申辩》之前，就已经写了《回忆》（页118），[1]但他并没有明

---

〔1〕关于《申辩》和《回忆》（尤其4.8）的先后问题（以及《回忆》内部各章节的先后问题），多有异见。参A. Chroust, *Socrates: Man and Myth: The Two Socratic Apologies of Xenophon*, London: Routledge & Kegan Paul, Ltd., 1957, pp. 17, 44。近年在色诺芬研究上颇为用功的Robin Waterfield认为A. Chroust这本书很差劲（far from perfect，见Xenophon on Socrates' Trial and Death, in F. Hobden and Ch. Tuplin (eds.). *Xenophon: Ethical Principles and Historical Enquiry*，前揭，285页）。Robin Waterfield坚持认为《申辩》是早期作品，而《回忆》稍晚（参其为他与Hugh Tredennick合译的*Xenophon: Conversations of Socrates*所撰写的导言，Penguin Bookstore, 1990），这似乎是受了柏拉图著作年代顺序的定论的影响，当然也可备一说。

确地说色诺芬最后写的是《会饮》。而从内容上来说，《会饮》中的事件发生在公元前422年（自称为在场的色诺芬其实只有八岁左右），显然比苏格拉底的“申辩”早二十多年。但不管如何，《申辩》形式上位于全书的中间（尽管出于可以理解的原因，对《回忆》的讨论已经占去了全书三分之二的篇幅）。而据施特劳斯的解释原则，位于中间的总是更值得小心关注，[1]《申辩》恰恰就处在这部十分奇特的“盖棺之作”的中间位置，必然有名堂。

二、《苏格拉底向法官的申辩》的意图

“苏格拉底向法官的申辩”这个标题名不副实——“色诺芬仿佛对文不对题有某种特殊嗜好”，[2]因为书中真正向法官申辩的部分只有11节（11—21），不到

---

〔1〕如《色诺芬的苏格拉底》，前揭，9页；另参 *The City and Man*，The University Press of Virginia，1964，p. 74；《迫害与写作艺术》，刘锋译，北京：华夏出版社，2012年，179页。另参坎特：《施特劳斯与当代解释学》，程志敏译，见刘小枫、陈少明编：《经典与解释的张力》，上海：上海三联书店，2003年，109页。

〔2〕施特劳斯：《斯巴达与色诺芬的品味》，陈戎女译，刊于刘小枫编：《苏格拉底问题与现代性》，北京：华夏出版社，2008年，191页。

全书的三分之一。这种施特劳斯所说“具有误导性”的著作明确告诉我们,《申辩》绝非“法庭实录”，正如当时颇为流行的多种“苏格拉底申辩”都不是忠实的庭审记录一样（希罗多德的“历史”和色诺芬的史撰亦同)。在施特劳斯看来,“申辩”这个标题本身就暗示苏格拉底另外还有一种申辩，该书一开始就让读者明白了，另外那种没有明确交代的、实际上不必诉诸文字的申辩就是苏格拉底的“行动”，而这里所记载的无非是简短而临时的言辞上的辩护（页117)。[1]全书其余部

〔1〕比较柏拉图的《申辩》17c1—2（即席演讲）与色诺芬的《申辩》4和拉尔修《名哲言行录》2.40（拒绝吕西阿斯的提议或“申辩稿”)。在柏拉图笔下，苏格拉底之所以不事先准备辩护词，是因为自己“外行”；在拉尔修笔下，是因为专业的辩护状美则美矣，不够哲学；在色诺芬笔下，是因为苏格拉底的“精灵”阻止他考虑辩护的事情——苏格拉底一生的行状本身就足以证明自己的无罪，但请注意：这不是苏格拉底的“精灵”的评价，而是苏格拉底的自况。苏格拉底在柏拉图笔下申辩时用的是“自己从小就养成的声音”(17d5)，其实就是“精灵”(31d3，比较《回忆》1.1.3和《申辩》12—13)。因此，可以大略地说，精灵反对苏格拉底自己去准备辩护词，是因为“精灵”这种苏格拉底从小就有的“声音”自己要站出来说话。苏格拉底在辩护中所讲的话，并非作为公民和凡人的苏格拉底的语言，而是被精灵控制后（daimonan,《回忆》1.1.9）的苏格拉底所说的话，实则“精灵”自己的话：苏格拉底也中邪了，苏格拉底也是疯子（施特劳斯《色诺芬的苏格拉底》，前揭，页8)。尤其重要的是，自称有精灵般的东西（daimonion）也就是被精灵控制（possessed）了的人，在古希腊经典中，大概只有苏格拉底自己。

分与“申辩”没有直接关系，却并非没有用意，只是其意图不在于“法庭申辩”而已。

这样看来，“苏格拉底向法官的申辩”不是能够涵盖全书内容的一个标签，而是色诺芬要讨论的一个对象。这个名称的重点当然在于“苏格拉底”，但我们也丝毫不能忽视“法官”一词。色诺芬只是在讨论苏格拉底某次可能并不十分重要“言辞”（至少与其“行动”相比而言）。哪怕仅仅从“言辞”角度来说，或许这个标题还暗示了另外一种“申辩”，也就是“向法官的申辩”之外的申辩。那么，苏格拉底在向谁“申辩”？显然不可能是在向苏格拉底自己内在的“精灵般的东西”（daimonion）申辩，[1]因为这种daimonion从来不会害他（即便它要他去死），甚至它对

〔1〕苏格拉底的daimonion颇为难解，该词是中性名词，不等于作为半神的daimon（尽管苏格拉底故意混淆这两者的区别，参柏拉图《申辩》27d—e，另参色诺芬的《申辩》13），更不是某种神明（哪怕译成deity都是不对的）。它与自然哲人所说的“水”和“火”一样，“在一种独特意义上就是某种自然之物”（施特劳斯《色诺芬的苏格拉底》，前揭，7页），甚至可以说得更直白一点，就是nous（《回归古典政治哲学——施特劳斯通信集》，朱雁冰、何鸿藻译，北京：华夏出版社，2006年，283页）。苏格拉底让朋友们求问神谕，自己却只仰赖（而不是求问）自己的精灵（《色诺芬的苏格拉底》，前揭，7页）。

苏格拉底的朋友们的建议都证明是正确的（色诺芬《申辩》13），而且色诺芬在《回忆》4.8 和《申辩》中都在不遗余力地为 daimonion 正名或辩护（但实质上真实如此吗?）——也许有这样的想法（即“向精灵辩护”）可能都是“渎神”的? 于是，我们只能在最粗疏的意义上把色诺芬的《申辩》与柏拉图的《申辩》作权宜的比附，如果说柏拉图的《申辩》既是“苏格拉底与雅典城邦的对话”,〔1〕又是“在雅典人的法庭上为哲学作的一种（本身必然为喜剧般的辩护)”,〔2〕那么，色诺芬的《申辩》也既是“向法官的申辩”，同时也是“向哲人的申辩”。苏格拉底必须向法官申辩，这是法律的要求，但苏格拉底为什么要向法官之外的人（比如哲人）申辩呢? 他又该如何申辩?

据色诺芬说，其他一些人也记录了苏格拉底的申辩，尤其是苏格拉底在申辩中所说的“大

〔1〕 施特劳斯:《柏拉图式政治哲学研究》，张缨等译，北京：华夏出版社，2012 年，54 页。另参《古典政治理性主义的重生》，前揭，216 页。

〔2〕 施特劳斯:《回归古典政治哲学》，前揭，285 页。

话”（megalegoria），[1]但那些人都没有讲明白苏格拉底为什么要在生死攸关的地方和时刻说那些大话的“意图”或“想法”（ebouleusato，《申辩》1），因而就让苏格拉底的辩护看起来愚蠢至极。不满这种现状的色诺芬于是就来为苏格拉底的大话“正名”或“辩护”（justify）。看起来《申辩》的目的就在于此：不是为苏格拉底辩护，而是为苏格拉底在申辩时所采用的策略辩护，使他的大话“合情合理”（sensible）！但问题显然不是那样简单，因为色诺芬接下来的辩护并不“成功”，而可能另有所图。

既然色诺芬的意图在于为苏格拉底的大话辩护，施特劳斯便用了很大的篇幅来讨论 megalegoria——这个希腊语单词在《申辩》中仅出现了两次，而在施特

〔1〕 该词一般是在贬义上使用（比较柏拉图《申辩》20e5 的 mega legein），参 J. Burnet, *Plato's Euthyphro, Apology of Socrates and Crito*. Oxford: Clarendon Press, 1924, p. 146。所有讨论色诺芬《申辩》的文献，都会涉及到这个“关键词”。Robin Waterfield 认为该词并不只有否定性的内涵，也可以指“从一个很高的立场来说话”（*Conversations of Socrates*, p. 41n. 1），但他还是把该词译作了 arrogant tone。后来，Waterfield 认为该词处理起来很麻烦，于是改用 boastfulness 来翻译（见 Xenophon on Socrates' Trial and Death, in F. Hobden and Ch. Tuplin [eds.], *Xenophon: Ethical Principles and Historical Enquiry*, p. 269 n. 2）。

劳斯的解读中却出现了16次之多，还不包括1次带有形容词比较级的英语翻译（talk still bigger，页119）和1次近似的阐释（high-mindedness，页123）。与这种强调形成对照的是施特劳斯对于色诺芬没有说出来的东西所表现出的强烈兴趣和深刻的洞察力（详下）。

在色诺芬看来，苏格拉底的“大话”与他的“想法”（dianoia,《申辩》2）相一致，也就是说，苏格拉底的大话乃是他有意为之。苏格拉底自称有“精灵般的东西”，当然表明自己更受神明喜爱，甚至他的“自由、正义和节制”（《申辩》14）以及他在困厄之中的坦然，使得“人们不禁要说，苏格拉底像神一样生活在人间”（页120），[1]而苏格拉底甚至暗中把自己比作了神明（《申辩》15）！苏格拉底自认为比公认最智慧的奥德修斯更加智慧，还拒绝卑贱地乞求法官开恩，凡此种种，都“助长了法官们判他死刑的意愿”（页123）。但苏格拉底为什么要故意激怒法官们？

〔1〕 参亚里士多德《政治学》1253a29（非神即兽）。施特劳斯在其他地方说苏格拉底“必须成为半神”（《苏格拉底问题与现代性》，前揭，264页）。

色诺芬说，那是因为苏格拉底不愿意遭受老年的折磨，不希望在感官能力、学习能力和记忆力衰退的时候死去，而盼望能够在生命力还颇为旺盛、灵魂还能够思考也就是还能够为朋友们留下美好回忆的恰当时刻轻轻松松地离开人间（《申辩》7—8，32）。既然死亡是必然的，无处可逃，那么，在最恰当的时候以最轻易的方式死去，就算得为神所喜了（《申辩》32）。不过，稍加思考，就会发现问题。

首先，没有任何证据表明苏格拉底已经开始受到老年病的困扰（《回忆》1.2.1，另参柏拉图《会饮》220b），[1]相反，苏格拉底身体好得出奇（因为他从不忽视身体，而并非只关心灵魂，参《回忆》1.2.4），更不用说"老年"本身还意味着睿智、淡泊和经验。[2]《申辩》中关于苏格拉底惧怕老年疾病的折磨这一类的说法，一望而知乃是毫无说服力的借口——色诺芬可能正是要以这种丝毫都不可信的理

---

〔1〕参 D. L. Gera，Xenophon's Socrates，in M. Trappp（ed.），*Socrates from Antiquity to the Enlightenment*，p. 39。

〔2〕另参柏拉图《王制》329c6—7，331b7，520b7—c1，《法义》中的夜间议事会成员都是老人。另参西塞罗《论老年》："老年人最富有理智和判断力，若没有老年人，国家也就根本不会存在"（19.67，王焕生译文）。

由吸引人们去注意他的“荒谬”辩护所要指向的真正用意。

其次，苏格拉底实际上并不想死，也曾两次想到过要为自己辩护（《申辩》4），[1]而且他的“死”与他的“使命”，也就是从事省察他人的哲学活动相矛盾（虽然这是柏拉图的说法）。苏格拉底“不会故意招致判决”（页125）。那些认为苏格拉底故意得罪评审团从而“合法自杀”的学者，没有意识到这无非是色诺芬的修辞手法，而尤其没有注意到，不是苏格拉底要自杀，而是他身上那个“精灵般的东西”的安排或要求——色诺芬只是没有明确告诉我们，那个daimonion为什么要这么做，色诺芬仅仅说，只有苏格拉底惧怕老年、渴求安乐死才能够解释他在法庭上的异常言辞。但实情也许并非如此。

最后，这些如此凡俗的辩护显然与色诺芬对苏格

---

〔1〕有学者认为“两次”（dis）乃是“宙斯”（dia）的抄写之误，参M. Stokes, Three Defence of Socrates, in F. Hobden and Ch. Tuplin (eds.), *Xenophon: Ethical Principles and Historical Enquiry*, p. 250。苏格拉底并不想死，但他知道，不可调和的冲突让他别无选择：“要是可以正义而光荣地延长生命，苏格拉底倒还乐意，但绝无这样的前景”（《色诺芬的苏格拉底》，114页）。比较施特劳斯《回归古典政治哲学》，前揭，285页。

拉底的极力夸赞自相矛盾，因为苏格拉底的这种自私自利的“小算盘”显然远远谈不上“灵魂强大”（《申辩》33），更谈不上“自由、正义和节制”（14）。苏格拉底以“自制”（enkrateia）著称，与“大话”格格不入（页30），因为后者显然不是一种克制的产物。苏格拉底坦然面对死亡，当然是一种“勇敢”。如果他是因为参透了生死而做出这种选择，还稍微可以从哲学上为之辩护；但如果他由于惧怕老年力衰而故意求死，则只能以“懦弱”名之，或者用色诺芬笔下的苏格拉底自己的话说，那些“该怕的不怕，不该恐惧的反而恐惧”，简直就是“神经病”（mainomenos，《回忆》1.1.14）。

色诺芬这种辩护根本不成立，那种所谓“苏格拉底自己的想法”云云，实际上是在“贬低”苏格拉底！色诺芬的真正意图不是要为“大话”正名（该词并没有出现在《回忆》中），而是在这个过程中表明苏格拉底的虔敬和正义，也就是说，色诺芬“用既不渎神亦非不义这个首要关注取代了大话”（页126）。但城邦明明就是以这两条罪名判处了苏格拉底的死刑，我们不禁会惊讶：像苏格拉底这样著名的哲学家怎么可能会想到用极力抬高自己的一些大话来求死就是一种正当而有效的自我辩护方式?[1]鉴于这是色诺芬对“苏格拉底的申辩”的解释，于是，我们的问题被迫从“苏格拉底的想法”转到“色诺芬的意图”上来。

三、遮掩与凸显

色诺芬的辩护的确拙劣，但考虑到色诺芬具有无与伦比的文学才华，这种与之毫不相称的笔法当然可能有深意，因为“色诺芬作为作家、作为思想家写的貌似拙劣，那么，他实际上是故意为之，自有缘由”,[2]或者说色诺芬之所以害羞或“羞敛”（bashfulness）就是想“隐瞒”某种东西。[3]当然，这种隐瞒本身是另外一种凸显。

施特劳斯注意到，色诺芬在阐释这场思想史上最著名审判的过程中，虽然说了很多东西，但同时却有意忽

---

〔1〕 T. Pangle, On the Apology of Socrates to the Jury, in Xenophon, *The Shorter Socratic Writings*, trans. By R. C. Bartlett, Ithaca: Cornell University Press, 1996, p. 23；该文最先以 Political Defense of Socratic Philosophy 为题发表在 Polity 杂志的 1985 年秋季号（此处引文在 102 页），收入他主编的这部著作时有所增订。

〔2〕 施特劳斯:《苏格拉底问题与现代性》，前揭，169 页。

〔3〕 同上，195 页。

略了另外一些可能更重要的问题——施特劳斯在这篇解读《申辩》的章节原文只有12页，却用了10次silent（或silence）以及数次mention。其中处于中间位置且频繁出现的是关于神明对苏格拉底“智慧”的沉默（实际上也就是色诺芬对它的沉默），而“智慧”是苏格拉底最重要的特质，这种根本性的身份标识在柏拉图笔下乃是唯一的，甚至可由德尔斐的神明来予以担保（柏拉图《申辩》20e7—8）！施特劳斯观察到：

> 神对苏格拉底的智慧保持沉默，正如色诺芬在《回忆》中对苏格拉底智慧保持沉默一样。但神对苏格拉底的虔敬也保持沉默；神可能暗示，苏格拉底的虔敬是其审慎的一部分（参《回忆》IV.3.1—2）：但在考察神谕时，苏格拉底对自己的审慎保持沉默：审慎是肆心（hybris，《申辩》19）的反义词，且在他的大话中间格格不入。（页119）

施特劳斯在解读《回忆》时，多次拿“智慧”和“审慎”（phronesis）对比，[1]但在解读《申辩》（以及《会

---

[1] 施特劳斯在《色诺芬的苏格拉底》中共提到四次phronesis，前两次把它译为reasonableness，第三次译作good sense，第四次译作prudence。

饮》）时，故意没有提到“智慧”，倒是强调性地提到“节制”或“审慎”。如果我们考虑到施特劳斯在阅读色诺芬时给我们最大的教导就在于“苏格拉底没有将智慧与审慎（moderation）割裂开来”（页8），而自制与“审慎”（sophrosyne）又无分轩轾，[1]那么，“智慧”在神谕（以及《申辩》）中的缺失的确就变得意味深长了。[2]施特劳斯看到，“色诺芬用明辨（prudence）代替了智慧，智慧是关于万物的知识，而明辨是指能够万无一失地分辨更好与更坏的东西”（页114）。

德尔斐神谕即便没有说苏格拉底“智慧”，但神谕本身的至高无上性就已经保证了苏格拉底的与众不同，当然会招致法官们的记恨，因为他“从神明那里获得的恩典比他们更大”（《申辩》14）。这看起来是苏格拉底为了卑微的自我目标故意在说大话，但从结果来看，苏格拉底之所以被判死刑，不是因为他说了大话，而是由

---

〔1〕另参《苏格拉底问题与现代性》，前揭，180页。另参《古典政治理性主义的重生》，前揭，197页。

〔2〕尽管其中提到了苏格拉底的sophrosyne，施特劳斯译为moderation，即节制，而施特劳斯在《斯巴达与色诺芬的品味》一文中把该词生硬地译作bashfulness（羞敛）。色诺芬在《回忆》中深入地讨论了自制（enkrateia），但施特劳斯指出，审慎不同于自制，后者只是说不纵欲而已（《色诺芬的苏格拉底》，前揭，9页）。

于他的"神恩"和"智慧",只不过色诺芬以遮遮掩掩的方式让苏格拉底高调地说出来了,因此,"神恩"也许只是一个由头,以表明苏格拉底的卓绝之处由来有自,但"智慧"本身却并非大话。[1]施特劳斯总结道:

> 真正的原因在《苏格拉底的申辩》结尾处(32)色诺芬的评论中浮现出来:苏格拉底使自己遭到嫉妒,是因为他在法庭上夸赞自己,从而助长了法官们判他死刑的意愿:比起对苏格拉底智慧的嫉妒,法官们更嫉妒苏格拉底富有挑衅的高傲心智(high-mindedness)。换言之,苏格拉底宣称自己智慧,这可能不是说大话。(页122—123)

色诺芬最后以自己的名义(而非神谕)、用同样不会被人当真的"缅怀"形式道破了苏格拉底的"智慧"和"高贵"(《申辩》34)。当然,色诺芬没有在神谕故事中涉及"智慧",而只提到"自由、正义和节

---

[1] R. Waterfield说 it seems to me to be far from impossible that Xenophon was right,即,色诺芬很可能是对的。参 Xenophon on Socrates' Trial and Death,in F. Hobden and Ch. Tuplin(eds.),*Xenophon:Ethical Principles and Historical Enquiry*,前揭,页301。但作者认为苏格拉底目睹"道不行"而自愿为城邦充当"替罪羊"的说法,值得商榷,另参氏著 *Why Socrates Died:Dispelling the Myths*,New York,W. W. Norton & Company,2009,pp. 202-204。

制”，是与色诺芬笔下更具“伦理性”和“社会性”的苏格拉底形象一脉相承。[1]

可见，“大话”只是色诺芬的幌子，而表面上代替“大话”的“虔敬”和“正义”虽然也是色诺芬用来替苏格拉底辩护的正面理由，却无论如何不是色诺芬最想归于苏格拉底身上的高贵品质。苏格拉底在辩护中故意用“神恩”和“智慧”为手段来激怒法官，看起来但求速死以免神散力衰的折磨，但这种的手段恰恰就是色诺芬要刻意强调的目标。也就是说，色诺芬看起来是在给苏格拉底的大话“打圆场”，故意把乃师刻画成“贪死怕生”的普通老人：我们没有必要嫉妒这样一个装疯卖傻“找死”的家伙，更不必把他的大话当真——结果却暗中让我们认识到苏格拉底的伟大！[2]

---

〔1〕 也许还因为“智慧”的内涵在色诺芬这里已经发生了根本的变化：色诺芬回到了原初的智慧观上。参 M. Stokes, Three Defence of Socrates, in F. Hobden and Ch. Tuplin (eds.), *Xenophon: Ethical Principles and Historical Enquiry*, pp. 253-256。

〔2〕 这或许就是一种显白的教诲。色诺芬的这种笔法让人想起了阿尔法拉比笔下的那位修道者，他为了避害而把自己打扮得疯疯癫癫，对城门守卫说“我就是你们要缉拿的那个人”，当然，如果没有相当的洞察力，谁也不会把这位疯子的话当真（也不会把色诺芬为苏格拉底“打圆场”的话视为“正话”）。参阿尔法拉比《柏拉图的哲学》，程志敏译，上海：华东师范大学出版社，2006年，55页；另参拙著《阿尔法拉比与柏拉图》，上海：华东师范大学出版社，2008年，66—75页。

苏格拉底不“想死”，而且他的死因也绝不是由于说了大话，而是他与城邦不可调和的冲突。柏拉图的《申辩》深刻地解释了哲人与城邦的“先天”不合：哲人作为“牛虻”不得不省察和批评现实，而城邦却只能以普遍的意见为存在的基础。柏拉图和色诺芬的两部《申辩》与其说是为苏格拉底“平反”，不如说是为了极为严肃地凸显哲人与城邦之间的巨大张力。在这样一种张力中，不是只有哪一方才“正确”和“高明”，因此色诺芬并没有通过攻击城邦来为苏格拉底辩护。恰恰相反，色诺芬在分析这种必然冲突时暗中指出了哲人一方不是问题的“问题”：不虔敬。

施特劳斯在书中对此有分散却颇为详细的分析。就虔敬而言，色诺芬只提到苏格拉底在公共节日和公共祭坛上献祭，而“对于在家里进行的严格意义上的私人献祭，苏格拉底保持缄默”（页118）。这虽然只是一种暗示，却也在一定程度上表明苏格拉底的“虔敬”可能只是一种“表现”。即便“苏格拉底尽可能使自己在行动和言辞上表现得非常温顺——可是他私密的想法呢？色诺芬马上打消了一切可能的猜疑，因为他暗示，苏格拉底总是在户外，总是对一大群人说话：苏格拉底的任何私密想法根本没有藏身之所”（页7）。但这种辩护显然不成立，毕竟苏格拉底也在夜晚和室内一些非常私密的场合（不仅仅是“会饮”这种时候）发表自己的观点。

色诺芬用来证明苏格拉底虔敬的事迹，说他为了不违背神圣的誓言而拒绝集体审判十将军，“这件事情作为证明苏格拉底虔敬的最有力证据，价值可疑，因为苏格拉底在当时情境下的模范行为，毋宁应该视为他公正的证据，而非虔敬”（页9—10）。如施特劳斯所看到的，“神对苏格拉底的虔敬也保持沉默”，本身就已经足以说明问题，至于施特劳斯接下来说“神可能暗示，苏格拉底的虔敬是其审慎的一部分”，无非是与色诺芬一样的“遮掩”或“打圆场”的修辞。的确，“苏格拉底敬拜城邦的诸神，尽管他是否相信诸神的存在仍然是个难以确定的问题”（页18）。色诺芬用来为苏格拉底辩护的材料，“都没有证实苏格拉底的虔敬”（页127），或许就在于“哲人的虔敬”本身就是一个矛盾的命题，根本就无法证实或证明，包括色诺芬和柏拉图在内的任何“辩护”努力其实都不过是在遮掩哲学的本质，更准确地说，是在尽可能降低哲学的“副作用”。色诺芬却把哲人的不虔敬牢牢地遮掩了起来，[1]或者说，苏格拉底至少表现得很虔敬——这是一个哲人的公民身份的必然要求！这也是色诺芬披着“辩护”的外衣努力要宣谕的苏格拉底最深刻的教导。

这种教导的核心就是“节制”或“审慎”，它也是色诺芬的“写作原则”。施特劳斯领会到并予以特别强调的色诺芬政治哲学的精义也正是这一点：“节制被视为苏格拉底的显著品性。……认识到政事与非政事之间的本质性区别，或更根本地讲即认识到诸多本质性区别之存在，或曰认识到理智异质性之存在，看起来就是节制——这与苏格拉底之前的哲人们的疯狂相对立。然而在一种甚至更首要的意义上，苏格拉底式节制还意味着认识到，某些意见虽然并非真理，但有益于政治生活。色诺芬指出，苏格拉底并不割裂智

---

〔1〕 施特劳斯在1939年发表的第一份“色诺芬研究”《斯巴达与色诺芬的品味》中如此写道：“苏格拉底不信奉城邦的神，他的学生色诺芬亦然。不过，师生二人都竭尽最大可能向公众隐瞒他们的不信，他们隐瞒得如此彻底，以至于甚至如今，当无人再信奉希腊城邦诸神灵时，人们还能走到要考虑苏格拉底或色诺芬是信还是不信这样模棱两可的地步”（《苏格拉底问题与现代性》，前揭，197页）。

慧与节制。"[1]对于后世的哲学来说，"苏格拉底拒绝将智慧与审慎彼此分开"（页 71）已经成为了一个被遮蔽在历史深处的往事，但很可能是当今公认已经危机重重的思想之"解毒剂"。[2]

四、施特劳斯的沉默

当我们准备进一步研究施特劳斯如何在与柏拉图几乎同名著作的比较中探讨色诺芬的《申辩》时，却惊讶地发现，他在《色诺芬的苏格拉底》专门疏解章节中，竟然一次都没有提到柏拉图，而且也没有引用柏拉图的任何著作！但在这本书的前后两个部分中，施特劳斯处处以柏拉图的著作为思考的背景，甚至在

[1] 施特劳斯：《古典政治理性主义的重生》，前揭，197 页，另参 207 页。施特劳斯看到了色诺芬所列举的苏格拉底所关注的诸多属人的问题中，"sophrosyne（审慎）及其反面，即疯狂，居于中间"（《色诺芬的苏格拉底》，前揭，9 页）。

[2] 施特劳斯：《苏格拉底问题与现代性》，前揭，201 页。关于"危机"，最深刻的分析可另参胡塞尔：《欧洲科学的危机与超越论的现象学》，王炳文译，北京：商务印书馆，2001 年，各处。海德格尔思想成熟后的所有著作都以这种危机的表征、病因和解决方案为自己的问题意识。这种"危机"的确已成共识，所不同的在于病理分析和处方结果而已。

正文中直接谈及柏拉图（而不仅仅是随文夹注），而且在该书开篇第二自然段就直接以柏拉图的《申辩》来比附色诺芬的《回忆》（页 4）。任何讨论色诺芬思想的著作毫不例外地都会谈到柏拉图，所有学者都会轻而易举地看到这两部《申辩》本身的巨大相似性或一致性，而它们之间的不同之处（更多地是侧重点不同）恰恰说明了它们的深刻关联。[1]施特劳斯在研究《申辩》时大量地谈到了色诺芬的“沉默”，而他在自己的解读著作的这个部分只字未提柏拉图，这就是施特劳斯自己的“沉默”之处。

如何理解施特劳斯的“隐而不显”？虽然不是因

---

〔1〕 G. Vlasotos 对色诺芬的看法虽然已经遭到了 D. W. Graham、D. Morrison、P. Gottlieb、D. Roochnik、J. Gordon、A. Nehamas 和 R. Walterfield 等人的批评，但亦不乏参考价值（*Socrates, Ironist and Moral Philosopher*，Cambridge，1991，第二章）。另参 R. Waterfield，Xenophon's Socratic Mission，in Ch. Tuplin（ed.），*Xenophon and His World.* Stuttgart：Franz Steiner Verlag，2004，pp. 99–109，作者在该文“结论”中例举了色诺芬与柏拉图相似性的 18 条证据；另参 *Xenophon：Conversations of Socrates*，前揭，页 30 以下。G. Danzig 对此亦有详尽的分析，参 *Apologizing for Socrates：How Plato and Xenophon Created our Socrates*，Lanham：Rowman & Littlefield Publishers，Inc.，2010，pp. 19ff，这一章名为 Plato and Xenophon on Socrates'Behaviour in Court，原发表于 *Transactions of the American Philological Association*，2003 年秋季号，281 页以下。

为“色诺芬笔下的苏格拉底形象与柏拉图的苏格拉底形象并没有原则上的差别”,[1]也不是由于施特劳斯这本书自认为“败坏”或“被败坏”了，更不可能是因为书中讨论《申辩》的章节中大量地披露了色诺芬“沉默”的内容，尤其是揭示了哲人的不虔敬而不愿意连累到柏拉图。在没有其他可靠材料的情况下，我们只能凭靠施特劳斯自己的写作方式来推想。与此极为相似的是，施特劳斯发现，色诺芬本人在《回忆》本来应该谈到柏拉图的地方，同样点到为止，或者说色诺芬只是“指向”(point to）而不“表现出来”(present it，页9)：

> 我们并非完全没有理由期待，位于苏格拉底与格劳孔谈话之后的这场苏格拉底与卡尔米德之间的谈话，按顺序来说，后面紧接着应该是苏格拉底与柏拉图的谈话。但色诺芬更明白；他仅仅指出苏格拉底与柏拉图谈话的可能；顶峰隐而未现；上升已经结束。(页67)

施特劳斯敏锐地看到，从第三卷之后，苏格拉底的谈话出现了一种下降的趋势，而这个顶峰就是柏拉图——这是色诺芬笔下唯一出现“柏拉图”字样的地方，看似

[1] 施特劳斯:《回归古典政治哲学》，前揭，282页。着重号原有。

不经意地顺便提到，其实可能大有深意。施特劳斯在其他地方详细地说明了色诺芬所有著作的这个特点，值得详细征引：

> 我们期待接下来记载的是，苏格拉底与另一个令苏格拉底对格劳孔有兴趣的人之间的交谈，亦即苏格拉底与柏拉图的交谈。不料，我们看到的是苏格拉底与另一位哲人阿里斯提普斯的交谈。此后，下降开始了，引领我们从出色的诸匠人、一个名姬，一个有病的青年重新下降到不知名者。也就是说，色诺芬为构建其论证，采用这样一种方式以指向和暗示一个顶峰——从不知名者上升到亲近者，又重新下降到不知名者。色诺芬暗示了卷三的顶峰，乃至全书的顶峰。他点出这一顶峰，即苏格拉底与柏拉图的交谈，但他没有给出它。这顶峰缺失了。这一模式可适用于色诺芬的全部苏格拉底著作。最高者并未变得可见可闻，但它却可以被预知(divined)。未言说者比已言说者更为重要。与读者而言，这意味着他必须极端留意，或极端悉心。[1]

这一模式也完全适用于施特劳斯本人的这部著作：最

〔1〕 施特劳斯：《古典政治理性主义的重生》，前揭，205—206页。

高者虽不可见可闻，用心的读者却可以领悟到——施特劳斯的“自编文集”总共15篇文章中虽然只有两篇直接讨论柏拉图，他却把这本书命名为“柏拉图式政治哲学研究”。

可见，施特劳斯故意在《申辩》的疏解中隐去柏拉图，不是在单纯地模仿色诺芬，因为柏拉图不仅是色诺芬的“顶峰”，也是施特劳斯本人的“顶峰”，尽管他的“柏拉图”比色诺芬的“柏拉图”含义要宽广得多。由此我们亦不难明白施特劳斯在解读《申辩》这篇位于《色诺芬的苏格拉底》中间位置的文章何以丝毫没有提到柏拉图，用施特劳斯自己的话说，就是“要迫使读者不断想到缺席的哲人，即通过独立思考弄清缺席的哲人究竟会说些什么。”[1]我们不由得想起苏格拉底在《法义》中的缺席，代替他成为对话引导者的是一个匿名而神秘的雅典异方人。

我们不敢贸然揣测施特劳斯的用意，更无力想像柏拉图在施特劳斯这部书中会说些什么，但我们可以肯定，这种沉默是施特劳斯故意的，正如他自己所说“如果色诺芬避人耳目的艺术被解释弄得招人耳目，那么，

[1] 施特劳斯：《迫害与写作技艺》，前揭，102页。

这一艺术的魅力就被败坏了，至少暂时被败坏了。”[1]这似乎也应该是我们解释施特劳斯需要遵循的原则。当然，我们可以通过简单比较柏拉图与色诺芬的差异来为这个空白的填补作点铺垫（更像是“捕风捉影”）。以前认为色诺芬靠道听途说附庸风雅，尤其死乞白赖攀龙附凤以自高身价的观点，[2]已为学界所抛弃，不再认为色诺芬是柏拉图的简单甚而不成功的模仿者（manqué），[3]而施特劳斯更是把色诺芬的地位提到思想史的极高位置上，突出强调色诺芬的作品对于我们理解苏格拉底的重要意义：“我们认识苏格拉底的重要来源，应该是色诺芬关于苏格拉底的作品。”[4]

---

〔1〕 施特劳斯、科耶夫：《论僭政》，何地译，观溟校，北京：华夏出版社2006年，31页。

〔2〕 A. Chroust. *Socrates*：*Man and Myth*：*The Two Socratic Apologies of Xenophon*，pp. 7–16.

〔3〕 很多学者认识到了色诺芬的“原创性”，参R. Waterfield. Xenophon's Socratic Mission，in Ch. Tuplin（ed.），*Xenophon and His World*，pp. 79ff.，他认为色诺芬兼综了智术师与柏拉图（p. 83 n. 13）。另参A. Patzer. Xe-nophon's Socrates as Dialectician，p. 233。作者甚至认为“色诺芬是我们找到（苏格拉底哲学之）答案的最后处所”（p. 256）。

〔4〕 施特劳斯：《色诺芬的苏格拉底言辞》，前揭，97页。文中的historian，本意为“探究者”，后者据希罗多德的《原史》而理解为“史家”。但希罗多德和色诺芬都不仅仅是史学家。另参施特劳斯：《苏格拉底问题与现代性》，前揭，265页。

目前的主流看法认为色诺芬的作品是对柏拉图的回应、批评、补充和纠正，[1]当然都有道理，我们还要为此多加上一条：评注，或者更准确地说，以“评论”的形式所作的“掩饰”，既掩饰苏格拉底的伟大，也掩盖哲人与城邦之间的永恒冲突——正是以表面掩饰的方式让这种冲突“欲盖弥彰”。在这些颇有启发的研究中，最值得一提的是 M. Stokes 的研究成果。色诺芬在《申辩》和《回忆》中拼命地把苏格拉底刻画为普通、无害而有益的人，比如就苏格拉底四处张扬的“精灵”来说，色诺芬把它强行解释为类似于声音和鸟迹一类的普通占卜方式，实际上就是“化神奇为腐朽”（transform the extraordinary into the ordinary），色

〔1〕关于“补充”或“互补”，参 W. K. C. Guthrie, *The Sophists and Socrates*, Cambridge University Press, 1969, p. 326; R. Waterfield 认为色诺芬不是纠正柏拉图，而是因为他们有各自的使命才表现出如此大的不同（Xenophon's Socratic Mission, pp. 93, 104），但作者在 Xenophon on Socrates' Trial and Death 一文（前揭，页 276 注释 30）又认为是在明显纠正柏拉图。关于“批评”，参 V. J. Gray, Xenophon's Defense of Socrates, in *The Classical Quarterly*, 1989, p. 138。关于“补充”和“纠正”，参 D. R. Morrison, Xenophon's Socrates as Teacher, in J. Gray (ed.), *Xenophon*, p. 226; M. Stokes 认为色诺芬与其说是在“纠正”柏拉图，不如说“追随”（前引文，258 页）。大多数学者都把色诺芬视为对柏拉图的“回答”（answer）或“回应”（response），因而具有独立的价值。

诺芬归根结底要“把苏格拉底拉回到地上”（bring Socrates down to the earth）。[1]这种西塞罗式的洞见，本质上就是施特劳斯在《色诺芬的苏格拉底》中所说的“下降”，而该书最后讨论的《会饮》中的苏格拉底虽然也在展示“智慧”，却已经如柏拉图《斐多》所载苏格拉底死前的状态：站到了地上（61d1）。

施特劳斯虽然很早就认识到色诺芬与柏拉图的一致性，[2]但也看到了这两位伟大的经典作家的区别：

> 毫无疑义的是，色诺芬的苏格拉底与柏拉图的苏格拉底是同样的一个人，只是色诺芬在表现苏格拉底时比柏拉图还要更为委婉，还要更多 *ὠζφανερὸζῆν*（明显的克制）。而且，他比柏拉图更多阿里斯托芬韵味（=伤风败俗成分）。[3]

色诺芬“大写特写苏格拉底的合俗之处”（normality，

〔1〕 M. Stokes, Three Defence of Socrates, in F. Hobden and Ch. Tuplin (eds.), *Xenophon: Ethical Principles and Historical Enquiry*, pp. 253, 251, 256.

〔2〕 施特劳斯：《回归古典政治哲学》，前揭，298 页。施特劳斯在这里以“赫拉”之名起誓，以说明色诺芬的伟大不亚于修昔底德和希罗多德。

〔3〕 施特劳斯：《苏格拉底问题与现代性》，前揭，293 页。着重号原有。

页8），是因为色诺芬在写作时强迫自己接受限制（页15），这就是“审慎”或“节制”。[1]比如就《申辩》而言，其主要内容本来止于第28节，果如是，《申辩》就将以色诺芬著作中唯一出现的苏格拉底的“笑”一词结束，必然会大大地“出卖”苏格拉底的真正品性。于是，色诺芬又加上了6节似乎与《申辩》并不相关的话来遮掩。最后，苏格拉底为神所喜，的确是他的死因，但绝不是让他适时死去的缘由，而是因神明的喜爱为人所妒恨所致。

粗略地说，柏拉图笔下惯于“反讽”的苏格拉底努力让人反思自己的无知，旨在“破”，而色诺芬笔下处处以成就他人的 kalos kagathos（施特劳斯译为 perfect gentleman）为己任的苏格拉底则重在“立”。当然，色诺芬的“智慧”、“审慎”和 kalos kagathos（或可译作“君子”）本身是相互交叉（有时甚至相互包含乃至等同），而且这些古老的名称在色诺芬这里已经具有非常不同而丰富的内涵。即以 kalos kagathos 为例，有学者详细分析之后，总结为八种品质：作为自制之结果的自由、知识和教育、与好朋友交游的能力、扶

[1] 施特劳斯：《回归古典政治哲学》，前揭，291页。

友损敌的能力、管理财产的能力（即“齐家”）、为国做贡献的能力、智慧正义和虔敬、让他人也变成 kaloi kagathoi 的能力（苟如是，则天下平矣），[1]酷似儒家的“八目”。

这位比“比柏拉图更寡言（laconic）、克制（reserved）或害羞得多”的文章高手，[2]用“最羞怯的人最羞敛的言论”一方面让苏格拉底更克制（即便在死亡面前也没有靠恶毒地攻击城邦来给自己开脱罪责），另一方面为我们树立了 kalos kagathos 的榜样，从而使苏格拉底更具“政治性”、“实践性”或“有用性”（有益）。施特劳斯在《色诺芬的苏格拉底》中间部分对柏拉图的刻意沉默，正是为了让我们体会到柏拉图与色诺芬的深刻关联。尽管色诺芬与柏拉图有着种种的区别，但他们在苏格拉底的基本品性上面却有着完全一致（而非相同）的看法。总之，在施特劳斯眼中，色诺芬

---

〔1〕 R. Waterfield, Xenophon's Socratic Mission, in Ch. Tuplin (ed.). *Xenophon and His World.* Stuttgart: Franz Steiner Verlag, 2004, p. 96.

〔2〕 施特劳斯：《古典政治理性主义的重生》，前揭，210 页。施特劳斯在其他地方说：“色诺芬所用的修辞手段甚至比柏拉图在其最简单的著作中使用的还要少”（《论僭政》，前揭，30 页）。

是这样一个人，他宁愿穿着乞丐的伪装穿越若干个世纪，不愿向一大群人贩卖苏格拉底静默审慎的智慧珍贵的秘密，只有当他充斥着出人意料而又眼花缭乱的情节的某个阿格西劳、某个居鲁士、某个色诺芬的巧妙故事迷醉了这些人之后，他们让他逃脱，获得不朽名声。[1]

---

〔1〕 施特劳斯:《苏格拉底问题与现代性》，前揭，201 页；另参 196 页。

马基雅维利、施特劳斯与我们

施特劳斯《关于马基雅维利的思考》的再思考

海 裔

（北京大学法学院）

在施特劳斯的思想生涯中，《关于马基雅维利的思考》是一本颇具独特性的著作；自从出版以来，在西方马基雅维利研究界也产生了复杂的影响。该书于2003年被翻译为汉语正式出版，至今已经流传十年。而这十年，既是施特劳斯思想在中国影响力持续扩展的十年，也是中国的马基雅维利研究有长足进步的十年，更是中国思想主体性意识勃兴的十年。在此情况之下，探讨“马基雅维利、施特劳斯与我们”这一主题就具有了思想基础。

这里的“我们”，是在新世纪思考中国文明未来的思想者。“马基雅维利、施特劳斯与我们”包含的是一个三角关系，从中可以生发出三重关系：马基雅维利与我们，施特劳斯与我们，马基雅维利与施特劳斯。但按照这三重关系进行探讨无疑过于机械。本文在这一标题下要提出的核心问题是：对于一位在当代中国打开马基雅维利书卷并思考“古今中西之争”的学者来说，施特劳斯在《关于马基雅维利的思考》中对马基雅维利的处理方式具有何种启示？它的力量与局限性在什么地方？

如果说哲学从惊异的经验开始，《关于马基雅维利的思考》最令人惊异的莫过于它在一开始所提出的观点：马基雅维利是邪恶的教导者。且让我们从这个观点开始。

一、天使“入魔”

“马基雅维利是邪恶的教导者”并不是什么新观点。从16世纪开始，马基雅维利就获得了这一恶名，并在大众舆论中与为达目的不择手段的“马基雅维利主义”联系在一起。

但是，大多数自诩为严肃和庄重的马基雅维利研究者，都不愿意将马基雅维利著作的教导直接等同于“马基雅维利主义”。他们发掘出了一个又一个高尚的教导，并时刻不忘与“马基雅维利主义”进行对比，以显示后者的庸俗。在这些解读中，马基雅维利成为现代政治科学的奠基者、共和主义的导师、国家理由（raison d'État）之父、与20世纪无产阶级革命者心息相通的解放先驱、激进的与自然主义的人文主义之父、近代意大利民族主义之父、多元主义的奠基者……[1]马基雅维利每获得一个新的头衔，就意味着他的文本与某一方面的现代经验之间建立了相互发明的关系。而这些对马基雅维利新头衔的阐释，已经成为最为时兴的马基雅维利研究文献的主题。在这种背景下，一向以严肃和庄重著称的施特劳斯突然高高举起被学者们嘲弄了多年的一个庸俗的头衔，这一姿态本身无疑具有令人惊异的效果。

不过“作恶”只不过是施特劳斯放出来的广告词。对马基雅维利文本的深入分析，揭示出了更深层的意义：马基雅维利看似发现了“新的制度与模式”（modi ed ordini nuovi），看似打开了近代启蒙的道路，

---

〔1〕 John Geerken, “Machiavelli Studies Since 1969”, *Journal of the History of Ideas*, Vol. 37, No. 2, Apr. -Jun., 1976。另外，可参见伯林在《马基雅维利的原创性》一文中对解释传统的梳理。See Isaiah Berlin, “The Originality of Machiavelli”, in Myron P. Gilmore edi., *Studies on Machiavelli*, Frolence, 1972。

但其实际效果是关闭了更为广阔的古典“自然正当”(natural right)的视野。在马基雅维利之后，哲学家们不再致力于探究“自然正当”，正确与错误的标准不再在于恒久不变的自然，而在于人的选择与约定，而哲学的使命也从提供恒定的终极评价尺度转变为服务于人改造世界与自我的行动。更令人惊骇的是，他对那个视野的关闭，恰恰是以他自己对那个视野的熟悉作为前提，并有意为之的。他深入阅读了古典与圣经传统的作家们，然后将他们的教导庸俗化，并以“回到古代”的名义来散布这些庸俗的教导。《关于马基雅维利的思考》的大部分篇幅都在展示，马基雅维利是古代经典与圣经传统多么恶意的阅读者和解释者——施特劳斯用圣经的话语说，魔鬼是堕落的天使，[1]因而这是一本记录一个天使“入魔”之证据的书。

更有甚者，施特劳斯还告诉我们，如果觉得马基雅维利是个好人，那就说明我们已经中了他的毒害。马基雅维利桃李满天下，我们一不小心就成了他的门生。而我们时代有这么多人觉得马基雅维利是个好人，

---

〔1〕 施特劳斯：《关于马基雅维利的思考》，申彤译，上海：译林出版社，2004年，5页。

这一事实就说明我们的时代是病态的。施特劳斯对“现代性的三次浪潮”的分析，本来就是在描述现代世界的疾病如何由浅入深。

对大多数西方的马基雅维利研究者来说，施特劳斯这一姿态隐藏着一种令人不快的自命不凡。施特劳斯仿佛在对大多数人说：你们还处于被浪潮拍击后的晕眩中。由于认定大多数马基雅维利研究者都已经被“拍晕”了，施特劳斯就不必进行冗长的文献综述，不必在具体的解释中与前人的马基雅维利研究进行对话，而只不过抽取了两种有代表性的观点进行不点名的纠弹——一种观点是“马基雅维利 = 政治科学家”，另一种是“马基雅维利 = 共和爱国者”。以美国学界的学术规范为参照，施特劳斯此举绝不是常规的做法。

对马基雅维利天使“入魔”的定性，又与施特劳斯自己的解释方法相互呼应。如果马基雅维利原本是“天使”，他就能理解以柏拉图为代表的古典政治哲学家们的思考和表述方法。而在“入魔”的过程中，马基雅维利又必须与“天使”的传统进行搏斗，这个过程充满了危险，有许多教诲需要被小心地伪装起来。那么，将解释柏拉图时所用的方法用到马基雅维利身上，也就具有了很大的合理性。

二、作为法家的马基雅维利

如果说施特劳斯认为马基雅维利是天使“入魔”的话，在中国人的主流阅读经验中，马基雅维利是否呈现出了同样的面目？答案恐怕是否定的。马基雅维利所教导的，充其量是“霸道”。在中国的古典传统里，霸道虽然比王道更低，但也并不是一无是处。

让我们首先回顾中国人是如何遭遇到马基雅维利的。先是1904年翻译家严复在其翻译的《孟德斯鸠法意》前言《孟德斯鸠传》中里提到“义（即意大利——本文作者按）有墨迦伏勒”,[1]但并没有展开论述。1905年，梁启超的《开明专制论》谈到一个叫做“麦加比里”的人，称其写过《君主论》与《论丛》，其教导与商鞅、韩非子的六虱五蠹之论“不谋而合”，是“开明专制论”的倡导者。[2]1923年，梁启超在《先秦政治思想史》中提到一位“米奇维里”，对应外

---

〔1〕 孟德斯鸠:《孟德斯鸠法意》，严复译，北京：商务印书馆，1981年，第vi页。

〔2〕《梁启超全集》第三卷，北京：北京出版社，1999年，1457—1458页。

文名字是 Michiavlli，写了本《君主政治论》，他的主张与申不害有相通之处，主张用阴谋以为操纵，但这一主张实际上是法家的“奉公术，废私术”、“任法而不任智”主张的反面[1]——任公论述如此前后不一，说明他十有八九并没有真读过马基雅维利原著。

两年之后，商务印书馆出版马基雅维利《君主论》第一个中文节译本，著名翻译家伍光建担纲，定名为《霸术》；第二个译本则是大约1930年出版的曾纪蔚译《横霸政治论》（麦克维利著，上海光华大学政学社）；第三个译本标题为《君》（马嘉佛利著，张左企、陈汝衡译，中国文化学会印行，1934年）。因此，从一开始，《君主论》的翻译就被纳入了中国传统“王道”与“霸道”的对立之中，被视为“霸道”的代表性论著。任公根据印象，从思想上将马基雅维利与法家中的不同派别关联在一起，而翻译本则在大众传播层面进一步传播这一形象。

梁启超——不管他是否真正认真阅读过了马基雅维利——为国人设定了理解马基雅维利的基本路径。在他身后许多年，中国学生在写关于马基雅维利的论

〔1〕 梁启超：《先秦政治思想史》，北京：商务印书馆，1923年，234页。

文的时候，仍然热衷于将其与商鞅、韩非子、申不害等人比较。值得注意的是，有法家的历史经验作为参照，马基雅维利根本说不上有什么大的冲击力。而这提醒我们，中国自身的古典传统有着与欧洲极其不同的架构。

在先秦儒家眼里，法家行“霸术”，重利而不重义，不可能使民“有耻且格”。但义利之分绝不是基督教传统里天使与魔鬼的区分。管仲辅佐齐桓公行霸道，司马迁称之“九合诸侯，一匡天下”，孔子亦感叹“微管仲，吾被发左衽矣!”管仲的霸道尚利，但亦从礼义廉耻中看到大利。商鞅、韩非、申不害、慎到等人的霸道显然比管仲更加“重口味”，进一步突破周朝的礼乐秩序。但在那个列国争雄的时代，儒家要在治国实践中发生实际作用，也不得不变得比以前更加“重口味”，荀子便是一例。而在战国时代结束之后，主要由法家打造的皇帝制和郡县制，不仅得到了儒家的承认，甚至成为后世儒家经典解释的捍卫对象。对儒家而言，法家的成果是可以“收编”和“驯服”的。

从中国经验出发，施特劳斯对马基雅维利“天使入魔”的指控就有了进一步追问的余地。关键不在于马基雅维利个人是否“天使入魔”，而在于他开启的现代“霸道”为何没有人来“收编”和“驯服”？在中国，我们大致可以去这样解释儒家对法家成果的接收：最重要的原因在于列国时代的终结和统一时代的开始，法家对利益和竞争的崇尚丧失了现实针对性，而整合庞大帝国的意识形态需求反而凸显出来。在新的形势下，不适应列国争雄时代的儒家却如鱼得水。从同样的视角去看马基雅维利之后的时代，我们看到的却是一统局面的进一步败坏——神圣罗马帝国从一开始就没有多少整合能力，在16世纪，宗教改革又进一步摧毁了罗马教廷在精神世界的垄断地位，于是列国争雄局面进一步深化，而霸道的横行也就成为时尚。

这样的分析恐怕很难被施特劳斯所公开接受，因为他写作的很重要的出发点之一就是批评当代充满“相对主义”与“虚无主义”色彩的社会科学。然而，如果没有对“古典理性主义”何以衰落的系统的知识社会学分析（他只在关于自由教育的探讨中约略有所涉及），所谓“古典理性主义”的复归，恐怕只能作为一种情怀而存在——但也许，施特劳斯并非没有作出这种知识社会学分析，而只是在小圈子内流传？

三、作为革命先知的马基雅维利

如前所述，过去十年是中国马基雅维利研究有很大进展的十年。随着一批批马基雅维利研究成果被翻译为汉语，中国学人心目中的马基雅维利也变得越来越复杂：

——先是克罗齐等人对马基雅维利的“政治科学家”解释流行起来，根据这种解释，马基雅维利的著作成为信奉各种意识形态的人都可以获得教益的思想资源。[1]

——然后是以斯金纳、波考克为代表的剑桥学派解释逐渐被许多人接受，马基雅维利作为共和国公民宣布“爱祖国甚于爱我的灵魂”，庶几颠覆其作为“霸术家”的形象。[2]

——然后，在伯林的多元主义论说中，我们看到

〔1〕 克罗齐的观点基本上是通过他人转述而在汉语学界流行起来，原文并没有汉译。B. Croce，*Etica e politica*，Bari：Laterza，1981。

〔2〕 尤其参见斯金纳：《马基雅维利》，王锐生等译，北京：中国社会科学出版社，1992 年；维罗利：《尼科洛的微笑》，段保良译，上海：上海人民出版社，2008 年。《马基雅维里时刻》则刚刚被译为汉语。参见波考克：《马基雅维里时刻》，冯克利、傅乾译，上海：译林出版社，2013 年。

了马基雅维利的身影。但国人理解这种论说，还不如理解前两种那么容易。[1]

——之后，在“国家理由”学说的脉络中，马基雅维利变得极其显赫。他因之与“国家”这一具有历史性的制度关联在一起。[2]

——但是，最让国人找到感觉的论述，还是葛兰西极其言简意赅的对马基雅维利的“活学活用”。马基雅维利的“新君主”在今天意味着什么？葛兰西说，那就是政党，尤其是无产阶级革命政党。[3]

葛兰西魔指一点，唤起了中国人的一系列近代历史记忆。那些玄而又玄的马基雅维利学术解释，那些让人目眩神迷的大词，仿佛突然之间有了明确的对应物，而且这种对应还不是勉强的比附，它们水乳交融、浑然天成。对于国朝当代读书人而言，再也没有比国民党、共产党两个列宁主义政党在近代推动的全面革命更为深刻的政治记忆了。这是在近代中国文明大崩

---

〔1〕 伯林：《反潮流：观念史论文集》，冯克利译，上海：译林出版社，2011 年。

〔2〕 迈内克：《马基雅维里主义》，时殷弘译，北京：商务印书馆，2008 年。

〔3〕 参见葛兰西：《现代君主论》，陈越译，上海：上海人民出版社，2006 年。

溃之后革命建国的党，而不是在议会里玩竞选游戏的党。按照马基雅维利的界定，当然只有革命建国的党才配称得上“新君主”——它们刚出现的时候，不仅逾越既有的法制（legality），甚至缺乏现成的正当性（legitimacy）资源。它们要改造的不仅仅是实在法，甚至是既有的正当性观念体系。

一系列马基雅维利的论题都可以在革命史中找到其对应经验：

——“新的制度与模式”在意大利的出现，是与当时意大利的分裂与外族的入侵密切相关。而内部的分裂与蛮夷的入侵，也恰恰是近代中国的基本处境。按照梁启超在《新民说》里的说法，中国所遭遇到的不是一般的帝国主义，而是具有强大内部动员能力的“民族帝国主义”，压迫中国的不仅仅是若干外国君主和贵族，而是一个个虎视眈眈的民族。[1]因此，中国的政府必须具有远远超越帝制时代的动员能力，才有可能抵挡得住这种外部的压力。于是，威尼斯式或斯巴达式的共和国，因其避免动员下层社会，就已经不再适应这个时代。这在中国的语境中，就是由皇帝和

〔1〕 梁启超：《新民说》，沈阳：辽宁人民出版社，1994年，6页。

士绅所构成的传统政治秩序，或者康梁等立宪派所曾经设想的由“中流阶级”（士绅）所领导的共和国，均告失败，而这就为一种动员式的政治打开了通道。

——用“武装的先知”来描述两个政党，尤其是它们的革命领袖，无疑相当贴切。列宁以及他的仿效者们，既掌握着关于未来的真理，又手握着武力。而且国共两党的领袖们都是经过血的教训，才认识到武力的重要性。从时间顺序来说，两党都是先掌握真理，再获取武力。而这印证的是马基雅维利的观点：在已经有宗教的地方，很容易建立武力；但先有武力，再建立宗教，难度就要大得多。

——“新君主”要有真正属于自己的武装，而非依靠雇佣军或援军。没有独立自主的武装，内不能说服人民坚持自己的道路，外不能单靠外交赢得稳定的盟友。而这正是孙文撞了南墙撞北墙之后所得出的结论。国共两党合作举办的黄埔军校也是两党独立武力的重大开端。但两党之中只有共产党才真正将平民的武装变成“自己”的武装。

——马基雅维利提出，新君主应该更多依靠平民，而非贵族。平民可以构成君主武德的基础。按照马基雅维利提出的原理，平民的目的比贵族更公正，前者只是希望不受压迫而已，而后者却希望进行压迫。贵族自以为能与君主平等，而平民不会有同样的想法。君主对平民施以恩惠，即能赢得平民感激，但贵族不会因小恩小惠而心存感激。此外，从人数上说，平民比贵族更多，得罪平民比得罪贵族更易给君主造成危险。因而，将平民武装起来，他们就会成为君主的力量。而在中国的革命经验中，我们可以看到不仅仅是将平民武装起来，同时更是重新分配土地，改造基层秩序，在此过程中不仅仅是促成平民的“翻身”，同时还要通过“诉苦”和“访苦”实现“翻心”。[1]

——“革命不是请客吃饭，不是作文章，不是绘画绣花，不能那样雅致，那样从容不迫文质彬彬，那样温良恭俭让。”[2]革命的高贵目的并不能通过同样高贵的手段来达到。革命者公开地谈论革命的“策略”，其坦诚程度甚至远超过马基雅维利。武力的使用有自身的策略，宣传也有自身的策略，对不同的对象说不同的话，本来就是革命的需要。

---

〔1〕 参见李放春：“苦、革命教化与思想权力——北方土改期间的‘翻心’实践”，《开放时代》2010 年第 10 期。

〔2〕《毛泽东选集》（第一卷），北京：人民出版社，1991 年，17 页。

——正如马基雅维利所说，每个教派或政体都会在时间中趋于败坏，其原创的声望与原生的发展能力会随着时间的推移而逐渐衰败。腐败的表征就是财富不平等的扩大与党争的加剧。这时候就需要将其重新带向其开端，恢复其原初的德性。而这在中国革命的过程中，就与“不断革命”、“继续革命”的实践发生关联，秩序也一再被重造，尽管这一过程中充满了意外后果。马基雅维利的共和国方案并不是商业共和国，而是强调为了避免腐败，要保持“国富民穷”。而这也是很长一段时间内中国的选择。

在这些历史的投影中，我们可以读懂种种现代马基雅维利解释，无论是政治科学、国家理由、平民主义，还是爱国主义、人文主义甚至多元主义。而更晚近的解释，如 Antonio Negri 将 virtù 与 fortuna 之间的对立和“制宪权”（constituent power）—宪定权（constituted power）之间的对立发生关联，看似炫目，其实也不过是为“造反有理”作了学术注脚。[1]而 John McCormick 试图建构的“马基雅维利式民主”（Machiavellian

〔1〕 Antonio Negri, “Virtue and Fortune: The Machiavellian Paradigm”, *Insurgencies*, The University of Minnesota Press, 1999, pp. 37–98。

Democracy)，在制度上虽有一些新的火花，在原理上仍然是中国人很容易理解的平民主义（populism）![1]

我们甚至还可以通过对自身历史经验的回顾，看到梁任公解释的重大缺陷。梁任公认为马基雅维利只玩权术搞阴谋，忽视了他同时也非常强调阳谋，非常强调公开的意识形态建设与思想工作——也许在必要的时候，马基雅维利甚至有可能坐下来写一本《修养》?

对这样一个马基雅维利形象，施特劳斯的评价仍然那么冷酷：邪恶的教导者。

《关于马基雅维利的思考》里面存在一些对当代形势的指涉。这本著作是沃格林基金会所赞助的系列讲座的产品。在《引言》中，施特劳斯向他所在的、保护了他的哲学思考的国家致意："美利坚合众国可以说是世界上仅有的一个国家，奠基于与马基雅维利主义相反的原则之上"（《关于马基雅维利的思考》，前揭，页1）。《独立宣言》以 We hold these truths to be self-evident 的语式宣布了一系列真理，这些真理是不言自明的，是自然的真理，而不是历史的真理。而在他看来，

[1] John McCormick, *The Machiavellian Democracy*, Cambridge: Cambridge University Press, 2011。

> 当代的专制暴政，其源概出于马基雅维利的思想，概出于关于为了达到目的可以不择手段的马基雅维利主义原则。(《关于马基雅维利的思考》，前揭，页6)

在冷战的背景下，我们很容易就能看到施特劳斯笔下的“专制暴政”之所指，那就是我们上文所回顾过的将近代中国从列强的奴役中解放出来的“新君主”领导的共和政治形态。从施特劳斯的眼光来看，从马基雅维利到霍布斯到卢梭，再到马克思、列宁与毛泽东，“专制暴政”在一步步深化。于是，在马基雅维利问题上，施特劳斯奇迹般地和共产党人阿尔都塞、葛兰西达成了某种一致意见：存在一条从马基雅维利到共产党的思想道路。只不过施特劳斯否定它，而共产党人阿尔都塞、葛兰西颂扬它、推进它。

施特劳斯敦促我们认识近代“武装的先知”所承载的真理和德性：共产党人所掌握的真理，既不是自然法，也不是上帝的启示，而是一种 necessità——历史的必然性，人类社会运动的必然性。Necessità 是马基雅维利最爱用的关键词之一，“新君主”的领导行为，必须根据 Necessità 来展开。只是在后来的发展中，Necessità 变成了历史的必然性。当然，历史主义也提供了一副人类社会的圆满图景，作为奋斗的目标，但这一目标并不是用来在每个时刻作价值评判的标准，历史与社会的演进有自身的规律，在不同的阶段，人们的行动遵循不同的规范。相比之下，“自然正当”却是坚硬的价值评判标准，时间尽可以流淌，但规范不可改变。

在革命的过程中，德性也没有被遗忘，但其内容却已被替换。对革命队伍的成员而言，首先是要相信那幅圆满的历史图景终将实现，其次要在实现这幅图景的过程中步调一致，保持革命集体的 virtù。而这与传统士大夫的修养功夫有很大差别。对于士大夫而言，“天命之谓性，率性之谓道，修道之谓教”，存在一套穿越时空保持大致稳定的真理规范；然而在新时代，不变的天道已被变易的历史真理所取代。私有财产只是人类社会特定阶段的产物，家庭也不是永恒的，国家也终将消灭，因而德性也始终具有与时俱进的性质——在施特劳斯眼里，这就是“虚无主义”。

于是我们看到，施特劳斯绝不是什么“中国人民的朋友”，将中国近代史表述为独立与解放过程的历史叙事，在他这里根本没有正当性。这就是“自然正当”的视野！然而，如果放在中国思想传统内部，从孔夫子视野出发对毛泽东的思想与事业作出解释，与施特劳斯从西方古典出发对所谓“现代僭政”的指控当然会存在明显不同。在孔夫子的视野中，哪怕是管仲的霸道都是有不俗的正当性的。近代革命政党灭士绅、毁宗祠，废儒家旧礼乐，未必能得夫子好评，但驱除夷狄、统合华夏，继而“庶之”、“富之”，这些功业的正当性不会弱于管仲。更何况，春秋战国时废除、王莽求之而不得的井田制，在20世纪中国竟可奇迹般地得以恢复。

我并不是要通过这一比较来否定施特劳斯所提出来的“自然正当”在自身理论逻辑中的普世性。在施特劳斯看来，与现代建立在低标准之上、所见即所得的“自然权利”不同，古典的“自然正当”只有通过哲人的理性才能去认知。因此，“自然正当”的普世性注定只能为少数人所认识，而这少数人如果不掌权，“自然正当”的标准也不大可能在大众中建立起自身的权威。而这实际上就放弃了“环球同此凉热”的可能性。“自然正当”就其定义来说必然是有同一内容的，但由于认知上的难度，逻辑上不能排除由于运思路径等因素的差异，两个政治共同体中的哲人对“自然正当”的认知结果并不相同。谁更正确？只有更高级的哲人，而非普遍的第三方，才能作出可靠的裁断。如果没有权威的裁断，那就只能是各自坚持自己发现的“自然正当”，将对方作为意见或习俗。因此，从施特劳斯的眼光来看，儒家的看法或许只能算是一种意见或习俗。但我们是否就应对号入座呢？

以上讨论，只是为了说明，施特劳斯可以帮助我们理解近代中国在真理与德性形态上所发生的“古今之变”，理解近代究竟创造了什么，又毁灭了什么，然而我们并不能将两个文明的古典思维混同。

四、马基雅维利的书写技艺与意图 *

如果以上谈的是施特劳斯围绕马基雅维利展开的问题意识与中国经验之间的关联，下面要处理的则是施特劳斯在这部著作中的具体解释方法。在我看来，这部著作是一个“应用型研究”，很大程度上是将施特劳斯在研究其他作者时所形成的一系列方法和判断用于对马基雅维利文本的分析。

施特劳斯的经典解释以区分“显白教诲”与“隐微教诲”而著称，在某些方面具有明显的语境化（con-

---

* 本节的讨论在很大程度上得益于6年前与博士论文导师之一Carlo Ginzburg教授的探讨，在此致谢。一切错误概由本人负责。

textualizing）的特征——伟大思想家们的写作具有高度的修辞性，针对资质不同的对象，传递不同的教诲。在施特劳斯看来，区分两种教诲并不仅仅是为了避免来自他人的政治迫害，同时也是为了掩盖哲学本身的激进性和危险性，防止败坏城邦的礼俗秩序，从而使哲学与政治保持一种必要的平衡。但在具体的操作中，施特劳斯基本上没有兴趣为这种语境化提供文本之外的历史证据，如像剑桥学派那样，探讨马基雅维利所用的术语在同时代的运用状况，更谈不上像微观史学（micro-history）派那样，更深入地考证马基雅维利读过哪个出版社出版的哪个版本的书，以及在书上写了什么批注。“显白教诲”与“隐微教诲”之分是施特劳斯的缺省设置（default setting），是在解释之前就被预设的前提。

对“隐微教诲”的发掘，尤其体现在施特劳斯对一系列文本中的非常规现象的处理上。每当文本中出现反常现象，施特劳斯宁可假设这是作者有意为之，并试图在文本内部寻求自洽的解释，也不愿轻易宣布这是作者的书写错误。解释者仿佛是作者的律师，在法庭上为作者的自我一致进行辩护。将作者想得“更高”的假设相对于一种粗糙的“语境化”来说，具有某种制衡作用。比如说，剑桥学派的一些学者频繁地用同时代的其他人文主义者来理解马基雅维利，将马基雅维利作为一类人中的普通一个，但这在很多时候，会产生对马基雅维利的独特性（singularity）估计过低的结果。如 Maurizio Viroli 在 Machiavelli's God 一书中，即试图将马基雅维利吸收到佛罗伦萨的“共和基督教”传统中去。“共和基督徒”们仍信奉基督教的上帝，只是认为上帝垂爱于那些热爱共和国的自由、充满共和德性的人。如同马基雅维利呼唤那些败坏了的共和国回到它们未被败坏的开端一样，马基雅维利也希望基督教会回到其没有被败坏的开端。按照这种解读，马基雅维利就被纳入16世纪宗教改革的思想先驱行列。这种解释看似抬高马基雅维利，但实际上是大大低估了马基雅维利的激进性。而从施特劳斯的假设出发，这种庸俗的“语境化”就不会出现。但是，它带来的“拔高”作者的危险却是我们不可忽视的。

施特劳斯对“隐微教诲”的发掘可能落实到对以下反常现象的解释中去：[1]

---

〔1〕以下类型区分，参考了 Robert J. McShea，“Leo Strauss on Machiavelli”，*The Western Political Quarterly*，Vol. 16，No. 4（Dec.，1963），pp. 782－797。

——沉默：在《李维史论》II. 10 中，马基雅维利指出，好的士兵而非钱财是战争的支柱，而他认为李维在这一点是上支持他的，因为李维在《建城以来史》第9卷中提到战争胜利的三个要素：众多好的士兵、精明的将领以及好的运气。他从未提到过金钱。马基雅维利认为，李维对金钱的沉默，表明李维认为它并不重要。施特劳斯则从这一案例做出一个一般性推断：马基雅维利在自己的写作中也实施着他在评论李维时所揭示的规律。而这直接就适用到马基雅维利在《君主论》中的诸多沉默：他不提良心，不提共同的善好，也不提君主与僭主的区分。那么，这就表明马基雅维利认为这些事情并不重要（《关于马基雅维里的思考》，前揭，页27）。

——在关键术语上的“隐约其辞、模棱两可”。施特劳斯认为马基雅维利是在有意地对一些关键术语，如德性（virtù）、君主、天、民众，作出模糊处理，而其用意是诱导有心的读者从对这些术语的流俗理解出发，上升到更高、甚至意思截然相反的理解中去，而这对于马基雅维利表述他的学说是必不可少的（《关于马基雅维里的思考》，前揭，页49）。

——错误：施特劳斯注意到马基雅维利的文本中

存在着许多明显的错误，但他认为“按照一般的审慎规则，我们应该‘相信’，所有这些错误都是蓄意所为”（《关于马基雅维利的思考》，前揭，页34）。他最重视的一个例子是在《李维史论》I. 26中，马基雅维利以旧约中的大卫王为例，说明一位基础不稳的新君主保持王国的最好办法就是更新一切，在这里，马基雅维利引用了一句拉丁文：qui esurientes implevit bonis，et divites dimisit inanes［叫饥饿的得饱美食，叫富足的空手回去］（和合本中译）。但这段文字实际上并不见于《旧约》，而是出自《新约》的《路加福音》1：53，说的是耶和华做的事。施特劳斯认为，马基雅维利在此是有意识地指向耶和华，其未曾明言的意涵就是，耶和华也是一个暴君——而这正是惊世骇俗的，需要被包装起来的教诲（《关于马基雅维利的思考》，前揭，页51—52）。

——间接攻击：施特劳斯注意到，马基雅维利在《李维史论》I. 10探讨了罗马帝国时代作家对布鲁图斯的赞美，认为原因在于他们不能直接攻击恺撒，所以就只好赞美恺撒的敌人（《关于马基雅维利的思考》，前揭，页30）。施特劳斯也将此上升为马基雅维利的一条写作规则。其具体的适用例子就是《李维史论》I. 10 中马基雅维利对罗马宗教的赞美，这被施特劳斯解释为对基督教的间接攻击（《关于马基雅维利的思考》，前揭，页 30 注 36）。

——数字的巧合：施特劳斯注意到《李维史论》的章节书目与李维《建成以来史》一样都是 142，这是一个奇怪的事实，其背后的意图是，马基雅维利其实并不试图按照“论提图斯李维的前十书”这个标题来操作，而是要越出罗马早期，一直评论到李维著作终结的奥古斯都时期（《关于马基雅维利的思考》，前揭，页 50—51）。

《关于马基雅维利的思考》思想步伐密集、行进速度迅疾，以至于施特劳斯没有兴趣停留下来，在具体的文本细节上，对其他学派的解释做出排除。因此，这其实是一本具有很强的“学术规划”色彩的著作。就具体的解释点而言，其他解释者完全可以提出异议，而且有些异议排除的难度相当之大。

比如说，施特劳斯将《李维史论》I. 10—11 中马基雅维利对罗马宗教的赞美解释为对基督教的隐微攻击。但事实上，《李维史论》在紧接着的第 12 章中就对基督教进行了直接的猛烈攻击，认为罗马教廷使得意大利变得无宗教和邪恶，同时也使得意大利四分五裂。马基雅维利并且公然地比较罗马异教和当下的基督教，认为“可以断定近在咫尺的，无疑不是毁灭就是惩罚”。[1]这些攻击在火力上虽然比不过霍布斯在《利维坦》中对“黑暗王国”的攻击，但如果在生前公开，完全足以让马基雅维利进入教廷的黑名单。这就提出一个问题：如果在同一个文本中，马基雅维利已经以显白方式讲的道理，是否还需要以隐微方式再讲一遍？

事实上，马基雅维利犯过不少引用上的错误。比如在《李维史论》I. 53，他引用了但丁的一个说法，即人民经常在死亡的关头高呼“万岁”，在自己活得好好的时候高呼“去死吧”，马基雅维利认为出其出处是在《论君主政体》，但实际出处是但丁的《飨宴》（Convivo，I. 11）。在 I. 47，他引用了李维的一句话，但其中的“尊严”写成了“荣耀”。同一章节中，他又将罗马人 Pacuvius Calavus 的名字错拼成 Pacuvius Calanus。放在上下文中看，我们很难断定马基雅维利这些错误是有意为之，似乎更有可能是一种笔误。

---

〔1〕马基雅维利：《李维史论》，薛军译，吉林出版集团，2011 年，186 页。

《李维史论》I. 15 中还出现过一个更大的错误。在那里，马基雅维利谈到萨姆尼人运用宗教仪式来激发信心。关于这一点，李维在其《建城以来史》第10卷第38章至41章提供了完整的叙事：姆尼人当时情势危急，有一位老人宣称，他知道一种古代的仪式，可以使他们获得诸神的保佑。李维的笔调隐含的意思是，这是子虚乌有的事情。但仪式开始了，那是个很血腥的仪式，人们被迫宣誓，如果不宣誓，就要马上被杀掉献祭。通过这个仪式，萨姆尼人组织了一个敢死队。有叛变者把这个消息传给罗马人的统帅帕披里乌斯，他就给罗马人做思想工作，说敌人仪式不正，神灵不会保佑。罗马人即将开战时，罗马军队的祭司说，鸡不吃米，不宜打仗。帕披里乌斯很不喜欢这个征兆，他就安排祭司走在前面，结果在与萨姆尼人遭遇的时候，萨姆尼人的长矛刺杀了祭司。于是帕披里乌斯就大呼：神灵显灵了，这个骗人的祭司死掉了。而这说明，神是赞成罗马人开战的。于是，罗马人就杀将过去。萨姆尼人只是被动抵抗，很多人本想逃跑，只是因为经历过那个恐怖的仪式，害怕被同伴杀掉，所以暂时没有逃走。但罗马人攻势越来越强，萨姆尼人最后连那个仪式都不顾了，赶紧溜之大吉。李维所讲述的这个故事，被马基雅维利拆成两半，帕披里乌斯设计弄死随军祭司的段子被放在 I. 14，而萨姆尼人的献祭仪式与战争失败被放到 I. 15. 在叙述完萨姆尼人的失败后，马基雅维利对此作出了一个解释："……罗马人的力量以及萨姆尼人由于过去遭受的战败而对罗马人的畏惧，超过了他们按照宗教并通过发的誓言所能获取的任何一种顽强坚持。" 但在几行之后，却冒出一句没头没脑的总结："这充分证明，通过对宗教善加利用，可以获得多么大的信心。" 这句话放在 I. 14 的语境中是成立的，但放在 I. 15 关于萨姆尼人的案例讨论中，非常令人困惑，因为萨姆尼人的做法并没有带来信心。

在萨姆尼人案例上，对马基雅维利与李维的叙事与评论做出对比，在一些方面可以支持施特劳斯的结论，但一些方面却未必支持。支持的方面体现在，李维在其叙事中，对正教和迷信做出了区分，认为萨姆尼人的仪式是一种迷信。而马基雅维利的叙事却对这一区分保持了沉默——从施特劳斯的眼光看来，这种保持沉默就是认为它不重要的体现。施特劳斯的方法在这个语境中是完全有效的，因为马基雅维利将李维的叙事掰成两半，安排在两个相邻章节中分析，这足以表明马基雅维利是认真阅读了李维的历史叙事，因此选择哪些内容来突出呈现，背后必然有直接意图。而他对正教与迷信区分的不屑，这既是对李维的回应，也可以被解读为对基督教的回应，因为基督教看待异教的态度，非常类似于李维看待萨姆尼人的态度。对马基雅维利来说，正教和迷信之间的区分并没有意义，真正有意义的是如何有效地运用宗教仪式来服务于政治。或许在他看来，那位装神弄鬼的萨姆尼老人，完全可以与罗马第二任国王努马等量齐观，他们的差别只在于政治手段的高低。

关于这一点，还可以得到两处文本支持。在《李维史论》III. 30 中，马基雅维利提出："谁若是明智地（sensatamente）阅读一下《圣经》，就会发现摩西曾经被迫——为了他自己的法律和制度能得以实施——杀了无数人，那些人仅仅出于嫉妒就反对他的那些计划。"[1]而在 I. 23 中，马基雅维利又提出，"明智地（sensatamente）阅读全部历史，并领悟其中最真切教益

〔1〕 对马基雅维利"明智地"阅读《圣经》的解释，见 Christopher Lynch, "Machiavelli on Reading the Bible Judiciously", *Hebraic Political Studies*, Vol. 1, No. 2, WINTER 2006, pp. 162–185。

的人将会发现，极少有才干的将领尝试过把守这样的关隘。”于是，我们看到了“明智地（sensatamente）阅读《圣经》”与“明智地（sensatamente）阅读历史”的主张。作为一个意大利文词汇，Sensatamente 有一个坚强的意义核心，即遵循常识。如果从常识出发来对圣经来进行解读，意味着什么呢？这意味着，这种阅读是不带敬畏的，并不关心文本本身的神圣性。而这正是施特劳斯对马基雅维利的宗教解释中所发现的东西。

但是，“这充分证明，通过对宗教善加利用，可以获得多么大的信心”这句没头没脑的话，却很难用施特劳斯的方法来加以说明。因为它是完全脱离语境的。它更适合放到前一章讲完罗马人故事之后的评论中，而不是放在萨姆尼人失败的例子之后。在这句话之后其实还有两句话，马基雅维利指出，这个部分本来似乎应该放在与对外政策事务相关的讨论中，但因为跟罗马的重要制度有关系，所以放这里了。这句话看起来有点像编辑手记，但却是用第一人称写的。但考虑到《李维史论》是一部在马基雅维利死后才出版的书，出版过程中自然是有人对马基雅维利的文本作了整理，我们并不能完全排除编辑增删了一些文字的可能性。

施特劳斯对《李维史论》I. 26 中的马基雅维利的引用错误作了很多发挥，并构成马基雅维利传授邪恶的重要证据之一。不过，在这里，我们仍然不能排除其他的可能性。马基雅维里在这里引用的拉丁文句子 qui esurientes implevit bonis，et divites dimisit inanes 出自《路加福音》1：53，而非他的显白教诲所指向的《旧约》。但问题是,《旧约》中就没有相似的句子吗?事实上，在《诗篇》107：7 中有一句比较相似的话："因他使心里渴慕的人，得以知足，使心里饥饿的人，得饱美物。" 15 世纪晚期与 16 世纪早期通行意大利的《圣经》已经是圣哲罗姆（Saint Jerome）从希腊文翻译的版本 Versio Vulgate，但当时还存在圣哲罗姆的另更直接地译自希伯来文的版本 Versio Hebraica Hieronymi。[1] 这两个版本都用拉丁文书写，但从翻译上来说，有很大的不同。旧约《诗篇》第 107 篇的这句话在两个版本中分别是这样的：

Quia satiavit animam inanem et animam esurientem satiavit bonis.（从希腊文翻译的圣哲罗姆版本）（同上，

[1] 两个版本的《诗篇》的对照本，见 *The Hexaplar Psalter*：*Hebrew*，*Greek*，*Latin and English*，London：Samuel Bagster and Sons，1843。

页 25）

Quia saturavit animam vacuam et animam esurientem implevit bonis（从希伯来文翻译的版本）（同上，页 26）

无论是哪个版本，里面都有一些词汇与马基雅维利在 I. 26 中引用的句子有重合，基本意思也有相近之处。在此，我们很难排除这样一种可能性：马基雅维利对《圣经》非常熟悉，当他写东西的时候，他想写跟大卫有关的一句话，于是想到了《诗篇》中的这一句，但却把句子给记混了，写下来的时候成了《路加福音》中圣母玛利亚说耶和华的句子。而更有意思的是，马基雅维利写下的那句话开头的几个词，正是从希伯来文翻译的这一句话的最后几个词：esurientem implevit bonis. 这更给我们打开了更大的想象空间：莫非，马基雅维利读的不仅是圣哲罗姆从希腊文翻译的本子，而且还读了从希伯来文翻译的本子？

这一分析在一个重要的方面支持施特劳斯的看法——马基雅维利对《圣经》非常熟悉，并且试图对之作出回应。但如果事实情况是，马基雅维利只是因为对自己的记忆过于自信，凭记忆来引经据典，以至于出现错误，那么，施特劳斯对这个例子所作的发挥，就可能要被打上一个问号。如果只是一个技术性错误，所谓认为耶和华是僭主云云，也就无从说起。

以上质疑并不是要论证马基雅维利并没有这么“黑”，或者甚至于很“洁白”，而只是试图指出，对作者文本中的非正常现象如何解释，本可以存在不同的假设。施特劳斯完全可以通过一定的语境讨论，排除掉其他可能的假设，从而巩固自己的文本解释。但很明显，施特劳斯坚持的是单一的解释规则，这种规则在他看来比较“审慎”，能够让解释者将自己放在比较谦卑的位置上去。然而这导致的结果是，施特劳斯并不关注经典的物质存在状态，版本学的考证对他来说是多余的。而剑桥学派追溯马基雅维利所用的一系列关键词在同时代的其他作者那里如何得到使用，也不是施特劳斯感兴趣的做法。

或许，施特劳斯之所以强调作者的“意图”（intention），原本就是要凭借“意图”来超越历史主义。然而，并没有理由认为，对文本所处的情境（context）投以一瞥，就必然会走向“疑古”，陷入不可救药的历史主义。毕竟，历史性（historicity）与历史主义（historicism）不是一回事。而要寻找尊重文本的历史性（historicity）而又不陷入历史主义的范例，我们就不妨打开中国漫长的经学史。

五、余　论

本文从施特劳斯的实质结论和解释方法两个层面对《关于马基雅维利的思考》进行了再思考。施特劳斯坚持古典的“自然正当”，将施特劳斯斥为入魔的天使，这在西方马基雅维利学界是一个“反潮流”的观点。而放在中国人对马基雅维利的阅读经验中，马基雅维利带来的冲击却要小得多。无论是作为法家还是作为革命思想先驱，马基雅维利（及其思想继承者）都能在儒家的视野中获得相当可观的理解。而这提醒我们，中西各自的“古今之变”，尽管具有一些共通之处，但仍然具有各自独特的形态。施特劳斯对西方文明内部的古今之争的考察，可以对我们考察中国语境中的古今之争起到参照与借鉴作用，帮助我们将目光转向自己的古典传统。但他的许多具体判断必然体现极端的西方文明中心主义，我们无法以“尚同”的态度来接受。[1]

---

〔1〕 关于“尚同”之谬，参见刘小枫：“施特劳斯与中国：古典心性的相逢”，《思想战线》2009 年第 2 期。

在解释方法层面，施特劳斯的解释技术很难避免“人为拔高作者”，而这正是将文本视为一个封闭的自我指涉（self-referential）的系统，试图在其内部解决一切矛盾所带来的必然结果。本文认为，对作者文本中的非正常现象如何解释，本可以存在不同的假设，哪种假设能够成立，需要在个案中进行验证。即便是要加固施特劳斯自身的解释路径，也有必要对不同的假设作出一定回应。

总体而言，这是一部思想步伐密集、行进速度迅疾的著作，在汉语语境中，其“剩余价值”还远远没有得到实现。施特劳斯在无数地方为我们提供了比较马基雅维利与古代作家/圣经的文本线索，但并没有展开详细的分析。在施特劳斯工作的基础之上，综合运用各种解释方法来处理马基雅维利与古代作家/圣经之间的距离，必将是一项回报丰厚的工作。

马基雅维利的"上升"

读施特劳斯《关于马基雅维利的思考》

李阳泽

（首都师范大学哲学系）

普通士兵也欢呼着离开道路，去辨认那些发生过激烈战斗的地方，他们用惊奇的眼光望着一堆堆的武器和一堆堆的尸体。他们中间有一些人看到人世命运的无常而受到感动并且起了怜悯之情。

——塔西佗《编年纪事》

马基雅维利写下下面这句话之后过了三百多年，另一位思想家向人类宣告了必然王国即将结束，并被自由王国所取代的前景。

人的双手和语言——这二者是使他走向高贵的高贵工具，如果没有必然性的驱动，不可能完美地运作，也不可能使人类的作为达到它们现在已经达到的那个高度。[1]

马克思认为自己是第一个在正确的前提上揭示出“劳动创造了人”的思想家，同一个马克思还预见了一个取消劳动、至少是必要劳动的地上天堂。他的判断来自于政治经济学理论，其基础在于如下假设：生产力不断进步。然而，生产力的无限进步植根于18世纪的启蒙运动所建构的关于进步本身的神话。严格意义的技术进步的历史，与关于进步的神话几乎同时出现，无论这意味着什么，有发明头脑的少数人从古到今都不绝如缕，然而要让这些优异头脑成为推动技术革新的直接力量，则有赖于设计全新的方式和秩序。因此，现代社会的根源在于一场政治哲学的剧变。在这场剧变的发起者马基雅维利那里，技术的进步却仅仅被视作一个派生物，也就是说，与他的意图并没有直接的联系。他甚至在《李维史论》中专门用一个章节[2]

[1] 马基雅维利，《李维史论》，薛军译，吉林出版集团，2011年，第三卷，第12章。同时参考Harvey C. Mansfield译本《李维史论》（*Discourses on Livy*，The University of Chicago Press），以下仅标明章节位置。

[2] 《李维史论》第二卷，第18章，以下的简单注释仅在正文中注明。

去证明，技术进步并没有改变根本的政治事实。马基雅维利对技术进步的贬抑，迫使我们去考虑他对于进步本身所持有的看法，特别是他如何看待进步信仰所导致的最重要的观点，即相信人性业已被奇迹般地改塑，或者能够近乎无限地被改塑。

对于这个问题，马基雅维利在《李维史论》第一卷前言中给出了明确的回答：亘古以来，天、太阳、元素和人在运动、秩序和力量方面，没有发生任何变化。马基雅维利在那个上下文中谈到了引入新的方式和秩序所面临的特殊困难。为了成功地说服人们前往他所发现的新大陆，并在这片陆地上建立新的方式和秩序，马基雅维利就必须成为命运女神的主人，或者能够支配命运。许多人认为世界上的事情是由命运和上帝支配的，但马基雅维利经过审慎的思考，认为命运是我们半个行动的主宰，剩下的一半归我们自己支配。命运可以发动洪水，但人却可以在天气好的时候修筑堤坝，使水流顺河道宣泄，不致因失控而引发灾难。因此他实际上认为，人的审慎足以成为其整个行动的主宰。

人们之所以不愿意采纳新的法律和秩序，是由于“当今的宗教使世界陷于虚弱，或者有野心的懒散给许多基督教地域和城市造成的损害，更是源于没有对历史的真正了解”（《李维史论》第一卷，前言）。马基雅维利在《李维史论》第二卷第2章里面对比了基督教和异教。在他看来，古代人比现今的人们更加热爱自由，出于相同的原因，古人也比今人更加坚强，这是由于我们的教育与古代不同的缘故，进一步说，是我们的宗教与古代的差异。基督教“向我们指明了真理和真正的途径”（《李维史论》第二卷第2章），遂使我们不那么重视精神的伟大、身体的强健和其他所有能使人强有力的东西；反而把柔弱的谦卑、容忍邪恶和进天堂视为最重要的事。这看起来像是在说，古代人所达到的伟大境界和他们所热爱的古典式自由，其基础来自于对“真理和真正的途径”的背离。马基雅维利希望使他的同时代人，亦即现代人变得热爱自由，就必须指出一条适合于让“私人的和公共的利益令人惊奇地不断增长”的真正途径。

马基雅维利通过解释诗歌寓言的方式指出了可行的方案。在第二卷第12章里，为了展示擅长打本土战的国家如何输掉一场战役，他讲述了一则政治—军事教训：利比亚的国王安泰俄斯受到埃及的赫拉克勒斯的攻击，当他在国境内等着后者的时候是不可战胜的，但是当他由于赫拉克勒斯的诡计而远离了本土时，他便失去了自己的国家。讲完后他随即就给出了这则教训所对应的诗歌寓言：说安泰俄斯立足于大地时，从他的大地母亲那里获得力量；而赫拉克勒斯意识到这一点后将他高举到空中。马基雅维利其实是通过这个例子教给“年轻一代”如何阅读《圣经》：明智地阅读《圣经》，不是按照文本的原意去理解，而是用显而易见的世俗真理去附会。于是，在一个多世纪之后出现了新的《圣经》解释原则。这种原则首先区分了《圣经》的原始教诲和后人的歪曲。所谓原始教诲，其实就是用现代自然法的教诲去附会《圣经》，然后把所有与现代自然法所教导的宽松教条不相容或不相干的部分，视为纯粹字面上的修辞。这就为未来的文献学、历史学、语言学和心理学的接手做好了准备。例如，严酷的道德诫命被解释为特殊历史阶段的产物，晦涩玄奥的布道被解释为先知或著经者对古代迷信的迁就；至于迈蒙尼德主张的用根本的神学真理去附会《圣经》的原意，则被斥为是率意而行的谬论。这种解经思路预示了现代的神学理论，亦即把与《圣经》的核心部分相区别的外围部分，视为没有必要的或虚幻神秘的内容。在这种现代传统的熏染下长大的读者，当读到马基雅维利把负罪感和神明惩戒视为《圣经》教诲的本质部分并且予以批判时，不免会大吃一惊，而不是深受震动。[1]

基督教与异教的差异这个论题对马基雅维利的重要性，可以通过研究《李维史论》的构思来获得证实。我们有必要注意，在他对李维的首次拉丁文引用和他对李维的首次提及之间，存在着某种联系。对李维的首次拉丁文引用位于全书第12章。当罗马士兵占领了一个托斯卡纳城邦后，他们进入朱诺神庙，一些士兵问神像"是否愿意去罗马"，有些人相信自己看到她点头答应了，当时在场的将领卡米卢斯确认并且增强了这种看法。接着马基雅维利就谈到了基督教在当代的衰落，这预示了他在下一个章节中把李维关于异教衰落的表述挪到基督教的身上。在这里，罗马人并没有彻底毁灭托斯卡纳人的宗教，而是把它改造成了他们的形象。而在第二卷第5章，马基雅维利谈到"基督教废除了异教的所有习俗、所有仪式，并摧毁

---

〔1〕 参见斯宾诺莎《神学政治论》第7章；Leo Strauss，《关于马基雅维利的思考》（*Thoughts on Machiavelli*，The University of Chicago Press），197页，注意本文只引用此书的英文版，页码均为英文版页码。

了那种古老神学的每一个遗迹”时，推测“基督教对异教所希望做的事情，这个异教可能也对它之前的宗教做过”。所谓“可能”不过是权且假设的意思，其实罗马人并没有毁灭托斯卡纳的宗教。马基雅维利向我们暗示，毁灭先前宗教的每一个遗迹这种做法，其实是《圣经》式宗教的作风，因此关于“这个异教”的所作所为的暧昧假设，只不过是其论证的一个暂时阶段而已。

对李维的首次提及出现在全书第 7 章。第 7 章和第 8 章对比了罗马人和佛罗伦萨人在制度设计方面的差异。罗马人的制度能够确保一些公民——例如曼利乌斯·卡皮托利努斯——犯有反对自由政体之罪时，罗马人能够通过合法程序对这些公民提出指控。“使一个共和国稳固而坚实的方法，莫过于把那个共和国规制到如此程度，以便那些扰乱它的脾性的骚动，有一条由律法规定的宣泄途径”。接着马基雅维利引用了李维的一段文本：某人向贵族提出了一项严酷的建议，用以惩罚平民，剥夺他们业已取得的对贵族有害的权力；为此，人民变得如此愤怒以至于差一点把那个人杀死。这个例子显得似是而非：因为，对那个人提出指控看来是不大可能的。似乎“由律法规定的宣泄途径”也可以指为那些有害于共和国的脾性提供节制和净化[1]的真正途径，这才是抵御腐化的根本措施。与此相反，佛罗伦萨则为污蔑诽谤打开了道路。施特劳斯提醒我们注意：正是在佛罗伦萨，不具备武力的先知萨沃纳罗拉才获得了巨大的成功，吸引了大批的党徒。他的布道充满了对“这个世界上的智者”的指控和咒骂。施特劳斯在这个地方提到萨沃纳罗拉修士，明显带有反讽目的：马基雅维利就是“这个世界上的智者”之一，因为马基雅维利希望其读者成为“这个世界的更好的领会者”[2]。在第七章的结尾处提到的托斯卡纳例证里，显然马基雅维利就是故事中的阿伦斯，他要引诱、败坏、拉拢那些法兰西人，使他们成为热爱祖国甚于热爱灵魂的人。对李维的首次提及事实上更深地暴露出马基雅维利的意图：表面上在对比“我们的宗教”和古代宗教的差异，实际上在搞民主共和设计。

《李维史论》唯一一次引用《新约圣经》出现在

---

〔1〕《李维史论》第二卷第5章，第三卷第1章。Leo Strauss，《关于马基雅维利的思考》，前揭，167页。

〔2〕《李维史论》第三卷，第31章；Leo Strauss，《关于马基雅维利的思考》，前揭，112—113页，对比上文第二自然段。

全书第26章，马基雅维利把《圣经》用在上帝身上的说法用到了僭主大卫的身上。在同一章里他还要新君主去摹仿马其顿的腓力，他“从一个小国王变成希腊的君主”，类似的说法也用在了阿拉贡的斐迪南身上，他“从一个弱主一跃而成为基督教世界的头号国王”[1]。阿拉贡的斐迪南通过“虔敬的残酷”和无情的迫害，把马拉诺人从他的王国驱逐出去并且掠夺一空。《李维史论》第26章对《圣经》的引用与《君主论》第26章谈到的“没有先例的非常事件”构成了某种联系。《君主论》第26章靠近开篇处，马基雅维利提到了摩西的美德，他使以色列人从埃及人的奴役下解放了出来，为他的祖国带来了荣耀。我们在这里有必要考虑一下“新君主”的含混意义：那位解放意大利的新君主充其量只是对上帝为他准备好的有利机遇加以利用，马基雅维利并没有说他能够“随着时间和事态的发展而改变自己的本性”（《君主论》第25章）。博尔贾也被描述为英雄奠基者的典范，然而他

[1] 马基雅维利，《君主论》第21章，潘汉典译，吉林出版集团，2011年。同时参考 Harvey C. Mansfield 的《君主论》（*The Prince*, The University of Chicago Press），以下仅标明章节位置。

却是依靠他父亲即教皇亚历山大六世的好运而发家的。当他父亲去世时，他自己的生命和事业也随之结束，其征服事业结果只是壮大了教廷的势力。然而马基雅维利所摹仿的奠基者典范塞维鲁，却获得了“每个人的敬畏”，[1]因为他既是一头最凶残的狮子又是一只最狡猾的狐狸，他实施的严酷策略是成功的关键：他先用欺诈的手段获得阿尔比努斯的友谊和支持，消灭了自己的敌人之后再忘恩负义地干掉昔日的盟友，最终取得了异教罗马的帝位。比起塞维鲁，博尔贾其实不能说是凭借自己的武力实施征服，他仰仗教廷的势力，但却无法左右教皇的人选变动。

> 一位世俗君主无法完全信任一位教皇……凡是在战争和危险中同教皇结盟的君主，在胜利时可以与之为伍，但在失败时却孤立无援。因为出于精神力量与威望，教皇总是能够得到各种势力的支持和捍卫。[2]

马基雅维利认为意大利的四分五裂源于军事方面的罪

---

[1] 《君主论》第19章，施特劳斯引用时略去了feared，Leo Strauss，《关于马基雅维利的思考》，前揭，180页。

[2] 马基雅维利，《佛罗伦萨史》，王永忠译，吉林出版集团，2011年，第八卷第17节。

孽，而不是萨沃纳罗拉所认为的，源于道德上的罪孽。在讨论军队类型的章节里他明确断言好的军队足以带来好的法律，而好的法律又产生好的运气[1]。雇佣军是完全靠不住的，而援军则是危险的，他们只服从那个“派出援军的君主”的命令（《李维史论》第二卷第20章）。奉命保卫卡普阿的罗马军团，受到那里的腐败习气的沾染，打算拿起武器屠杀那些不配占有其地位和财产的卡普阿人。在第三卷第6章里讨论这个事例时，马基雅维利并没有说这些罗马军团是受到执政官的指使，他仅仅说明，由于执政官采取的一个措施反而加速了阴谋的执行。

《卡斯特鲁乔·卡斯特拉卡尼生平》堪称是一篇关于马基雅维利心目中的新君主的传记。这部作品的两位受献者之一同时也是《李维史论》的受献者。卡斯特鲁乔出身卑微、身世不明，从小寄养在一个教士的家里。他在少年时代就疏远了教会的书籍，对武器之类的东西显示出强烈的偏爱。他随后被卢卡城里一位吉伯林党的雇佣兵队长收养（卡斯特鲁乔曾向后者坦言自己自己很愿意放弃当教士，去成为一名更有吸

〔1〕《君主论》第12章，《李维史论》第一卷第11章。

引力的战士），在短的时间内就通过大量的理论和实践学习成长为完美的绅士。[1]继父去世时，留下一个年幼的儿子，他嘱咐卡斯特鲁乔成为他儿子的家庭教师，并且监管其身后留下的遗产。卡斯特鲁乔随后摹仿法比乌斯·马克西穆斯，连续发动了多次战争，光辉的胜利使他成为托斯卡纳地区的吉伯林党的头领，并且几乎成为整个托斯卡纳的君主。在第一场战役中，他发现敌人在其战线的中间部分部署了最精锐的部队，于是他就反过来把最勇猛的士兵部署在两翼，将实力不济的人安插在中间，交战时他命令中间的队伍慢慢前行，而两翼的部队快速行进，结果导致敌方军队发生混乱并且溃败。在卡斯特鲁乔的势力业已壮大后，卢卡城里的一个支持他的家族愈发感到不满，认为自己没有得到相应的回报，于是就趁着他外出征战时发动了一场政变，但是进行到一半时他们听从了一位德高望重的老人的劝阻，放下了武器并且打算通过谈判手段为自己争取利益。率兵归来的卡斯特鲁乔见到事态趋于稳定，就安抚了这些人，并且把自己的人安插

〔1〕《李维史论》第三卷第39章区分了普遍的知识和特殊的知识，或实践。

到了城里的所有要害据点，然后下令把所有参与政变的人连同那个老人一道处死——他明智地避免了某些有害的“折衷方案”。[1]在临终前，卡斯特鲁乔把门生帕戈洛叫到自己跟前，嘱咐后者要有自知之明，正确地衡量自己的精神力量和实际力量，如果不懂得战争的技艺，那么就必须用和平的技艺去统治，以这种方式去享受其继父通过辛劳和艰险取得的成果。小说的结尾部分附上了34条箴言，这些箴言暗示了马基雅维利的内心世界。其中第13、23、33条提到了卢卡城，亦即卡斯特鲁乔的城邦[2]。在第13条箴言里，卡斯特鲁乔把口水吐到了那位卢卡阔佬的脸上，因为那里是整个房子最脏的地方。第18条箴言（原型出自彼翁）提到有个人用形形色色的道理去向卡斯特鲁乔索取名誉和厚利，结果得到了满足却也招致了卡斯特鲁乔的反感。第21条箴言里（原型出自彼翁）卡斯特鲁乔问一个好嫉妒的人，他是在笑自己的成就还是在笑别人出了麻烦，“嫉妒”这个词出现在《李维史

---

〔1〕《李维史论》第一卷第26章，第27章，第二卷第23章，第三卷第40章；对比第三卷第21章。《君主论》第8章提到了“残酷之良善运用”。

〔2〕Leo Strauss，《关于马基雅维利的思考》，前揭，第四章注释119。

论》全书卷首。第22条箴言是唯一展现了青年时代的卡斯特鲁乔的箴言，它揭示出我们的主人公曾经在两大传统之间做出了自己的选择：基督教传统和异教罗马的尚武传统。第23条箴言里有人指责他处死了一位曾是他得力助手的卢卡公民，他回答说那是他的新敌人；这使我们想起了《君主论》第6章里提到希耶罗“解散了旧的军队，组织新的军队”。第26条箴言里卡斯特鲁乔希望脸朝下安葬，因为他认为自己死后世界会来个底朝天——《格列佛游记》的“利立浦特游记”[1]中引用了同一则箴言。第33条箴言的前一条提到一个搞男童恋的异邦人教坏了一名男孩，“搞男同恋”暗示了哲学；第33条的后一条说到，卡斯特鲁乔与那不勒斯国王的一位大使就如何处置被流放者的遗产问题产生争执（《李维史论》第二卷，第31章），大使问他难道就不害怕国王吗，他问对方国王是好人还是坏人，得到是好人的答复后，他回答说：“我为什么会害怕一个好人呢?”在拉尔修的原文中，那位国王是亚历山大大帝。这些箴言明显暗示出马基雅维利与后来的启蒙运动的隐秘关系。

〔1〕《格列佛游记》第一卷，第6章。

马基雅维利对于《圣经》教诲的批判集中于在他对如下问题的思考上面，即世界究竟是永恒的还是被创造的。

> 对于那些认为世界是永恒的哲学家，我相信一个人可以这样回答：如果如此古老是真的，那么可能合理的是，应该有超过5000年的记载——如果这种回答没有看到，对过去时代的这些记载由于很多原因而消灭了，部分原因来自人，部分原因来自天。(《李维史论》第二卷，第5章)

他先诉诸经验对“那些哲学家”作出反驳，然后就诉诸理据对这种反驳加以反驳。萨沃纳罗拉在自己的布道中提到，他曾听到过某些阿威罗伊主义者在彼此争论中发表的观点。按照施特劳斯对阿威罗伊主义者和“那些哲学家”所作的区分，前者仅仅用“哲理化的表述”认为，神是这个世界的终极因而不是它的充分因，如果不考虑超自然事物，那么世界是永恒的；后者则认为世界是永恒的，亦即，并不存在充分因[1]。施特劳斯由此暗示，阿威罗伊主义者在神和超自然事物之间作出区分，神只是超自然事物的起源或制作者，

---

〔1〕 Leo Strauss，《关于马基雅维利的思考》，前揭，175、202页。

“那些哲学家”则彻底否认上帝与超自然事物之间的关联，如果他们还承认上帝存在的话。马基雅维利笔下的“那些哲学家”显得是阿威罗伊主义者的激进学生，他们在世界起源问题上向权威观点发起的挑战暗示出在他们看来，启示不过是远古时代的记载。

《圣经》宗教与异教的区别类似于君主国和共和国的区别。《圣经》中的上帝宛如一位绝对君主，严厉地统治着自己的臣民；而共和国中公民则平等相待：罗马人较少地怀疑他们的公民同伴，因为罗马从未被她的任何公民剥夺过自由。共和国和君主国都存在了很长的时间，这二者全都需要受到法律的约束。一个可以为所欲为的君主是疯的，一个可以为所欲为的民众是傻的。马基雅维利向我们强调，比较一下守法的君主和守法的民众，就会发现后者身上有着更多的道德。不仅如此，民众的要求也比君主更加正义：如果民众变得残酷，那是因为担心就要受到压迫，亦即担心共同福祉受到侵害，然而换做君主，则是担心他自己的利益受到侵害（《李维史论》第一卷，第58章）。这并没有妨碍马基雅维利认为，民众作为共同福祉的渊薮与他们在普遍事物上犯错并行不悖。努马成为罗马的君主后，假装与一位仙女认识，借助宗教向罗马引入不同寻常的制度。

> 诸天在罗马元老院的心中激发灵感，选举努马·庞皮利乌斯作为罗穆路斯的继任者，以便努马可以规定为罗穆路斯所遗漏的那些事情。[1]

施特劳斯告诉我们，自由存在于对君主制或僭政与放任自流这两个极端所作的折衷[2]，只有一个共和国的公民同伴之间才有自由，而在两个端点上，君主统治下的平民是没有自由的，另一方面，彻底的无法状态超出了人类本性的驾驭能力，同样也没有自由。对自由怀有的强烈激情，促使马基雅维利不惜以亵渎神明的方式批判宗教，他在《李维史论》第一卷第26章中把上帝等同于僭主，在第三卷第一章拒绝使用“宗教”这个词而用“教派”加以替代，其用意都不过是暗示狂热的宗教崇拜在本质上与狂热的党派斗争没有分别。然而当他在这样做的时候，也就暴露出他自己同样是一名党徒。按照马基雅维利的看法，摩西同其他奠基者没有什么分别，尽管他有那样伟大的一位老

---

〔1〕《李维史论》第一卷，第11章，那里提到努马用“和平的技艺”统治臣民。

〔2〕Leo Strauss，《关于马基雅维利的思考》，前揭，238页第五行。

师，他所依赖的也仅仅是自己的武力和德行。意大利的四分五裂不是源于宗教罪孽，而是源于军事罪孽，或者说，植根于人性的腐化现状和重新奠基的必然性。透过政治视角对人类事务所作的思索促使马基雅维利得出结论，一旦我们看到人类实际上如何生活而不是只盯着人应该如何生活，就会意识到自然对残酷和邪恶的支持不亚其对仁爱和良善的支持。当"人类的狡猾和邪恶达到了最高点"（《李维史论》第二卷，第5章）的时候，对自我保存的需要促使每个人发动对每个人的战争，这时正义和不义的界限遂变得模糊不清。如果一个贫穷的老人有一件看上去很普通的外套，这件衣服是他最后的尊严，这时一个年轻人仅仅出于一种残忍的欲望就把它强行夺走，那么这位老人指使别的年轻人杀死那个抢劫者，就是正义的。如果人类出于本性在安逸的环境里就会变得傲慢放肆，那么使人类保持在经常性的贫困状态中就是正确的途径。如果为了生存而进行的战争是不可避免的，那么就应该让出于尊严和荣耀的战争去支配出于必然性的战争。然而，对于拥有相同的生存权利的两个民族来说，战争不是具有同等的正义性吗？这促使马基雅维利相信，罪孽植根于人的根本境况之中，而不是植根于一个超人类存在者的惩罚。

传统哲学假设看对听的优越性，而马基雅维利则认为无论是看还是听我们都会受欺骗，唯有通过摸才能确保我们接触到真相。“每个人都看到你如何显现，少数人才能摸透你的所是。”（《君主论》第18章，楷体重点为笔者所加）单是对传统所预设的感官顺序的改变，就已经预示了马基雅维利要开创新传统了。谈到“世界的开端”时，他假装与传统保持一致（与“那些哲学家”相对立），说随着人口的增加，他们为了更好地保护自己，于是选出了一位更加强健和拥有伟大心灵的人，使他成为他们的头领并且服从他。从中产生出道德的知识。紧接着他就说，看到“一个个体”（这个个体显得是个孤家寡人）恩将仇报的行为人们感到同情和仇恨，并且担心同样的伤害可能发生在自己身上，于是他们“被迫”（were reduced to 或译为“退而”）制定法律并且惩罚这些恶行。马基雅维利通过“他们”这个词向我们暗示，这些法律制定者是一个个拥有理性衡量能力的个体，他没有说“他们”是基于正义本身或好本身而制订法律，而是先说到“同情”这类激情，后说到他们的担心。马基雅维利还迫使我们思索：“他们”被什么必然情势所迫；或者说，从什么情势退而制订法律[1]？紧接着他就谈到从实定法[2]中产生出正义的知识。由于正义的知识是从自利个体的彼此关系中计算出来的，其目的是组成政治共同体以保障每个个体的权利（这些权利植根于人类的天赋激情中），而把这些个体结合起来的力量只能是契约，因此正义的知识指的是关于自然权利和契约的知识。

马基雅维利在《君主论》第15章里对传统哲学实行了最明确无误的决裂。这章列举的11种德性和恶德表达了他对什么是德性的理解，如果把这个德性表倒过来读，就会发现一个针对亚里士多德主义的隐匿论证。他列举的第一种德性是慷慨，与它相对立的恶德在“托斯卡纳用语”中是贪婪和吝啬。所谓吝啬，指的是“过分地避免使用自己的东西”。按照亚里士多德的德性观，每一种德性都是对与此相关的两种恶德（“过度”与“不及”）所作的折衷。照此推想，慷慨应该是吝啬（过度）与挥霍（不及）的折衷，但

〔1〕 对比上文编号第9自然段；第10自然段。

〔2〕 参见孟德斯鸠《论法的精神》第一卷第1章第2、3节：“自然法”与“实定法”。

马基雅维利悄然否定了这一点，他用“欲求通过掠夺手段拥有某物”的“贪婪”予以代替。我们注意到，“吝啬”和“贪婪”分别属于使用财产与获得财产方面的过度。马基雅维利在下一章中就对慷慨德性发起批判，因为一个人为了保持慷慨之名不得不奢侈挥霍，这样他很快就会走向慷慨的反面，亦即吝啬或攫取（贪婪）。接着他在“保存业已获得的国家”和“缔造国家”之间作出区分，对于前者来说，吝惜是必要的，对于后者来说，慷慨施予是必要的。然后他说明，所谓慷慨施予，指的是一个君主把从“某些其他人”那里掠夺来的所有物分给自己的士兵们，也就是说，施予的德性被径直等同于某种邪恶的不义，或者说，慷慨本身作为一种美德预设了行不义。马基雅维利仅仅通过暗示向我们呈现出一组对应关系，处于核心位置的，是慷慨美德，位于其左右两端的，则是两组不同的道德素质，分别涉及“保存国家”和“缔造国家”这两方面的美德和恶德：位于左端的是吝惜和施予，位于右端的是吝啬和贪婪。马基雅维利借此暗示他所理解的美德，指的是对道德上的善与恶所作的某种“折衷方案”，这种折衷要求一个人具备非同寻常的美德或心智的强大力量。具备这种美德的个体，是像恺撒那样优秀的行动者，还有“优秀的史家”，他们在书中把某些情况阐述得清楚而又详细，为的是让后代在类似的内在或外在偶然事故中学会如何行事（《李维史论》第三卷第30章，第三卷第1章）。作者对行动者的优势在于，他们不像后者那样为自己的天性所驱使，急切地投身到危险的政治激流中，结果往往成为一只比他更大的猛禽的猎物，例如莎士比亚让他笔下的一个年轻人说的：

啊，但愿时光迅速飞逝，

让战场、砍杀和呻吟赞美我们的游戏。[1]

归根到底，人们之所以会徘徊于贪婪与吝啬，是出于对财产的渴求，而财产则是保存生命的必需品，因此邪恶的根源在于人类对死亡的恐惧这一根本的必然性。每个国家都存在的两种对立脾性的斗争，亦即伟人和民众的脾性，以及国家与其邻国之间的战争，归根到底都受到这种必然性的影响，且不说是支配。“很多事情是理性没有促使你去做，但必然性却促使你去做的。”（《李维史论》第一卷，第6章）古代的托斯卡

[1] 莎士比亚，《亨利四世（上）》，见《莎士比亚全集》第四卷，孙法理译，1998年，第一幕结尾。

纳人和当代的瑞士人都有良好的武装，但是他们的政治制度不允许他们“受必然性促使”去扩张为一个帝国；早期的罗马人，亦即罗马元老院通过对盟国实施欺诈而上升到其后来的伟大境界。民众与伟人之间的不和既是罗马福祉的来源又是其最大的隐患，对此只能通过整军经武、经常性的战争与和平术（包括演讲术）加以调节（《李维史论》第一卷第4、13、19章，第三卷第16章）。然而时间终究会使其逐渐腐化，没有任何政治体能够永恒地存在下去。马基雅维利对很多人的看法加以质疑，认为机运可以在一个足够审慎的人手中得到控制，的确，机运只有在一个行动的人面前才有其存在意义，而行动的人所面临的，正是多变的自然与迫使他行动的必然性。自然使人类在逆境中感到忧虑，在顺境中又感到厌倦，这两种激情所导致的结果，是人们如果不再出于必然性而斗争，就会出于野心而斗争。但自然同样赋予人以选择的自由意志，使他在不同的时代面对不同的“质料”，选择恰当的行动模式或禀赋素质。最完美的人，是近乎不可能地结合了庄重严肃与轻佻戏谑这两种本性的人，并且自由地在这两个端点之间变通转换。“真正的途径是摹仿自然的途径，然而自然是多变的，并且不像德性那样稳定。”[1]自然的含义，可以指所有人类的身体，或复合体，开药的医生告诉我们，身体每天都增加某些不必要的质料，总有一天需要治疗，根据不同的情况选用温性药物或烈性药物[2]（或者混搭）；与此相对应的是可见的宇宙，因为人的存在本身就是一个小宇宙；也可以指某些伟人的精神或灵魂[3]，如恺撒和西庇阿，他们有时也放下严肃的事业，转而投入到轻佻或嬉戏中；最后也可以指伟人的脾性本身所内在固有的双重性质，出自这种天性的行动内在地、近乎不可能地结合着沉重与轻盈。马基雅维利否定了传统所支持的完美观念，用他自己的观念予以替代。按照传统的理解，一个完美的人是一个在所有方面都达

〔1〕 Leo Strauss，《关于马基雅维利的思考》，前揭，241 页。

〔2〕《李维史论》第二卷第 5 章，《君主论》第 18 章。

〔3〕 马基雅维利在他的两部书中避免使用“灵魂”，而用“精神”予以替代。在《高尔吉亚》中苏格拉底区分了两种技艺和它们各自包含的两个部分及其变体，政治技艺的对象是灵魂。治病术和健身术（它们都在本性上属于“冥府”，见 492e5 以下）的区别在于，所有人原则上都可以有健康的身体，少部分人才可以有强健的身体。修辞术是审判术（正义）的变体。卡里克勒斯认为强者统治弱者乃自然正当，他把“更强健”和“更优秀”等同起来。马基雅维利针对那些谴责他背离传统教诲转而传授凶德的作家，或许会以卡里克勒斯的理为自己辩解说，那些作家一方面赞扬良好的律法和秩序，另一方面却又指责导致这种好处的首要原因。

到完美无瑕的人，对恶德所作的完美折衷使德性本身完全超脱独立于任何邪恶，与这种观念相对应的，则是至福的观念。我们用一个“通俗”的比喻，即相信每个人都像童话里的王子与公主那样，住在华美的宫殿里，有着取之不尽的锦衣玉食，每天在温存的相处、诗歌、音乐和哲学沉思（如果尚且可能）中度过，直到永远。我们可以不恰当地把这种至福称作“水晶宫”。[1]古代的异教徒把精神的伟大、身体的强健和其他所有能使人强有力的东西视作完善的标志。按照《圣经》宗教的理解，水晶宫就是“其他所有能使人强有力的东西”。人类对水晶宫的欲求，植根于人类

---

〔1〕这里的水晶宫的含义比《地下室手记》中的水晶宫更加广义，或者说，地下室人所抗议并对之吐舌头的那个水晶宫，必须被追溯到《君主论》的收件人所面临的某个特殊必然性。

我认为，如果只喜欢安乐，那未免是不怎么体面的。好也罢，坏也罢，但有时去毁坏什么东西也是非常令人愉快的。诚然，我这里并不是在推崇苦难，但也并非推崇安乐。我主张……自己有任性的权利，并且在需要的时候得以有任性的保障。苦难，譬如说，在轻松的喜剧里是不容许存在的，这我知道。在水晶宫里它也是不可思议的：苦难即怀疑，即否定，若能妄加怀疑，还算得上什么水晶宫？然而，我相信，对于真正的苦难，即破坏和混乱，人是永远也不会拒绝的。陀思妥耶夫斯基，《地下室手记》，收录于《赌徒》，满涛译，上海：上海译文出版社，1988 年，166 页。

的根本必然性中，或者植根于人类的根本境况中，亦即在必然性与野心这两个极端之间来回摆动。基督教所设定的处于开端和终结处的黄金时代，或者罪孽与改悔（善）这两个极端，全都与人类的根本境况无法相容。马基雅维利对宗教的根本批评在于，我们的宗教所构设的水晶宫要求人类去超越人类的“尘归于尘，土归于土”的自然条件，遂导致毫不必要的非人残酷。

按照《圣经》宗教的解释，现世的苦难与悲惨来自于人类的罪孽，这可以追溯到一次原初的堕落或黄金时代的失落。那么更早的人必定非常不同于现在的人，或者说，存在着原初的人，亦即不是由属人的手段所创造的人[1]。原初的人是由一位独一神创造出来的，神用尘土造人，并且在人身上加入了属神的成分，因此人类分有了神的形象。[2]然而马基雅维利笔下的世界开端，则是“那些居民一度散居，并且形同野兽”，也就是说，世界的开端是一次从亚人到人的过渡。那些居民组成聚落以后，仍然有赖于一次作为人

〔1〕 Leo Strauss，《关于马基雅维利的思考》，前揭，314 页。

〔2〕 《旧约·创世纪》（和合本）1.27，2.7。

的诞生。正如前面说到的，这次诞生来自于他们在自己中间选出一名头领。马基雅维利就这样沉默地用纯粹政治性的统治关系取代了传统神学的创世表述。在他看来，人作为人的诞生纯粹是一次人工改造，这只有通过政治体才能完成，因此，人工改造必须预设对作为整全的世界的洞见，然而困难在于，世界本身就是这次改造的产物。马基雅维利丝毫没有尝试去面对这一困难，他甚至采取漠然置之的态度，用“机运”就把问题打发掉了。为了解决这一悖谬，看起来我们被迫只好假设存在着一次诡秘的“飞跃”，亦即一项（在时间意义上）最原始的、划时代的行动，它也许可能是电影《2001》所展示的，是某个上古时代的原始人学会了使用工具；也可能是卢梭笔下的某个自然人的一次顿悟，当他观察到深藏在地下的铁矿随着一次火山爆发喷涌而出，“就好像自然有意要保守这个秘密不让我们知道”〔1〕，遂受到启发，开始刻意摹仿自然，于是出现了冶铁技艺和土地耕耘。前一种假设为马克思所采纳，并被纳入到其庞大的思想体系的基础

〔1〕卢梭，《论人类不平等的起源和基础》，高煜译，桂林：广西师范大学出版社，2009年，136页。

中。由于对开端问题的探究完全排除了诉诸经验的可能性，因此一俟我们拒绝了启示，就必然会诉诸形形色色的科学。马克思的“使命”是揭示出资本主义社会必然灭亡的命运。按照他的理论，既然资本是一个历史范畴，那么阐明资产阶级国家如何从更早的国家形态中蜕变出来，显然就是整个论证的核心环节。然而这项工作，并不是在《资本论》中完成的，而是在更早的《1857—1858年经济学手稿》里面。在《手稿》的“导言”部分，他用一个章节阐述了“*政治经济学的方法*”(《资本论》里没有)。马克思首先区分了思维的两个活动序列，即从具体事物（“关于整体的混沌表象”）入手上升到内在于具体事物中的抽象规定；再从抽象规定上升到具体（“具有许多规定和关系的丰富的总体”）。他断言只有后一种方法才是科学的方法，并且批判了黑格尔的唯心主义幻觉。因为“从抽象上升到具体的方法，只是科学用来掌握具体，把它当做一个精神上的具体再现出来的方式”，[1]绝

〔1〕 马克思，《马克思恩格斯全集》第30卷，中共中央马克思恩格斯列宁斯大林著作编译局译，北京：人民出版社，1995年6月，42页，以下仅在正文中标明页码。

不是具体本身的产生过程。马克思并没有对我们否认两个序列中的“具体”之间存在着异质性。接着，他承认一切“经济范畴”（如商品交换）都以家庭、国家和公社为前提，或者说，经济范畴植根于更具根本性的政治范畴中，这一点在他后来的分析中被遗漏掉了，后面着重讨论的主题，是“比较不发展的社会形式”中的经济范畴如何在“充分发展的社会形式”中再现。以货币为例，他先说货币很早就在古代的某些商业民族处于支配地位，紧接着的下一句就说，货币的充分发展（“在现代的资产阶级社会中这是前提”）只出现在某些最文明的古代民族的解体时期。马克思由此暗示，古代的商业民族是最文明的古代民族的解体（亦即腐化）阶段。在一小段关于现代经济学把“劳动一般”概念从具体劳动中抽象出来的论述之后，他再次回到这个话题，断言“最一般的抽象”只实现在“最丰富的具体发展”的场合。有些人向他提出了一个疑问，即在美国表现为历史产物的东西（例如对任何劳动同样看待），为何在俄罗斯人那里就表现为天生的素质？马克思对此回答说，野蛮人能被使用于一切的性质，与文明人自动去从事一切，是大有区别的。他由此暗示这两个民族之间存在着某种历史指向性。接着就是那句脍炙人口的格言："人体解剖对于猴体解剖是一把钥匙"，然而多数读者却忘记了马克思的后一半话："低等动物身上表露的高等动物的征兆，只有在高等动物本身已被认识之后才能理解"（页47）。所谓高等动物，指的是资产阶级国家，低等动物指"比较不发展"的国家。然而马克思在下一段中暗中质疑了这种解读，因为"资产阶级国家只有完成了自我批评以后，才能理解先前的阶段。"（页47）至少在马克思本人那里，"高等动物"还只表现为对于一个尽可能完美的国家的洞见。到此为止，我们的分析并不是仅仅出于迂腐学究的兴趣，而是要指出马克思的写作之小心远远超出了常识的想象。这番晦涩的理论辩证似乎动摇了关于唯物史观的流行看法，或许正是疏于考虑到读者的情感，他马上来了一段"正统"的论述：

> 在一切社会形式中都有一种特定的生产决定其他一切生产的地位和影响，因而它的关系也决定其他一切关系的地位和影响。这是一种普照的光，它掩盖了一切其他色彩，改变着它们的特点。这是一种特殊的以太，它决定着它里面显露出来的一切存在的比重。（页48）

马克思这篇关于"科学方法"的论说，大约写于《剩余价值理论》的三年前。站在“历史产物”之上的我们看到，从马基雅维利到马克思的这几百年，是技术进步的历史，是经济范畴不断进步的历史。然而我们不能也不该忘记，马克思的意图是要建立社会主义社会，是要号召全世界无产者联合起来，为实现自由王国而战斗。马基雅维利断言，古代的宗教在五千到六千年的时间里变化了两到三次，他由此暗示基督教最快在他那个时代之后的166年灭亡。马克思处于上帝已死的时代，他迎着马基雅维利所的发起的浪潮，向全人类呼吁把上帝的影子从洞穴中驱走。

如上所述，马基雅维利发起了启蒙运动。今天的我们在回顾这段历史线索的时候应该回想起古典哲人的教诲，即政治社会的存在是为了人能够过上优良生活，而优良生活只有在德性的实践中才能实现。马基雅维利的“上升”，其实是一次“下降”：用实际如何去取代应该如何，只能导致物质的极度丰盛而灵魂却极度空虚。返回到古书中并且加以审慎地研读，是治疗由“实际如何”所导致的荼毒的一帖良药。

施特劳斯论洛克*

赵雪纲

（中国政法大学法学院）

无论在政治思想史上，还是在对英美现代政制的影响上，洛克都是极为重要的人物。西方洛克学界和政治思想界在上世纪50年代之前一直都把洛克的自然法和自然权利思想接续在古典的和经院的自然法传统之后。施特劳斯的洛克研究，是其批判现代政治哲学和以美国政制为代表的自由民主政制的重要一环。正是在施特劳斯所论洛克问题的基础上，英美学界对洛克思想、对自由民主政制的反思，有了层次上的提升。

* ［基金项目］本文系中国政法大学“211工程”三期重点学科建设项目成果。

一、文本和基本问题

到目前为止，我们只发现四个施特劳斯发表的专门论述洛克的文本。在这四个文本中，正式的论证性文本只有一篇，另外三篇都是书评。论证性的文本是施特劳斯在1952年发表于《哲学评论》上的《论洛克的自然权利学说》。施特劳斯在第一个注释中解释这篇论文的背景时说，这是很快就要出版的《自然权利与历史》一书的一部分，承蒙编辑好意，此文发表时浓缩了导论部分。[1]从出版于1953年的《自然权利与历史》一书论述洛克的部分看来，情况确实如此。这表明，《自然权利与历史》一书中的洛克论述，施特劳斯在上一年发表《论洛克的自然权利学说》一文时已经完成，因此，研究施特劳斯关于洛克的论证性篇章，只参看书中的论述即可。另外三篇书评，其中一篇没有标题，发表于1950年9月的《美国政治学评论》，[2]评论的是高夫（J. W. Gough）刚刚

---

〔1〕 Leo Strauss, On Locke's Doctrine of Natural Right, in *The Philosophical Review*, Vol. 61, No, 4 (Oct 1952), pp. 475–502.

〔2〕 See *The American Political Science Review*, Vol. 44, No. 3 (Sep., 1950), pp. 767–770.

出版的《洛克的政治哲学》一书,[1]这篇书评后来被收入施特劳斯《什么是政治哲学》一书的附录。[2]另外一篇书评题为《洛克的自然法学说》,[3]这篇书评比较特殊,一是因其有标题而更像论文,二是因其所评的著作为洛克的《论自然法》一书的英译本(原著为拉丁文),[4]三是因其针对的主要问题是《论自然法》的英译者在导言中对洛克这部专论自然法的早年著作的解读方式,以及由这种解读方式导致的翻译问题。施特劳斯关于洛克发表的最后一篇书评是在其生命的晚年。1967 年,阿伯拉姆(Philip Abrams)出版了洛克早年所写的《政府短论两篇》的笺注本,并为之撰写了长篇导论。[5]施特劳斯

[1] J. W. Gough, *John Locke's Political Philosophy*, Oxford: The Clarendon Press, 1950.

[2] Leo Strauss, *What is Political Philosophy*? Chicago: The University of Chicago Press, 1959, pp. 302-305。中译本参见施特劳斯,《什么是政治哲学》,李世祥等译,北京:华夏出版社,2011 年,295—298 页。

[3] Leo Strauss, Locke's Doctrine of Natural Law, *The American Political Science Review*, Vol. 52, No. 2 (Jun., 1958), pp. 490-501.

[4] John Locke, *Essays on the Law of Nature: The Latin Text with a Translation, Introduction, and Notes; Together with Transcripts of Locke's Shorthand in His Journal for* 1676, ed., by W. von Leyden, Oxford: Clarendon Press, 1954.

[5] John Locke, *Two Tracts on Government*. Edited with an introduction, notes and translation by Philip Abrams, New York: Cambridge University Press, 1967.

随即对这一文献整理成果写了一篇书评。[1]施特劳斯公开发表的关于洛克的这四篇文献，若从时间顺序来看，首先是对高夫《洛克的政治哲学》所作的评论，其次是《自然权利与历史》中的洛克篇章，再次是评论洛克《论自然法》的英译者对洛克自然法思想的看法和英译问题。最后则是那篇评论青年洛克所作《政府短论两篇》的那篇书评。从发表时间先后来看施特劳斯关于洛克的研究，是为了进一步理解施特劳斯思考洛克的过程。对这一点的初步考察表明，施特劳斯在有关洛克的问题上所持的看法，是一以贯之的：对高夫的短短几页书评已经表达了施特劳斯对洛克思想的基本定位，即洛克出于谨慎所作的政治哲学表达，看上去与传统政治哲学尤其是基督教一脉相承，但实际上，“在洛克的政治哲学与传统政治哲学之间有一道既深且宽的鸿沟”；[2]在《自然权利与历史》中，施特劳斯就以往的洛克研究所关注的主要问题一一展开进行细化研究，系统论证了自己先前关

〔1〕 载 *Intercollegiate Review*，4：1（1967年11—12月，46—48页）。中译本见施特劳斯著，刘小枫编，《苏格拉底问题与现代性》（增订本），刘振、彭磊等译，北京：华夏出版社，2014年。

〔2〕 施特劳斯，《什么是政治哲学》，李世祥等译，北京：华夏出版社，2011年，297页。

于洛克的基本看法，并进一步为洛克思想作了明确定位，那就是，洛克绝非一个古典的或基督教式的政治哲学家，他是一个隐秘的霍布斯主义者；《洛克的自然法学说》一文则对施特劳斯自己对洛克进行思想定位后新发现的似乎证明洛克与传统自然法思想更有承续关系的材料作了处理，以论证这一新的材料并非如英译者解读的那样，而只不过进一步证明了施特劳斯自己之前对洛克思想的定位是准确的；至于施特劳斯晚年对《政府短论两篇》所写的书评，则仍然延续了其早年对洛克思想位置的基本判断，即青年洛克一如成年或老年洛克，实际上是一个霍布斯主义者——洛克在《政府短论两篇》中不提霍布斯，极有可能仍是他一贯采取的写作“策略”。

施特劳斯关于洛克的其他论述，除了一部关于洛克的讲稿记录外，[1]都是零星散布于别的专著或论文之中。无论就这部讲稿的内容来看，还是从其他论著中的零散评论来看，施特劳斯对洛克的判断，一直不曾改

〔1〕 这是施特劳斯1958年冬季学期在芝加哥大学开设的专门研习洛克政治哲学的系列研讨课讲课记录，共16讲，主要以洛克的《政府论》和《论自然法》为阅读材料。

变意见。那么，施特劳斯的洛克研究，关注的基本问题是什么？施特劳斯关于洛克所作的最为系统的论述篇章——《自然权利与历史》关于洛克的章节——极为清楚地显示了这一基本问题。

《自然权利与历史》前三章讨论的是自然权利的一般性问题，分别是自然权利论与历史方法、自然权利论与事实和价值的分野、以及自然权利观念的起源。本书后面三章讨论的是古典自然权利论和现代自然权利论的具体内容，以及现代自然权利论所遇到的危机。施特劳斯的这部著作自然是博学宏识、体大思精，但其基本问题是考察现代自然权利论之所以能够起源的根本原因，以及现代自然权利论与古典自然权利论的根本差异。易言之，明白了现代自然权利论起源的根由，就能明白古典和现代自然权利论的差异，而看到现代和古典自然权利论之间的具体差异，也就能明白现代自然权利论起源的因由，并进而明白现代自然权利论的品质。而在对勘现代自然权利论与古典自然权利论时，施特劳斯选取的最重要的现代人物就是洛克，因为洛克对现代政治思想和政治制度的影响最为深远。但是，现代人要搞清洛克思想的品质颇为不易，因为洛克思想的表达并不明朗，而且现代人就生活在洛克的思想语境之中，因此，为了完成这一艰难的任务，即让现代人搞清洛克思想的品质，施特劳斯让我们先去搞清楚霍布斯思想的品质，因为从霍布斯那里，人们更容易看到现代自然权利论与古典自然权利论的差异。这样，人们庶几乎才能明白，所谓古今之争，争的到底是什么问题。这是理解《自然权利与历史》中的洛克章节之意义的宏观背景。

具体说来，《自然权利与历史》在“现代自然权利”一章研究了两个现代人物，即霍布斯和洛克。按照今日自由主义政治哲学的看法，霍布斯在现代政治哲学中地位固然重要，但并不十分“正统”。这种不正统主要表现在，霍布斯的政治哲学不仅与古典的和基督教的政治哲学在具体内容和表达方式上相差甚远（并不承续古典的“正统”），而且也与我们今天的政治哲学之具体内容和表达方式有不小差异（因此也不是我们今日的“正统”）。在这个意义上，洛克的形象就完全不同于霍布斯了。现代人常常几乎是坚定地认为，洛克的政治哲学不仅与古典的和基督教的政治哲学有着千丝万缕的联系（在很大程度上承续了古典的“正统”），而且洛克的政治哲学也就是我们今天的政治哲学（因此也就是我们今天的“正统”）。这样说是要表明，我们今天的政治哲学与古典的和基督教的政治学实际上有着千丝万缕的联系，这种联系在洛克那里表达得最为明显。换句话说，今天的自由主义政治哲学，今天的自然权利论，与古典的和基督教的政治哲学和自然权利论，至少具有精神上的承续关系，尽管其落实在制度上的表达具有很大差异。也就是说，古典政治哲学中的优秀内容，今天的政治哲学继承下来了，而古典政治哲学中的糟粕，我们抛弃了。而真正完成取其精华、弃其糟粕这一艰巨任务的，就是洛克。职是之故，由洛克所创、而由我们所继承的这个新的政治哲学传统，与古典的和基督教的那个老旧的政治哲学传统，其间并非是完全对立的关系——“善学邯郸，不失故步”之谓也。我们秉承的这个洛克新统，完全不像霍布斯自称创立的那个所谓新统一样，与旧统彻底斩断了联系，甚至要以毁灭旧统为创构新统的前提。因此，霍布斯与洛克，在这个意义上，其实是有点势不两立的。是这样吗？施特劳斯说，凡是持这种看法的，都是被洛克的隐晦表达蒙蔽了眼目。若能擦亮眼睛，就会看到，洛克和霍布斯其实是一类人物（若按施特劳斯的本意，说他们是一丘之貉甚至更为恰当），他们创立的这两个新统，并无实质上的差异。这当然会激怒我们今天的绝大多数对洛克的新统高唱赞歌的洛克学专家以及自由民主派思想家，并让这些人惶恐不安。

因此，施特劳斯在《自然权利与历史》以及其他评论中，通过对洛克思想重新进行定位，关注的是他自己一生都在思考的一个基本问题：古今之争。探讨这一问题，以霍布斯和马基雅维利作为研究文本固然更易使人一目了然，但是很多时候，我们今人并不承认我们自己生活在一个霍布斯乃至马基雅维利的世界里，我们更认为我们自己是生活在洛克的思想和政制背景之中。职是之故，在思想和政制层面上，我们必须要沉下心来看一看，我们所处的这个洛克式的思想和政制世界，其真正品质到底是什么。施特劳斯其实是想说，我们今天的这个世界，似乎早已消除了古今之争这个基本问题，然而，这只不过是洛克的含混表达给我们造成的一个虚假印象而已。

二、《自然权利与历史》"洛克"章的具体思路

《自然权利与历史》一书在谈论洛克时颇讲策略。施特劳斯一上来就说，要理解现代自然权利论，就必

须要谈论洛克这位对现代自然权利论影响最大的导师。但是，要想理解这位现代自然权利论的最大影响者，却不是一件容易的事，因为，辨识洛克有多么现代或在多大程度上偏离了传统特别困难。为什么呢？因为洛克是一个极其谨慎的人。这是施特劳斯为让我们理解洛克打下的一个极为重要的铺垫，因为正是由于洛克极其谨慎，我们才不能只从字面上来理解他。如果只从字面上来看，洛克似乎非常传统。他常常引用基督教传统的自然权利观——常常引用圣公会的神学家胡克尔就是一例。但是，施特劳斯旋即指出，引用胡克尔，洛克只不过是在大打其烟幕弹，实际上，洛克的思想更近于那些在他的时代政治上并不十分正确的人。这些人是谁呢？施特劳斯指出，其代表性人物就是霍布斯。因此，尽管从表面上看从洛克开始可以反溯一个苏格拉底—斯多亚—基督教—洛克的“绵延不绝的令人无比敬重的”自然法传统，但实际上洛克尊奉的却并不是这一传统。相反，洛克几乎从来不提、甚至有厌恶表示的那位莽汉霍布斯，才可能是洛克的真正先驱。故而，施特劳斯指出，要想理解洛克，就必须先得研究霍布斯。由此，无论是从时间顺序还是从思想顺序上，先转到对霍布斯的探究，就理所应当了。[1]

在施特劳斯看来，霍布斯对古典和基督教的自然法传统所作的最大改变是，他“直截了当地使一项无条件的自然权利成了一切自然义务的基础”，这项无条件的自然权利就是由畏惧死亡而来的自我保存的权利（页186）。而在这一点上，洛克暗中继承了霍布斯的看法，并且对之作了极为出色的发挥。只不过，洛克的表达方式，让人看起来却与霍布斯差异甚大。霍布斯的自然法以自然权利为基础，但古典哲人或基督教神学家认为自然法才是自然权利的基础，洛克呢？洛克就像古典哲人、尤其就像基督教神学家那样来“理所当然地谈论自然权利，好像它们是由自然法派生出来的”，这当然似乎就是遵从先贤的传统了。而且洛克说，自然法给人加了不折不扣的义务，“对于所有人来说都是一项永恒准则”，这不就是活生生的基督教神学家的自然法观念么？还有，洛克也把自然法等同于理性法，认为自然法可为自然之光所知晓，而且说自然法就是上帝意志的宣布，是人心中的上帝之

〔1〕 施特劳斯，《自然权利与历史》，彭刚译，北京：三联书店，2003年，168—169页。本节下文引用此书，只随文标明页码。

声，因此自然法也可称为上帝法或神法、或永恒法。这不完全就是托马斯主义的也就是基督教的自然法观念吗？（页206—207）

施特劳斯说，表面上看来确实如此，但也只是从表面上看来才是如此。因为，洛克保留了纯粹的自然法与理性法之间的区别。这种区别表示，洛克仍是以非基督教的自然法观念、甚至非斯多亚的自然法观念来看待自然法的。因为真正的自然法或自然正当，应该是不以神学为背景的，若以神的存在为基础，那就不是纯正的“自然”了。施特劳斯在此是说，洛克其实完全明白这一问题，他是故意用启示法这一观念来否定基督教的自然法的。这里还涉及一个基本的神学问题，如果自然法要真正成为法律，就要有约束力，而这种约束力，要以神的存在和来世赏罚作为保证，而即便神的存在是真的，我们也无法用理性去证明来世赏罚的必有，这就表明，人的理性无法彻底认识自然法。因而具有约束力的严格的自然法实际上就“并不存在了”（页208），也就是说，如果不借助于圣经启示，自然法就不可能为人所真正认识。但是，如果新约包含了完美的自然法的启示（这是洛克的说法），那么自然公法也应包含在新约和圣经中，这样说来，洛克应该写一本“圣经政治学”才对，因为这时，圣经政治学也就是自然法的政治学了。但是洛克恰恰没有这样做。这表明什么？施特劳斯指出，这表明洛克的“所作所为与他的言论适成鲜明对比”（页210）。所以啊，学者们，你们看到的洛克，根本不是他实际上的样子。这就是施特劳斯所论洛克的指导思想。施特劳斯告诉我们，学者们一直都忘了，洛克是异常谨慎的人，“他充分利用了他对胡克尔的部分同意。他又避免了因为对胡克尔的异议所可能带来的麻烦，为了做到这一点，他靠的是对这些异议缄默不言”（页212）。

有学者指出，在施特劳斯之前，人们在研究洛克的自然法思想时，从来都是引用《政府论下篇》，而非引用《基督教的合理性》。施特劳斯却不是如此，他从《基督教的合理性》开始考察洛克的自然法思想，甚至神学思想。[1]这自然是因为，施特劳斯认为这部著作对考察洛克的自然法或自然权利思想、甚至基督教思想来说非常重要。为什么？就是因为洛克的

---

〔1〕参见 John C. Higgins-Biddle 为自己编辑的《基督教的合理性》（*The Reasonableness of Christianity as Delivered in the Scriptures*，Oxford University Press，USA，2000）所作导言。

这部著作看似符合基督教的正统思想，实际上在很多方面却是“不声不响地追随斯宾诺莎的”（页214）。

这就产生了一个问题，如果洛克是以自然神论甚至无神论为基础来构建自然法和自然权利理论的，那么他就很类似两种人，一种人是霍布斯，另一种人就是西塞罗那样的古典政治哲人。[1]施特劳斯是想说，无论如何，洛克实际上并不是基督教自然法思想的传人。而且，洛克关于自然法的论述，内容显得异常杂乱，逻辑也甚为不清不楚。在施特劳斯看来，这都是洛克为了谨慎的缘故而不得不这样做的，但是，细心的读者却应当发现其中隐藏的奥妙。在从神学角度解读洛克的自然法论述之后，施特劳斯得出结论说，如果说洛克认为真有自然法的话，那也只是纯粹为了世俗幸福目的的自然法，也只有这样的自然法，才是明确可知的真正的自然法，才是理性法。更进一步说，“洛克本来不能够承认任何严格意义上的自然法的”（页225）。因此，洛克的承认，全是为了障人眼目，而一直以来，洛克研究者都真的被洛克遮蔽了眼目，

---

〔1〕施特劳斯揭示洛克自然法思想实质的方法，颇类似于揭示西塞罗自然法思想实质的方法，参见施特劳斯，《自然权利与历史》，157页。

因为，“公认的解释是以完全无视洛克的谨慎为基础的”。但是，施特劳斯解读洛克的基本方法，却是深入文本背后，观其微言大义，在施特劳斯看来，对洛克解读来说，这种方法尤为奏效。对于洛克的自然法思想，施特劳斯得出的最后结论是：“无论洛克在《政府论》中本可以多么地遵循传统，但是对于他那其中的学说与胡克尔和霍布斯的学说的一个简单比较就会表明，洛克在很大程度上偏离了传统的自然法学说，走上了霍布斯所引导的道路”（页226）。

接着施特劳斯又谈到了洛克的自然状态学说，在这一点上，施特劳斯仍然认为，洛克关于自然状态的论述，尤其能够表明他偏离了传统的基督教自然法理论，因为在胡克尔那里，根本就不曾提到自然状态（页227）。[1]在自然法问题上，频繁地提到自然状态，并将自然法与自然状态紧密联系起来，恰恰是以霍布斯为代表的现代政治思想家的论述方式。

那么，自然法学说在洛克的思想中“究竟处于何种地位呢？”（页231）施特劳斯提出这一问题，实际

〔1〕 基督教自然法思想为何几乎不需要提到自然状态，是一个值得研究的问题。

上是想要说，自然法学说在洛克的思想中并没那么重要。因为，通过讨论自然，洛克逐渐把我们引到了世俗幸福那里，“自然……在人心中注入了对于幸福的渴望和对于痛苦的厌憎，这些才是天生的实践原则”（页232），[1]而“渴望幸福、追求幸福所引致的并非义务”，却是绝对的、自然的权利（页232）。“自然权利是生而有之的，而自然法却不是，那么自然权利就比之自然法更为根本，而且是自然法的基础”。并且，既然幸福要以生命为前提，那么当生命欲望和幸福欲望发生冲突时，生命欲望就有了优先性。所以施特劳斯引用洛克的原话说，“上帝注入人心中的第一位的和最强烈的欲望，并且使之成为他们天性的根本原则的，就是自我保全的欲望”（页232）。于是，《政府论》的观点立于其上的自然法的根本准则就是，“自然法不过就是理性为着人们的‘相互保障’或人类的‘和平与安全’而发出的诫命”（页233）。这是完全的霍布斯式的观点。因此，只要把洛克所说的自然法看作是霍布斯所说的自然法，洛克的自然法学说就可以得到很好的理解了，而且先前的一切解读所面临的种种困难，

〔1〕 这是施特劳斯所引洛克的原话。

也都会迎刃而解（页234）。

那么，洛克就完全与霍布斯的看法相同了么？施特劳斯认为并非如此。洛克站在了霍布斯自然法的立场之上，但是，洛克得出的结论却与霍布斯不同。洛克想要证明的是，霍布斯所说的自我保全的权利，远不是有利于专制政府，而是有利于有限政府。故而，政府不能以强力或征服合法地建立起来，必须要经由“同意”建立起来。但是，这种经由同意建立起来的政府，尽管有诸多限制，仍不失为一个霍布斯意义上的“利维坦”（页236）。洛克认为，他的这种利维坦，比之霍布斯的利维坦，为个人的自我保全提供了更大的保障（页238）。还有一个要紧之处就是，在洛克看来，对于自我保全和幸福来说，财产是基本的前提，因而，政府要想为个人的自我保全提供更大的保障，就必须把保护财产作为其最重要的目的。论述至此，施特劳斯就把中心转到了洛克的财产学说上面了（页239）。

在探究洛克的财产学说时，施特劳斯首先指出，这“实际上差不多是他的政治学说中最核心的部分”。并且，正是财产学说使得洛克的政治学不仅与霍布斯的政治学有了区别，也与传统学说有了明显的差异。

在施特劳斯看来，洛克财产学说的逻辑大体可以表述如下：

财产的正当性源于劳动——人类对大自然的劳动，“劳动是与自然权利相符合的唯一的占有财产的资格”（页241）。那么，占有有没有限度？如果有的话，限度是什么？洛克说，占有唯一的限度就是，你不能占有过多自己用不掉的东西（比如桃子李子这类可以烂掉的东西），但是对于金银这样的烂不掉的东西，占有就没有限度。然而，无限积累财富岂不就会证成贪欲的正当性吗？不是！“洛克并未荒诞不经到通过诉诸并不存在的绝对的财产权，来论证释放贪欲的合理性。他是以唯一可以得到辩护的方式来论证释放贪欲的合理性的：他表明那是有利于共同利益、公共幸福或社会的现世繁荣的”（页247）。正是贪欲造成了富足。因此，真正的工作是以人们不满足于他所需要之物为前提的。进而，真正的仁慈就不是施舍，而是贪欲，因为施舍只是减少了财产，而贪欲却是增加了财产（页248）。所以，政府必须保证因贪欲而获得的财产之安全，这样，社会和国家才会富足起来。施特劳斯说，麦迪逊说得好，他真正理解了洛克财产学说的精髓，因为他说：“政府的第一要务就是保护获取财产的不同的和不平等的能力”（页250）。而在洛克的时代，毫无节制地获取财富是不义的，在道德上是错误的。这样，我们就明白了洛克财产学说的革命性了。施特劳斯指出，这种革命性，不仅是对圣经传统的反叛，也是对哲学传统的反叛。在洛克的这种反叛之后，个人和自我成了道德世界的中心和源泉。从此，再也没有以启示或自然的名义限制欲望的可能性了。从此，人类的创造性活动成了世界的最高主宰（页253）。而这种对无限获取财产以获得幸福生活的强调，必然会导致享乐主义的结果。这种享乐主义，必然最终又会导致政治的享乐主义。施特劳斯说，这正是洛克政治理论的本质（页254—256）。

由此看来，施特劳斯一定要从思想的方方面面都把洛克续接到霍布斯之后，并认为洛克已经与基督教的和古典的思想完全断裂了联系。施特劳斯对洛克的这种解释，在当时以及后世所引起的反响和争议非常深巨，因为这就意味着，秉承洛克思想而建立的以美国为代表的现代自由主义政制，其实并不是基督教或古典传统的延续。相反，这种以财产、享乐为核心目的的现代自由主义政制，是一种几乎全新的东西，而这种全新的东西，不一定是好的东西。

三、施特劳斯重评洛克的自然法学说

施特劳斯在 1952 年发表《论洛克的自然权利学说》一文时，以及他在 1953 年出版《自然权利与历史》一书时，所引用的资料尚且都是 1824 年伦敦出版的九卷本洛克文集中的内容。施特劳斯在这两篇文献中对洛克自然法思想的研究，引用的也是这些资料，他只不过是把人们探讨洛克自然法思想的资料引用范围从《人类理解论》和《政府论》扩展到了《基督教的合理性》等其他著作。但是，仅仅这一做法就已经引起了其他洛克研究者甚至自由主义思想界的非议。不成想，在施特劳斯的《自然权利与历史》出版仅仅一年之后，就有学者从牛津大学拉夫雷斯馆藏中整理出了洛克早年关于自然法问题的专门著述。[1]整理者也是翻译者，因为洛克的这部著作是用拉丁文写作的。整理者莱登同是犹太裔德国人，比施特劳斯小 12 岁

〔1〕参见 John Locke, *Essays on the Law of Nature: The Latin Text with a Translation, Introduction, and Notes; Together with Transcripts of Locke's Shorthand in His Journal for* 1676, ed., by W. von Leyden, Oxford, Clarendon Press, 1954.

(施特劳斯生于1899年，莱登生于1911年)，于1939年到达英国。当他整理洛克的自然法手稿时，正任教于达拉姆大学（Durham University)，作政治哲学的教学工作。莱登后来也参与了克拉伦敦版洛克英文书信集的编辑工作。

莱登整理翻译的这部自然法著作，是拉夫雷斯藏稿中最重要的洛克著作。“洛克未发表的哲学手稿中，最重要的是刊印在目前这部著作中的有关自然法的一系列早期论文以及若干随笔论文，其抄本也一并置于本书中”。[1]在考察洛克的自然法论述出现的背景时，莱登主要就是考察这些散论与当时的其他人——如洛克的友人泰瑞尔（James Tyrrell）——关于自然法的论述之间的关系（泰瑞尔于1692年出版了自己的著作，即《有关自然法的简要研究》〔*A Brief Disquisition of the Law of Nature*〕)。莱登经过考察后指出，泰瑞尔曾经劝告洛克出版这些自然法篇章，以为自己辩护，因为当《人类理解论》出版之后，其中第一卷对自然法的简单论述曾被人指责为霍布斯主义。那就是说，如

〔1〕 参见莱登为洛克《论自然法则》所作导论，徐健等译，上海：华东师范大学出版社，2014年。下文引用只标“莱登导论”。

果洛克出版了早年这些关于自然法的论述，就可以表明洛克不是霍布斯主义者，而是比较正统的自然法思想家了。那么，为何洛克并未出版这些自然法论述呢？既然自然法是洛克思想的基石性观念？[1]就是循着这样的思路，莱登考察了洛克并未出版这部自然法论述的几个可能原因。但是，这种考察对于理解洛克的自然法思想来说似乎无关紧要。

关键是莱登在考察洛克这些自然法论述的思想渊源时所持的基本观点。莱登指出，在创作这些自然法论述之前，洛克还有两篇关于公民官员的文章，这两篇文章，从内容上来看，应当是这些自然法论述的前奏。而“洛克关于公民官员的两篇论文引用了理查德·胡克尔和罗伯特·桑德森的著作。在拉丁论文中，引用的内容涉及到胡克尔和桑德森各自对法律的定义，有趣的是，胡克尔关于法律的定义几乎毫无改变地保留在洛克的第一篇自然法论文中”。胡克尔是洛克后来在《政府论》中引为权威的（不管是真是假）基督教

〔1〕“自然法作为洛克整个体系的基石性观念，在他的任何公开出版的著作中都未得到充分论述，甚至对它的研究也特意被隐没，这的确是一个奇怪的事实，许多评论家也对此甚为不解”。参见莱登导论。

思想家，桑德森是谁呢？“从1660年10月直到他1663年去世为止，桑德森一直是林肯的主教”。并且，“在1646年，当作为王室神学教授的桑德森身在牛津时，发表了七场名为《论遵守誓言的义务》（*De Juramenti Promissorii Obligatione*）的演讲，1647年这些演讲得以发表，查尔斯一世（Charles I）于1655年将其译为英文。我们几乎可以肯定，洛克的自然法思想源自这些演讲，特别是第六篇论文开篇就出现的一些对法律和道德的区分”。[1]也就是说，莱登认为，洛克关于自然法的这些论述，与基督教神学家的论述，有着千丝万缕的关系，甚至有很多内容直接取自基督教神学家的论述。因此，除了亚里士多德、西塞罗这样的异教思想家外，洛克还深受托马斯、苏亚雷斯这些基督教思想家自然法观念的影响。并且，如果与17世纪的其他世俗主义自然法思想家相比较，洛克的自然法思想还体现出了更多的形而上学和神学品质。

有趣的是莱登对洛克与霍布斯之间关系的考察，也可能正是这一考察，激怒了施特劳斯。莱登认为，一方面，“洛克的自然法论文与霍布斯的学说有着隐秘

〔1〕 参见莱登导论。

的关联”，另一方面，“洛克对霍布斯大体上报之以主动挑起争论的态度，但似乎我们可以公正地这样说，正是凭借霍布斯全新的观点所具有的发人深思的力量，洛克及其同伴才被迫发掘出自然法理论中所有可能的含义，并应对任何极端立场的挑战”。也就是说，在莱登看来，洛克固然受到霍布斯思想的启发，但是，受到启发不等于赞同，受到启发之后也完全可以表示反对。所以，“任何试图研究洛克与霍布斯关系的人，都必须将其放在17世纪反对霍布斯主义的恰当的历史背景当中”。莱登的这一看法，其实是要把洛克与霍布斯之间的思想联系彻底斩断。甚至，我们可以假设，如果莱登读了施特劳斯在1952年发表的关于洛克的自然权利论的论文，那么他的这一论断，就是直接针对施特劳斯而发的。

在为洛克的自然法论述所作的长篇导言中，莱登后来又考察了洛克与普芬道夫自然法思想的关系。莱登说，洛克“明确地采用了普芬道夫的法律观，即法律是上帝意志的表达，同时洛克还主张，自然法不能被认为是基于人们的一致同意而产生的”。在解说洛克自然法思想与“卡尔弗韦尔（Nathanael Culverwel）这个……刺激了洛克……自然法学说产生”的人的关系时，莱登进一步指出，他们二人都“具有忠于加尔文主义的隐秘特征”。也就是说，洛克自然法思想的根源，仍然很可能就是传统的基督教自然法思想。

莱登整理翻译的洛克自然法作品出版之后，鉴于莱登的解读方法和得出的观点，施特劳斯很快就勇敢地对这种与自己的看法相反的洛克解释提出了质疑。在1958年发表的关于莱登所译洛克自然法文集的书评中，[1]施特劳斯指出，尽管洛克的自然法论集在有些地方似乎是承续了基督教的托马斯自然法思想传统，但是，洛克却是隐晦地离开了那一传统：

---

〔1〕 Leo Strauss, Locke's Doctrine of Natural Law, *The American Political Science Review*, Vol. 52, No. 2 (Jun., 1958), pp. 490-501. 可能正是为了批评施特劳斯的这篇文章以及施特劳斯在《自然权利与历史》中对洛克的解释，著名的洛克研究专家约尔顿（John W. Yolton）在1958年发表了《洛克论自然法》一文，直接针对施特劳斯的解读开战了，约尔顿说，“重新评价洛克的自然法的另一个缘由，就是列奥·施特劳斯最近提出的颇为歪曲的解释”，参见 John W. Yolton, Locke on the Law of Nature, *The Philosophical Review*, Vol. 67, No. 4 (Oct., 1958), pp. 477-549。正是在施特劳斯这篇文章的影响下，并根据施特劳斯总体所论的洛克的精神，施特劳斯的弟子后来重译了洛克的这部自然法论著，并本着施特劳斯的解读精神为新译本作了完全不同于莱登译本的长篇导言。参见 John Locke, *Questions Concerning the Law of Nature*, ed., and trans., by Robert Horwitz, Jenny Strauss Clay, and Diskin Clay, Cornell University Press, 1990.

> 在所有这些地方，洛克或多或少遵循了传统自然法的教义，尤其是托马斯·阿奎那的自然法理论，洛克甚至有一次还提到了阿奎那（第116页）。相应地，在这些论文中，洛克对与人的自然义务（natural duties）相区别的自然权利（natural rights）以及“自然状态”（the state of nature）近乎完全保持沉默。洛克通过否认自然法铭刻在人们心中，并否认它可由人的自然倾向（natural inclination）或一致同意而为人所知，而背离了传统，对传统未置一词。[1]

因此，怎么能说洛克主要继承并延续了托马斯主义的自然法传统呢？恰恰是偏离。并且，尤其是从洛克关于自然倾向的反托马斯主义观点来看，他正好是一位霍布斯主义者：

> 据此我们似乎可以推断出，这些自然法的原则并非像托马斯所认为的那样是不可证明的，而如霍布斯所认为的那样“不过是推论”。霍布斯

〔1〕 Leo Strauss, Locke's Doctrine of Natural Law, *The American Political Science Review*, Vol. 52, No. 2 (Jun., 1958), pp. 490-501. 下文引用只随文标明“《洛克的自然法学说》”。

对这些自然法论文的影响，最明显地体现在拒绝将一致同意作为自然法知识的一个来源上（比较《论公民》(*De cive*) II. 1)，更不用说对自然法与自然权利之间的清楚界分了（第110页）。(《洛克的自然法学说》)

施特劳斯还指出，由于受成见的影响，译者莱登尽管在阅读和翻译的过程中有时遇到了困难，而感觉到洛克“信奉某种不以上帝存在为前提的自然法（第52，198页)”，但他却未能突破成见的影响，而仍然甚至不惜以错误的翻译，来强行理顺洛克自然法思想疙里疙瘩的表达，其中，对“神”(Deus，God，dues，a god）的翻译就是一例。这就表明，“由于其教条主义，编译者对洛克学说的兴趣要么只是出于纯粹的考古癖，要么必定缺乏某种哲学上的关切，而没有这种关切，要想对哲学学说有足够的理解是不可能的”(《洛克的自然法学说》)。

在作了种种对洛克自然法文集内容的具体考察后，施特劳斯得出结论说，“上述观察不免使人暗暗想要在这些自然法论文中寻找自然法的替代物或至少是传统自然法学说的替代物”。而实际上，“洛克的这些早期论文清楚地显示，自其生涯开端，他便对传统的自然法学说抱有怎样的怀疑”。施特劳斯甚至还得出结论说，“洛克比人们通常所认为的更接近于马基雅维利”（《洛克的自然法学说》）。

其实，1958年的1月，当施特劳斯在芝加哥大学政治系开讲洛克时，就把半个学期的时间花在了带领学生解读洛克的《论自然法》，解读的方向，一仍其旧，与施特劳斯早在1953年出版的《自然权利与历史》一书中对洛克的解读一脉相承。在施特劳斯看来，新近翻译出版的洛克早年的自然法著作，不仅没有推翻他在未曾看到这一资料的情况下对洛克的自然法思想所作的判断，反而进一步证明了他早在1953年、甚至在更早的时候对洛克所作判断是正确的。这一判断就是，洛克完全不是什么基督教神学家的后裔，而是霍布斯的隐秘传人。

四、施特劳斯的洛克解释之意图

前文已经说过，如果追溯施特劳斯对洛克的研究的话，其实早在《自然权利与历史》一书出版前三年，或在《论洛克的自然权利》一文发表之前两年，施特劳斯对洛克思想品质的判断，就已然显现了端倪。

1950年，在评论高夫的《洛克的政治哲学》一书时，施特劳斯就说，尽管高夫使用了最新的拉夫雷斯洛克藏稿，但其处理方法并无新意。“高夫一方面把洛克看作是某个传统的代言人，另一方面又把他看成现代意见的代言人”。[1]但高夫其实没有看到，“反对众人的同意并试图将自然法与享乐主义结合在一起，就预设了与传统方法的彻底决裂”。[2]在与传统方法决裂之后，洛克在自然法这个最重要的问题上，追随的恰恰是霍布斯。

如果说霍布斯在宣称自己与古典自然法思想决裂时，态度坚决，毫无隐晦，那么洛克就不是这样——他主动地把自己接续在了托马斯自然法思想的正统传人胡克尔之后。因此，在施特劳斯关于洛克发表的仅有的几篇文章中，他对洛克最惊世骇俗的解释就是，在作为洛克政治哲学基石的自然法问题上，洛克实际上是一个霍布斯主义者，只不过，由于洛克“超乎寻常的审慎”，才使他自始至终一直小心翼翼地掩盖这

〔1〕 施特劳斯，《什么是政治哲学》，李世祥等译，北京：华夏出版社，2011年，295页。
〔2〕 施特劳斯，《什么是政治哲学》，298页。

一点，以免人们像对待霍布斯那样把自己骂作异端和无神论者。[1]

那么，施特劳斯为何一反常论，这样去解读洛克？除了洛克的文本关于自然法以及其他问题的论述确实表现出了诸多前后矛盾之处外，还有其他原因吗？

我们仍需回到《自然权利与历史》讨论洛克的章节去追寻答案。

前文一再说到，在这半章内容中，施特劳斯把洛克这位现代政治之父、这位似乎继承了古典和基督教自然法传统的人物，接续到了霍布斯之后，而认为洛克是霍布斯的隐秘传人。正是这一点，让施特劳斯在洛克学界乃至自由民主思想家那里激起了轩然大波。由于洛克与现代政治之间人所共知的关系，西方世界的洛克研究，在施特劳斯之前，大体上一直就可以被视为自由民主派占据的天下。关于洛克的纯粹学术研究，也几乎一直是在为现代自由民主思想家提供材料。在这种研究中，洛克一直被认为是现代政治学之父。自由民主派思想家认为，是洛克开创了正统的现代政

〔1〕 施特劳斯，《自然权利与历史》，168—169、211—213、225—226页。

治思想，也即自由民主的政治思想。并且，这种现代自由民主的自然权利思想，固然与古典和基督教政治思想中的自然法观念有所不同，但是，究其实质，洛克的自然权利观念在最重要的问题上还是延续了这两种古代思想中的自然法观念。因为，无论是洛克的自然法和自然权利观念，还是这两种古代自然法观念，都认为在现行的国家政治法律制度之上，应该有一种超越性的正义理想，这种正义理想，必须指导现行的国家政治法律制度。因此，在这种意义上，西方现代自由民主的政治法律制度，就与古典的和基督教的上述观念，有了相当大的承续关系。至少，在有一个超越现行政治法律制度之上的指导性正义结构这一点上，古典思想和基督教思想，与以洛克为代表的现代思想之间，是高度一致的。

既然洛克思想与古典的和基督教的思想有承续关系，那么洛克思想的革命之处又体现在哪里？这对施特劳斯以外的洛克研究者来说，其实是一个很大的难题。因为洛克的思想表达，可不像霍布斯那样决绝——明确地、毫不犹豫地与古典思想、特别是基督教思想划清界限，甚至斩断几乎一切关联。洛克的表达，似乎更与古典思想、尤其是与基督教思想，有着千丝万缕的联系。在这种千丝万缕的联系中，我们如何去发现洛克政治思想的革命性？

现代一般的洛克研究者说，洛克思想的革命性就在于，他保留了古典和基督教自然正义的思想方式，但是，洛克把自然正义的内容改变了：自然正义不是要由哲学家或神学家去发现的，人民才是发现者——只有人民才是自然正义的基础。人民的这种自然正义就是政治正义，也即，只有人民共同同意的政治正义，才是真正的自然正义，因为真正的自然（人性），掌握在人民手中。而古典哲人和基督教神学家恰恰认为，自然（人性）不是由人民去发现的，哲人和上帝才是自然的发现者或确定者。所谓自然的正当，其实是人内在的超越动物性的正当。由于内在于人而能够超越动物性的恰恰是理性，故而自然正当也就是理性的正当。而理性恰恰告诉我们，人之所以能为人、能不同于动物，原因就在于人能用理性来克制和约束自己身上的动物性（欲望）。洛克说，理性固然是人性中极为重要的一部分，可是，这一部分的使用之目的，不仅仅是为了凸显人之不同于动物处，其目的更是为了能保障人的动物性（欲望）之实现。换言之，人的理性之重要，更显现在人能用理性去实现动物不能实现的欲望——更加舒适地生活，尽管这种更加舒适的生活，不仅包括身体感觉上的舒适，也包括了自由思想的舒适。

洛克是不是取消了古典正义观对人的分层理论？看来似乎就是这样。那么他是如何做到这一点的？在基督教之前的古典哲人那里，并非所有人都是自然正义的发现者，尽管所有人都有理性。所有人在欲望上都有相同之处，哲人和普通人一样，但哲人的理性程度要高于普通人，故而他们才可以发现真正的自然正当。基督教的思想家说，神学家可以发现自然正当，因为神学家的理性似乎要高于普通人，但是基督教思想家作了一个重要改变——一个相对于古典哲人来说很重要的改变，这一改变就是，所有人在动物性欲望上都是相同的，所有人也都有理性，而理性的能力高低，至少就对自然法（上帝永恒法的一部分）的发现来说，所有人都是潜在相同的，即所有的人，只要想去发现，就都能发现上帝用来约束人的自然法。在这个层面上，人们互相之间都是平等的。这么说来，洛克关于人能发现自然法的论述，确乎更近于基督教而非更近于古典思想。于是便有了下述问题：基督教自然正义观与洛克的自然正义观是什么关系？与古典自然正义观又是什么关系？在《自然权利与历史》一书中，施特劳斯对作为古典自然正义观之一种类型的基督教自然正义观，语焉颇为不详，这就为我们理解这些问题设下了障碍。难道洛克之接近基督教自然正义观并不错，而只是从基督教开始，就把古典自然正义观即哲人的自然正义观毁掉了？也就是说，洛克——至少施特劳斯的洛克——是通过基督教的自然正义观获得了他自己的这种人人平等的现代自然正义观念？甚至，洛克的现代自然正义观，与基督教的这种所谓“古典”自然正义观，并没有实质上的差别，而只不过是有没有神学前提作为基础——而这一点恰恰并不重要？

更要紧的是，我们今天所处的世界，不仅在思想背景上、而且在政制的设计上，都必须是洛克式的。换言之，至少通过美国的建国这样一个历史事件，洛克的以追求生活舒适和思想自由为最终目的的现代政治哲学，已经成了所有政制唯一正当的选择。尤其是在今日，哪里的政制建设要是不按照这种洛克式的政治哲学及其具体政制设计来进行，哪里的政制建设便不具有正当性。而这样一种普世同质国家的正当性，在施特劳斯看来可能恰恰会毁掉人类的未来。

施特劳斯一生的志业在于站在古典的立场上批判现代性，尤其是站在古典政治哲学的立场上来批判现代性政治哲学。[1]现代性政治哲学最核心的观念就是自然权利观念，自然权利观念在现代历史中最典型的代表文本就是美国的《独立宣言》和《合众国宪法》，而这两个历史性文件都深受洛克自然法和自然权利思想的影响。[2]多数人都认为，洛克的思想能为现代政治哲学打下基础，是因为他继承了古典政治哲学、尤其是基督教政治哲学中的德性要素，因此洛克的自然法和自然权利思想就为现代政治哲学奠定了德性根基。这样一来，在古典政治哲学与以洛克为代表的现代政治哲学之间就不存在断裂，现代政治哲学与古典政治哲学是一脉相承的。殊不知，洛克的这种将人的“自然（本性）”主要视为人的动物性欲望的哲学理论，一旦掌握了群众，就会获得无比巨大的力量，从而成为群众性的政治哲学。而这种主要以每个人的欲望为基础的群

---

〔1〕 参见甘阳，《政治哲人施特劳斯：古典保守主义政治哲学的复兴》，《自然权利与历史》中文版导言，前揭，1—82页。

〔2〕 Jerome Huyler, *Locke in America: The Moral Philosophy of the Founding Era*, University Press of Kansas, 1995; George M. Stephens, *Locke, Jefferson, and the Justices: Foundations and Failures of the US Government*, Algora Publishing, 2007. 在施特劳斯之后，也有不少反思性的著作出版，参见 Paul L. Nevins, *The Politics of Selfishness: How John Locke's Legacy is Paralyzing America*, Praeger Pub, 2010。

众性的政治哲学，就是我们今天的政治哲学。这样一种政治哲学，与真正的古典政治哲学，有何相干？

施特劳斯批判现代性政治哲学，其隐含的现实目标就是美国。但是，正如施特劳斯所言，以自然权利理念为主导的现代政治哲学的目标在于建立“普世社会”和“开放社会”，[1]这样一种立足于知识而非意见的现代社会是理性主义和普遍主义的社会，其根本的现实政治理念就是民主、自由、人权等概念的普世化。但是，这些观念正是现代人以科学名义持有的神圣不可侵犯的“意见”。深得隐微写作术三昧的施特劳斯，自然不会冒险公开去批判这样的现代意见。甚至，由于生活于美国这样一个开放社会当中，施特劳斯有时（虽然极少）还会非常讲究策略地赞扬这个国家的政治哲学原则。比如说，在1953年受沃格林基金会资助于芝加哥大学举行马基雅维利讲座时，施特劳斯就说：“美利坚合众国可以说是世界上仅有的一个国家，奠基于明显与马基雅维利主义相对立的原则之上。……尽管今天自由已不再为美国所专有，然而美国仍然

[1] 参见甘阳，《政治哲人施特劳斯：古典保守主义政治哲学的复兴》，前揭，66—68页。

是自由的堡垒。而当代的专制暴政，其源概出于马基雅维利的思想，概出于关于为了达到目的可以不择手段的马基雅维利原则。美国的现实与美国的理想密不可分，至少在这个意义上，我们不懂得与之截然对立的马基雅维利主义，就不会懂得美国的政制”。但是，施特劳斯紧接着就指出，情况其实并不像潘恩在《人权论》中所描述的那样，即旧世界的所有政制都建立在罪恶的基础上，而美国立足的基石却是自由和正义，问题要复杂得多……美国建国时代影响甚巨的现代自然权利和人权思想的布道者潘恩，当然是洛克的传人。施特劳斯甚至还借助假设的马基雅维利之口说：“美国之所以成为伟大的国度，不仅归功于它习以为常地坚持自由和正义的原则，而且同时也归功于它偶尔为之地背离这些原则”。这些话显然是修辞，但是，美国自立国以来宗奉的政治哲学在施特劳斯眼里究竟是什么，岂不是有点明白了吗？否则连他自己都不能说明，为何他一方面说美国的建国原则与马基雅维利的原则截然对立，而另一方面又要把霍布斯接于马基雅维利之后，最关键的是，他进而又把洛克接到了霍布斯之后。但是，受到自由主义政制庇护的施特劳斯在这里只能隐晦地说，问题还要

复杂得多……[1]

于是，为了完成理论的批判和政治的批判，施特劳斯去追索这种现代政治哲学的源头，《霍布斯的政治哲学》就是施特劳斯这一追寻的结果。如果说施特劳斯在霍布斯那里发现了现代政治哲学的源头，即现代自然权利观念发源于霍布斯，[2]那么，他在十几年后

---

〔1〕 施特劳斯，《关于马基雅维利的思考》，申彤译，上海：译林出版社，2003 年，6—7 页。

〔2〕《霍布斯的政治哲学》德文初版发表于 1936 年。二十二年后的 1958 年，施特劳斯发表《思考马基雅维利》一书，将自己的思考前推至马基雅维利，认为马基雅维利才是现代政治哲学的开端。施特劳斯在发表《思考马基雅维利》一书之前五年（1953 年）发表《自然权利与历史》一书时，已经思考过这一问题，所以他才说："他（韦伯——引者注）没能看到的是，在 16 世纪中，发生了一场有明确意识的与整个哲学传统的断裂，……断裂始自马基雅维利，引发了培根和霍布斯的道德教诲"。参见施特劳斯，《自然权利与历史》，63 页注释。"发现了霍布斯能够将其屋宇建立于其上的那块大陆的，是马基雅维利——那个更加伟大的哥伦布"。霍布斯只不过是"明确的现代自然法学说的经典作家和创立者"。参见施特劳斯，《自然权利与历史》，181—183、186 页。施特劳斯为何修正自己的观点，以及这种修正的意义何在，尤其是，在对待以苏格拉底政治哲学传统和基督教政治哲学传统为代表的古典政治哲学传统时，马基雅维利和霍布斯有何不同，是一个很重要的问题。施特劳斯曾语焉不详地说过："要准确理解亚里士多德关于自然正义的学说与马基雅维利主义之间的分别，这一点很重要。马基雅维利否认自然正义……"。参见施特劳斯，《自然权利与历史》，164 页。但我们都知道，霍布斯却强调自然正义（权利），不管他所强调的是否亚里士多德意义上

的《自然权利与历史》一书中把洛克解释成隐藏的霍布斯主义者，就是想说，既然霍布斯加入了伊壁鸠鲁的传统，认为人天生是非政治甚至非社会的动物，认为善从根本上说等同于快乐，并因此成了政治享乐主义的创始人，[1]那么暗中追随霍布斯的洛克，自然也应接于伊壁鸠鲁传统之后，而洛克的自然权利理论，当然也便是“低俗而稳固”的“现实主义”的政治哲学。进而，以美国为代表的、宗奉洛克政治哲学、标榜自然权利的现代自由民主政制，其本质是什么，不就清楚了吗？然而，施特劳斯认为，这仍然没有点出最终的要害。所以在后来的一次题为“现代性的三次浪潮”的演讲中，施特劳斯又说，“那第一个把所有先前的政治哲学当作在根本上不充分甚至不健全的东西明确加以拒斥的政治哲学家是谁呢？回答这个问题并无困难：此人便是霍布斯”。然而，施特劳斯又进一步指出，霍布斯只不过是用一

（接上页）的自然正义。在此，我们仍以施特劳斯前期的看法——即霍布斯是现代政治哲学的开端——为坐标，因为我们的问题主要是探究施特劳斯为何要把洛克解释成霍布斯主义者。

〔1〕 施特劳斯，《自然权利与历史》，172 页。

种相当具有原创性的方式做了这件事而已，“更精细的研究表明，霍布斯与政治哲学传统的彻底决裂只不过是接着（即便以一种相当有原创性的方式）马基雅维利首创的东西说的”。[1]所以，美国的建国原则，确实是洛克的现代政治哲学，但实质上，这种现代政治哲学的根基，却是马基雅维利的那种低俗而稳固的现实主义政治学问。

故而，施特劳斯在专门讨论洛克的几篇文献中把洛克接于霍布斯之后，而非接于古典政治哲学传统之后，实有他自己的深刻道理：通过批判霍布斯批判洛克，通过批判洛克批判以美国为代表的现代自由民主政制。虽然身处美国，但施特劳斯很少对美国的历史和现实政治发表意见；虽然身处自由民主意识形态盛行的时代，施特劳斯也很少直接对这样一种意识形态发表意见。但是，施特劳斯在自己的学术工作中，却一直在暗暗与现实政治和时代的意识形态角力，并通过引领学生们重读古典，而为未来的政治

[1] 施特劳斯，《现代性的三次浪潮》，见施特劳斯，《苏格拉底问题与现代性》，刘小枫编，彭磊、丁耘译，北京：华夏出版社，2009年。

哲学探索方向。[1]

---

〔1〕当然，并非没有人对施特劳斯的洛克解释提出批判和异议。因为施特劳斯的这一解释，暗中直指以美国为代表的现代自由主义意识形态，因此颇遭自由主义学人和一些洛克研究专家忌恨，参见 John Yolton，"Locke on the Law of Nature"，*Philosophical Review* 67 (1958)：477—498；John Dunn，"Justice and the Interpretation of Locke's Political Theory"，*Political Studies* 16，No. 1（1968），pp. 68-87。就连施特劳斯的弟子雅法，也在自己的著作中一再重述苏格拉底—柏拉图—亚里士多德—阿奎那—胡克尔—洛克这一自然法传统。参见雅法，《分裂之家危机》，韩锐译，赵雪纲校，上海：华东师大出版社，2007 年；以及雅法，《自由的新生》。谭安奎译，赵雪纲校，上海：华东师大出版社，2008 年。施特劳斯的另一个弟子朱克特专研洛克政治哲学和美国建国时代政治思想史，他对洛克的解释虽然也受施特劳斯的影响，但却认为洛克的自然法思想极不同于霍布斯。朱克特认为，正是由于洛克继承了中世纪的自然法传统，并以之改造了霍布斯的自然法观点，才开创了新的政治自由主义。这意味着，以美国为代表的政治自由主义有着内在的正当性。参见 Michael P. Zuckert，*Launching Liberalism：On Lockean Political Philosophy*，University Press of Kansas，2002. 以及 *Natural Rights Republic*，*Studies in the Foundation of the American Political Tradition*，University of Notre Dame Press，1996。甚至在将近十年以前，在施特劳斯派内部，关于施特劳斯对洛克的评价问题，也产生了很大争议，参见施特劳斯弟子斯托内（James R. Stoner，Jr.）与朱克特（Michael P. Zuckert）的争论。James R. Stoner，Jr.，"Was Leo Strauss Wrong about John Locke?（《施特劳斯的洛克错了吗?》）" Michael P. Zuckert，"Perhaps He Was（《或许他是错了》）"，and James R. Stoner，Jr.，"Not So...（《并非如此……》）" in *The Review of Politics*，Vol. 66，No. 4（Autumn，2004），pp. 553-573。

双重写作与启蒙

施特劳斯与托兰德问题

刘小枫

（中国人民大学文学院）

> 你要当心，勿让这些话传到没有教养的人们那里。
>
> ——柏拉图，《书简二》（彭磊译文）

在二十世纪的西方学界，施特劳斯引发了诸多重大学术争议，比如重提双重写作——显白/隐微写作——所引发的争议。众所周知，双重写作（the two-fold Writing）这一古典传统与所谓双重教诲问题相关。施特劳斯基于自己的研究重新表述了这个传统，最集中的表述见于专著《迫害与写作艺术》。[1]然而，施

[1] 施特劳斯，《迫害与写作艺术》，刘锋译，北京：华夏出版社，2012年。

特劳斯在表述这一古典传统时，对十七世纪末、十八世纪初出现在英伦群岛上的一批擅用双重写作的哲学家一笔带过，甚至对其代表人物托兰德只字未提。

十七世纪中叶以来，英格兰和爱尔兰出现了一批被称为“自然神论者”（Deists）或“自由思想者”（Free-thinkers）的智识人。他们的著述和文章直接启发并激励了十八世纪的法国启蒙智识人，史称启蒙运动的精神教父——托兰德（John Toland，1670—1722）就是其中的代表人物。简单来讲，自然神论指的是凭靠自然理性来解释宗教，暗中否定在当时具有政治法权的基督宗教所具有的启示权威。由于这种新派哲学在当时有违基督教君主政体的政制基础，从而面临政治危险，自然神论者们不得不采用“在神学上撒谎的技艺”（the art of the-ological lying）——亦即掩饰（dissembling）或伪装（dissimulation）的“显白/隐微”双重写作手法来表达

（接上页）（凡下引此著，仅随文注页码）。此外还有两篇文章：《注意一种被遗忘的写作艺术》（收入施特劳斯，《什么是政治哲学》，李世祥等译，北京：华夏出版社，2011 年）和《显白的教诲》（收入施特劳斯，《古典政治理性的重生》，郭振华等译，北京：华夏出版社，2011 年）。

自己的哲学思想。[1]我们不能设想，施特劳斯并不知道这一思想史的情形，尤其不能设想他会不知道托兰德。毕竟，托兰德是西方文史上最早就双重写作手法与双重真理的问题写过专论的哲学家。他与斯威夫特是同时代人，自称洛克的学生，而且与莱布尼茨相熟（两人曾有书信往来）。倘若如此，施特劳斯在表述西方古典文史中的双重写作传统时为何闭口不提托兰德，就是一个值得追究的问题——不妨称之为托兰德问题。[2]这个问题与其说涉及的是施特劳斯与托兰德的关系，不如说

---

〔1〕参见 D. Berman，《自然神论，不朽与神学上撒谎的艺术》（“Deism, Immorrtality, and the Art of Theological Lying”），刊于 J. A. L. Lemay 编，《自然神论、共济会与启蒙》（*Deism, Masonry, and the Enlightenment*），Newark 1987，65—71 页。自然神论的中译文献，参见休谟，《自然宗教对话录》，陈修斋、曹棉之译，北京：商务印书馆 1962 年；休谟，《人类理解研究》，关文运译，北京：商务印书馆 1962 年，97—145 页。赵林主编“自然神论译丛”（武汉大学出版社 2006 年以降）：洛克，《基督教的合理性》（王爱菊译）；赫伯特，《论真理》（周旋毅译）；廷得尔，《基督教与创世同龄》（李斯译）等。

〔2〕施特劳斯如何注意到双重写作传统，曾是学界感兴趣的一个问题。按施特劳斯自己的说法，这是得自阅读色诺芬的著作。朗佩特对此表示怀疑，他认为施特劳斯更可能从近代作家尤其莱辛那里得到启发。朗佩特甚至暗示，托兰德的《掌管钥匙的人》一文也启发了施特劳斯，因为《迫害与写作艺术》与这篇文章“类似”。参见朗佩特，《施特劳斯与尼采》，田立年、贺志刚译，上海：上海三联书店，2005 年，140 页注 3。

涉及的是启蒙与双重写作的关系。毕竟，十七至十八世纪的启蒙思想家非常自觉地用双重写作搞启蒙。

一、“自由思想”与双重写作

我国学界对托兰德并不陌生，由于他主张唯物论和无神论，史称启蒙思想的先驱。自上世纪八十年代以来，他的三种要著陆续进入商务印书馆的“汉译世界学术名著丛书”:《基督教并不神秘》、《泛神论要义》、《给塞伦娜的信》。[1]不过，尽管这位“自由思想家”以《基督教并不神秘》一书闻名欧洲甚至闻名华夏学界，他所引发的思想史事件迄今仍然笼罩在“神秘”的面纱后面——基督教并不神秘，托兰德却颇为神秘。[2]

---

〔1〕托兰德，《基督教并不神秘》，张继安译，北京：商务印书馆，1982/2012 年；托兰德，《泛神论要义》，陈启伟译，北京：商务印书馆，1997 年；托兰德，《给塞伦娜的信》，陈启伟译，北京：商务印书馆，2010 年——下引托兰德这三部作品，均随文注页码。

〔2〕上个世纪二十年代，托兰德就随着我国学界对“思想自由”的引介而进入中国。参见柏雷，《思想自由史》，罗志希译，上海：商务印书馆，1927/1934 年（此书晚近进入“汉译世界学术名著丛书”：伯里，《思想自由史》，周颖如译，北京：商务印书馆，2012 年）；樊炳清编，《哲学辞典》，上海：商务印书馆，1926/1935 年；海斯，《近代欧洲政治社会史》，曹绍濂译，北京：商务印书馆，1934 年。托兰德生平参见《基督教并不神秘》中译本（2012 年）所附“托兰德生平和著作年表”。

至少，我国学界迄今尚未注意到其论著的写作手法与其所要表达的哲学思想之间的关系。

托兰德出生在爱尔兰北部的海口城市伦敦德里（Londonderry）的一个天主教家庭，16 岁那年改信新教。17 岁时，托兰德东渡北海峡到苏格兰上格拉斯哥大学，随后转到爱丁堡大学继续学习。19 岁大学毕业后不久，托兰德在一位牧师的资助下到荷兰莱顿大学念了两年研究生。24 岁那年，托兰德回到牛津大学继续念研究生，在此期间动笔写《基督教并不神秘》。这本小册子正式出版那年（1696），托兰德年方 26 岁，其才学让欧洲学界惊讶。

《基督教并不神秘》（Chritianity not Mysterious）说的是，《圣经》的教诲并没有包含什么难以理解的启示奥秘，凭靠经过适当训练的理性，所有的信仰教条不仅都可以理解，而且可以按自然原理对启示作出合乎理性的解释。用自然理性来解释基督教信仰，在今天看来似乎自然而然，在当时却是严重的政治事件。因为，这种解释实际上否定了基督教信仰的启示来源，从而彻底抽掉了基督教信仰的根基。

《基督教并不神秘》出版的前一年，哲学家洛克在伦敦出版的《基督教的合理性》就已经用自然理性来解释基督教信仰。由于担心会招致宗教罪，洛克在出版这本书时用的是匿名。洛克的《基督教的合理性》至少从书名来看并不惹祸，因为，说基督教的信仰合乎理性，不等于否认基督信仰具有启示性质。由于《基督教的合理性》实际上否认了基督信仰的启示性质，我们就可以说，洛克采用的是显白/隐微写作手法来否定基督教信义的启示来源：表面上说基督教信仰合乎理性，是显白（可以公开）的说辞，实际上说基督教信仰不合乎理性，则是隐微（不可以公开）的说辞。事实上，通过阐发人的自然理性，洛克已经把自然理性确立为衡量宗教真理是否为真的依据，从而自然理性的权威取代了宗教的启示权威。在《人类理解论》中，洛克提出了著名的符合抑或不符合理性的宗教真理的区分，尽管这种区分承认不符合理性的宗教真理属于宗教的启示奥秘部分，实际上已经建立起用哲学的理性来评判宗教奥秘的思想法权。[1]既然用于认识自然界的科学方法对于认识存在的一切领域都具有绝对的合理性，科学的自然知识是衡量一切的尺

〔1〕 参见洛克，《人类理解论》，关文运译，第四卷，第18章“信仰和理性以及其各自的范围”，北京：商务印书馆，1962年，688—696页。

度，或者说，可以被感觉观察的东西，才是实在的或者可信赖并可证明的东西，那么，哲学家的自然理性才是判定世上所有真理的最终权威。

托兰德的《基督教并不神秘》的书名看起来与洛克的书目名相似："不神秘"的意思似乎就是合乎理性——然而，读过此书的读者都会看到，托兰德的意思与洛克一样：基督教信义并不符合理性。托兰德知道自己的书会惹祸，因此出版时也用的是匿名，以至于有人猜测是洛克写的。但《基督教并不神秘》出版后的第二年（1697），爱尔兰议会即宣布此书为坏书，下令焚毁并追究作者的刑事责任。托兰德逃往伦敦，索性用本名再版《基督教并不神秘》，随即爆得大名——当时有读书人因此称他为 Freethinker。于是，托兰德成为欧洲文化史上第一个被称为"自由思想者"的学人。可以说，"自由思想者"这个语词是因托兰德而发明的。

这一思想史事件对于我们认识启蒙运动的精神起源具有重大意义。首先，我们由此得知，与今天的一般含义或用法不同，所谓"自由思想"这个语词起初是"异端思想"的代名词，而所谓"异端"是相对于基督教信仰的正统教义而言的。第二，所谓"自由思想者”特指的是基于唯物观念的自然哲学家——由于唯物论主张无神论，“自由地思想”等于不受任何正统宗教信义约束“无神”地思考自然哲学之理。第三，在当时，只有极少数人能够如此思想，因为，谁要这样思想就得具备思考自然哲理的思辨能力——即便在今天，能看懂洛克《人类理解论》的大学生，在西方也并不多。按思想史家沃格林的看法，洛克心底里对启示的真理并无敬意毕竟还装得来有敬意。托兰德在“根本之处上”与洛克一致，但“思想更激进”，对基督宗教“更缺乏敬意”。他发展了洛克的思想，而且结论更直截了当，用哲学的理性来反对所有宗教。托兰德所“迈出的关键性一步”就“内在于洛克的观点所具有的逻辑中”——这一步就是：真正地开始“自由思想”。[1]

总之，所谓“自由思想”在当时特指新派哲学家的“思想”不受基督教会法权管辖，而“思想”（think）的具体含义则是指唯物论式的哲学思考。这种思考并非近代哲人的发明，而是来自古希腊的自然哲人——尤其德

---

〔1〕 沃格林，《革命与新科学》，谢育华译，上海：华东师范大学出版社，2009年，211—215页。

谟克利特以及随后的伊壁鸠鲁学派。因此，所谓“自然神论者”其实就是现代的自然哲人。唯物论与无神论几乎就是同义词：既然相信物质才是世界的本源，就不会相信上帝的创世论。在当时的欧洲，君主政体与基督教会在政制上一体，唯物论者攻击基督教会的信仰根基，自然也就是政治事件。《基督教并不神秘》出版后的第三年（1698），英国政府颁布 Blasphemy Act［渎神法案］，禁止违背《圣经》和诋毁基督教三位一体教义的论说，违者逮捕法办——这个法案与 1662 年的出版法案（Press Licensing Act）相呼应，构成了对所谓“思想自由”的“钳制”。如今，我们对“思想自由”的理解已经非常之宽泛，以至于会忽略这样一个思想史上的重大问题：政治共同体中的每个个人是否都能够通过哲学教育变得爱好自然哲学的思辨、进而获得这种思辨能力？要求每个人都具有自然哲学的世界观，就需要推行普遍的自然哲学教育——这就是启蒙的原初含义。如果少数具有自然哲学观念的人的这一愿望能够实现，就会出现一个普遍理性的政治社会，亦即用自然理性取代宗教信仰施行统治的社会。然而，如果实际上政治共同体中的大多数人受自己的天性所限不能够获得自然哲学的思辨能力，那么，社会秩序尤其社会的道德秩序的失序就不可避免，因为，宗教对人心的道德秩序的统治法权已经被哲学启蒙废除。

由此来看，自然哲人的“自由思想”的反面是受到禁锢或“钳制”的思想——我们必须问：受到谁的禁锢或“钳制”？从教科书上可以找到的答案是：受到教会的政治法权的禁锢或“钳制”。然而，这个答案事实上并不充分。严格来讲，“自由思想”更多受到的是人民大众的禁锢或“钳制”，因为，人民大众并不“信”自然哲学，而是“信”宗教——托兰德关于双重写作手法的著名论述证明了这一点。在50岁那年，托兰德出版了《四论集》(*Tetradymus*，1720，迄今尚无中译本)。这部书由四篇文章构成，题为《掌管钥匙的人》(*Clidophorus*) 的第二篇专论显白与隐微教诲的区分。[1]文章标题很长：

---

[1] John Toland, *Tetradymus*, London 1720/Kessinger Publishing 2009 (影印版)。全书由一篇序言 (Preface) 和四篇文章构成，文章均有双重标题 (拉丁文标题和英文标题)。第一篇题为 Hodegus. Or, the Pillar of Cloud and Fire, that Guided the Israelites in the Wilderness, not Miraculous: but as faithfully related in Exodus, a Thing equally practis'd by other nations, and in those places not onely useful but necessary; 第三篇题为 Hypatia: Or, the History of a Most beautiful, most virtuous, most learned, and every way accomplish'd Lady; 第四篇题为 Mangoneutes: Being a Defense of Nazarenus。

Clidophorus, or Of the Exoteric and Esoteric Philosophy; that is, Of the External and Internal Doctrine of the Ancients: The one open and public, accommodated to popular prejudices and the Religions established by Law; the other private and secret, wherin, to the few capable and discrete, was taught the real Truth stript of all disguises [掌管钥匙的人，或关于显白与隐微哲学；亦即关于古人的对外和对内教义：对外教义是公开、公共的，适应俗众偏见和靠法律建立起来的宗教；对内的教义是私下且秘密的，适应极少数有能力且低调的人，教给他们褪去了所有掩饰的实在的真理]。[1]

可见，“极少数”自然哲人的思想的对立面是“俗众偏见”，而“俗众偏见”与“靠法律建立起来的宗教”是一回事。这无异于说，“俗众偏见”具有政治法权，从而具有禁锢或“钳制”“极少数”自然哲人的“思想自由”的力量。正是由于担心受到“俗众

[1] 中译见刘小枫编，《托兰德与激进启蒙》，冯庆等译，北京：华夏出版社，2014 年。《掌管钥匙的人》全文共分 11 节，凡下引该文一律随文注 *Tetradymus*（2009 年影印版）页码。

偏见和靠法律建立起来的宗教”的迫害，托兰德在这篇文章一开始就说：

> 知道真理是一回事，告诉他人真理是另一回事：所有的人都承认自己钦慕真理，同时则很少有人能做到这一点，即，他本可以告诉别人真理，却没有告诉。（《掌管钥匙的人》，页63，冯庆译文，下同）

按托兰德的说法，“知道真理”的人是少数“天性热爱真理之人”（to be naturally fond of Truth），他们热爱真理胜于热爱财富或名声，不懒惰却不忙碌于俗事，而且不畏权威贵胄……这类“知道真理”的人指的就是自然神论者，因为他们知道的“真理”是关于自然本相的“真理”——比如，世界是由物质构成的，而非上帝造出来的。这种人并不把自己知道的“真理”告诉别人——为什么呢？因为，托兰德随之就说，还有另一类“知道真理”的人，他们是些“谲诈之徒”（cunning persons），宣称自己“可以将真理透露给其他人”，其实这不过是他们“统治他人的最好方式”。

> 他们自吹自擂，声称自己具有某种超凡脱俗的超自然知识，不受［理性］批判的规则（rules

> of criticism）约束，也不是可以被理解的对象。不但如此，他们还走得更远，公然宣称为了公共利益（public good）而撒谎是合法的；因为普通人（如他们所言）并不具备反思的能力，应被谎言所治，被动听的神话故事（Fables）诓骗，进而顺从他们的统治者（Governors）。（《掌管钥匙的人》，页64）

显然，这指的是各种宗教的教士，他们知道的“真理”与自然哲人所知道的“真理”不是同一个“真理”。自然哲人所知道的“真理”是凭靠自然理性的批判规则得来的，宗教的教士所宣扬的“真理”是所谓“超凡脱俗的超自然知识”，也就是一般意义上的宗教知识，这种“真理”经不起理性的批判规则的检验。然而，托兰德说，各种宗教的教士都不过是些“诡计多端的江湖骗子（Empirics）”，因为他们清楚自己的“所言不实、所论非理，早晚将被有识之士揭发（detected by men of penetration）”。可是，托兰德也知道，这类“江湖骗子”之所以要用“至高的超自然的知识”骗人民大众，是因为他们认为，“普通人（the common people）并不具备反思能力（being incapable of reflection）”——从而，他们自认为用“谎言”统治人民不仅“合法”(lawful),而且是“为了公共利益”(for public good)。换言之,作为现代的自然哲人,托兰德认为,“普通人并不具备反思能力”并非自然现象,而是作为教士的“江湖骗子”施行统治的结果。既然如此,自然哲人作为“有识之士揭发”“江湖骗子”的谎言,推行哲学的启蒙教育让普通人具备反思能力,才是真正的“合法”和“为了公共利益”——这就是自然哲人推行哲学启蒙的理据。

托兰德在文中所说的“江湖骗子”首先指的不是一般的教士阶层,而是人类史上各种文明宗教的创制者。他首先提到的是“一位名叫姆内维斯(Mnevis)的埃及国王”,他“通过佯装具有与上天沟通的至高权力来使其臣民服从”。然后,托兰德罗列了古波斯的琐罗亚斯特(Zoroaster)、古希腊的毕达哥拉斯、米诺斯(Minos),古罗马的努马(Numa),古中国的伏羲(Fohi)、古印度的佛陀,一直罗列到穆罕穆德和成吉思汗……(同上,页65)。这样一来,所有传统文明的宗教创制人都成了自然哲人的天然敌人。在基督教政制的语境中,托兰德把所有这些古典文明宗教的创制者说成“骗子”不会惹来政治麻烦,因为他们都是所谓“异教”的创制者。托兰德并没有提到耶稣,显然，如果他说拿撒勒人耶稣也是这样的人，就会招致政治罪。然而，在这段列举的最后，托兰德说：

> 西西里的狄奥多儒斯（Diodorus Siculus）以及其他古典作家并不畏惧将摩西与这些人相提并论，尽管摩西的律法是真正神圣的，其中未含半点缺陷与愚昧。(《掌管钥匙的人》，页64)

托兰德巧妙地假托古史家狄奥多儒斯之口说，摩西就是这样的人，无异于暗示耶稣也是这样的“骗子”——这就是托兰德的隐微笔法。

接下来托兰德就说到自然哲人与人类史上所有文明宗教的创制者们在生存论上的紧张关系。文明宗教的创制者们为了凭靠“谎言”来统治人民，就必须建立专制统治——在这种具有神性外衣的专制统治下，自然哲人要宣传自然的真理就得搭上自己的性命：

> 有人觉察到，建立在谎言之上的东西只能用暴力来支撑，进而要把质疑他们教诲的人判以重罪，极尽污蔑之能事来对待那些仅仅只是验证、更不用说怀疑他们观点的人。教士们（Priests）出于自身利益，总是在推行这种惩戒的法律；地方官员们（一方面由于其无知造成的迷信，一方面由于其在教士阶层的煽动下想要通过制度［Policy］来攫取

更多的法律允许范围之外的权力）则总是期待着以所谓“健康的严刑峻法”的名义来让那些法律生效。因此，对真理的宣传变得毫无立锥之地，除非牺牲一个人的性命，或至少他的荣誉和职位。这样的例子数不胜数。(同上，页65)

这样一来，追求自然真理的自然哲人们的生存处境自然而然就非常之危险。由此托兰德引出了双重写作的必要性：

因此，大多数民族的哲人和其他对人类有美好憧憬之人都受到这种神圣专制（holy tyranny）的钳制，不得不采用一种双重教谕；其中一层是通俗的，与俗众的偏见和既有的习俗或宗教相协调；另一种则是哲学的，与事物的本性一致，进而与真理相符。他们将大门紧紧关闭，在层层安全措施之下，只同公认正直、审慎且贤能的朋友交流。他们一般称这种双重教谕为“显白”和“隐微”，抑或“对外的学说”和“对内的学说”。他们采用的这一区分，以及他们通过这一区分采取的实践行动，正是我现在即将阐明的东西（亦即本文的主题）……（《掌管钥匙的人》，页65—66）

用今天的表达式来说，双重教谕是自然哲人应对政治迫害的双重写作“技艺”。如今所说的“专制”，托兰德用的是 tyranny（僭政），这无异于说，文明宗教的创制者们建立的政制是非法统治。在这种政制治下，凡用理性质疑、验证“他们的教诲的人都被判以重罪”，“对真理的宣传变得毫无立锥之地”。既然“大多数民族的哲人和其他对人类有美好憧憬之人都受到这种神圣专制的钳制”，除非牺牲自己的“性命”，他们无法坚持自己的哲学“真理”，他们就只有关起门来探究自然的真理，只与“正直、审慎且贤能的朋友交流”。在《掌管钥匙的人》的随后十节中，托兰德以令人赞叹的古典学功夫，引述大量古典作家关于双重教诲的说法来证明自己关于双重写作艺术的观点。

按托兰德的论述，古典作家们采用双重写作仅仅是因为：如果他们公开讲出自己知道的关于自然真相的哲学真理就会招致政治迫害，甚至丢掉性命。托兰德的说法是否符合古典作家有关双重教谕的说法本身，后文再来讨论，这里仅需进一步理解托兰德的主张。不妨设想，如果能够彻底改变古典文明宗教的政制，建立起一个以“自由”和“宽容”为原则的政治社会，就可以从政制上废除“神圣的专制”对哲学的思想自由的钳制，宣传自然哲学的真理就会不再受到迫害，“显白”［对外］教诲与“隐微”［对内］教诲的区分也就没有必要了。托兰德是否曾这样设想呢？如果他曾这样设想，那么，他就已经与古典哲人的教诲相违——因为，古典哲人认为，关于自然的哲学真理只能关起门来与“正直、审慎且贤能的朋友交流”。

二、双重写作与启蒙

在托兰德的时代还谈不上自然哲学思考的“思想自由”的表达，但在任何时代，无论如何严厉的政制其实都无法“钳制”一个哲人自由地沉思自然的本相——关键在于，自然哲人是否能自由地公开表达自己的沉思结果。在《掌管钥匙的人》一文中，托兰德告诫自己的同仁，必须采用隐微写作手法来表达自然哲学的自由思想。然而，就在写下《掌管钥匙的人》的同一年（1720），托兰德还写了《泛神论要义》——这本小册子堪称一份政治文件，从中我们可以清楚看到，托兰德并不认为，关于自然的哲学真理应该关起门来仅仅与“正直、审慎且贤能的朋友交流”。自然哲人应该建立一个秘密组织——他把这个组织命名为 Socratic-Society（苏格拉底协会），对外公开宣传自然哲学，以便最终建立起一个理性化的“公民社会”。

《泛神论要义》(*Pantheisticon*) 的副题是 The Form of Celebrating the Socratic-Society ［祝颂苏格拉底协会的形式］，这本小册子包含三个部分：“协会”的思想纲领和政治纲领，以及一篇扼要阐述“显白”与“隐微”写作手法的短文——可以看作是协会的政治实践纲领。[1] 由于这本小册子清晰地表达了当时最为激进的政治主张，托兰德一直没敢出版，而是让它在地下流传，直到去世那年（1751）才正式面世。托兰德早年受洗时获得的教名是：Janus Junius。Janus（雅努斯）是古罗马宗教的门神，有两张面孔。出版《泛神论要义》时，托兰德特意署名为“雅努斯·尤尼乌斯·厄俄甘涅修斯”（Janus Junius Eoganesius），似乎作者具有雅努斯式的两张面孔。

在简短的序言“雅努斯致博学聪敏的读者”中，这位泛神论者雅努斯写道：

> 我们还是用西塞罗的话说，哲学以只有少数明断者（a few Judges）而感到满足；由于知道杂

---

〔1〕 下引托兰德《泛神论要义》，均随文注中译本页码，引文凡有改动依据 *Pantheisticon*，1751 年版。

众（the Multitude）对它怀有嫉妒和憎恨，哲学有意避开他们；因此，如果有人要诽谤哲学，对哲学表示憎恶，那末他这样做会博得民人（the People）的赞许；如果他要极力攻击我们所坚持的哲学，那末，他在其他哲学家的体系里可以找到大量资料。至于您，读者，如果您乐于追随理性而不是依从习俗，乐于以理性作为自己的向导，您就会认为人类的一切变故都不足道；您就会耐心忍受自己无论怎样的命运；您就会远拒愚蠢的野心和令人苦恼的嫉妒心；您就会蔑视那使您转瞬即逝的变灭无常的荣誉；您就会过一种安谧快乐的生活，既不羡慕也不畏惧任何事物；……（《泛神论要义》，页2）

托兰德懂得，“乐于追随理性”（chuse to follow Reason）的人总是少数，乐于“依从习俗”（Custom）的多数“杂众”“嫉妒和憎恨”哲学。初看起来，这个小册子仅仅是要秘密地传播自然哲学思想，吸引各个民族中总是少数的天生热爱哲学的人进入“苏格拉底协会”。小册子的主体是一篇题为“论古今学术团体并论无限而永恒的宇宙”的论文，全文共17个小节。第一小节一开始就提出，人世间的城邦或共同体有两类，一类是自愿结成的共同体，一类是不自愿地结成的共同体。“希腊人和罗马人为了求得精神的愉快或教益而常常建立的那些团体”属于自愿结成的共同体，由于这类共同体其实就是“学术团体”，在古希腊－罗马，它们“很少或从未”“受到法律的限制和禁止”（同上，页4—5）。言下之意，在古希腊－罗马的异教时代，搞哲学都有思想的自由。这类学人共同体最为著名的形式是Symposia［会饮］，由于苏格拉底的“两个最杰出的学生柏拉图和色诺芬”的著述中都记载过苏格拉底的“会饮”，托兰德说，当今的泛神论者们也模仿伟大的古希腊哲人建立起了“苏格拉底协会”：

> 我们的时代也有不少的人愿在饮席之上自由而无拘束地讨论任何问题，他们组织了与苏格拉底聚餐无异的聚餐会，而且并无不当地把它们称为苏格拉底协会。他们大都是哲学家，或者至少是在某种程度上近乎哲学家的人；他们不盲从任何人的意见，不为教育或习俗所误引，亦不屈从本国的宗教和法律；他们摒弃一切成见，心灵极其沉静，自由而公平地讨论和深究细察世俗的和所谓神圣的一切事物。他们对于上帝和宇宙持一种独特的观点，因而他们大都被称为泛神论者……（同上，页6）

这是对少数天生“乐于追随理性”的人说的。如果对乐于“依从习俗”的多数“杂众”这样说，号召他们“不盲从任何人的意见，不为教育或习俗所误引，亦不屈从本国的宗教和法律”，天下必然会大乱——除非有可能通过普遍的哲学教育成功改造“杂众”的天性，让他们变得“心灵极其沉静”，有思辨能力“自由而公平地讨论和深究细察世俗的和所谓神圣的一切事物”。在这篇论文中，托兰德用15小节篇幅阐述了“泛神论”的要义——“泛神论”这个名称听起来陌生，其实，它不过就是我们所说的“朴素”唯物主义世界观的隐微表达式：字面上看，“泛神论”表面上承认“神”的存在，其实就是否认任何神的存在的无神论。

> 尽管运动的系列和万物的系列是永恒的，然而，没有一种运动、没有一种事物是永恒的，一切事物都被更新，一切事物都是真正被创造的。（同上，页25）

这句话堪称隐微/显白修辞的典型例句：物质的运动是自然永恒的，这是隐微教诲——“一切事物都是真正被创造的”则是显白教诲，与基督教信义相符。然而，“苏格拉底协会”相信的是世界万物的物质运动，而非“一切事物都是真正被创造的”。接下来托兰德就写道：

> 由于泛神论者和古代其他智者一样把哲学分为外部的或通俗而低劣的和内部的或纯粹而真正的……他们中间也没有发生什么不和。……但是，如果从先辈得来或由法律强迫信奉的宗教完全是或在某些方面是不道德的、邪恶的、卑污的、残暴的或剥夺人的自由的，那么在这种情况下，泛神论团体的会友们就可以完全合法地皈依一个更宽厚、更纯正、更自由的宗教。他们不仅坚决肯定和坚持思想自由，而且坚决肯定和坚持行动自由，同时他们憎恨一切无法无天的特权，是一切暴君（不论是专制君王、跋扈贵族，还是暴民领袖）不共戴天的仇敌。……（同上，页25—26）

可以看到，托兰德的哲学家协会不仅要求协会内部的思想自由，而且要求外在的政治自由，因为，凡“从先辈得来或由法律强迫信奉的宗教”都是“不道德的、邪恶的、卑污的、残暴的或剥夺人的自由”——这是依据自然哲人的思想自由权利得出的推论。这样一来，托兰德的“泛神论团体”就有了自己的政治使命。由此可以理解，紧接这篇陈述泛神论者协会的教义原理之后的是这个协会的政治宣言——“著名苏格拉底协会的诵文”，由协会“主席”和协会成员宣示性地共同诵读。不过，仅从“诵文”各部分（“诵文”共分三个部分）的标题来看，“诵文”似乎仅仅涉及的是协会自身这个哲人共同体的立法原则，而非政治共同体的立法原则，从而并不具有社会政治纲领的性质。然而，托兰德在这篇诵文中要表达的恰恰并非是哲人共同体的立法原则，而是政治共同体的立法原则。换言之，托兰德采用双重笔法把自然哲人的自然真理和思想自由权利拿来作为建立一个自由的社会所凭据的自然法：表面上（即言辞的显白层面）托兰德谈的是“苏格拉底协会”的立法原则，实际上（即言辞的隐微层面）谈的是自然哲人要打造的“公民社会”的立法原则。

托兰德在这里搞显白/隐微双重笔法凭靠的是Society这个语词，它既可以指“苏格拉底协会”的“协会”，也可以指“公民社会”的Society。第一部分的标题the Morals and Axioms of the Society显然得译成“协会的道德和公理”，因为，这一部分的内容明确涉及的是协会成员的“道德和公理”——比如：追求真理、自由和健康的三大愿望，互称同志和兄弟，“摆脱专制和迷信”等等（同上，页29—30）。第二部分的标题the Deity and Philosophy of the Society中的Society该译作“协会”还是“社会”就难讲了，因为，这一部分明确谈到要用“哲学”改造“社会”：

> 主席：哲学啊，你是生活的指南！你是美德的探求者！你是恶行的驱除剂！没有你，我们会变成什么样子？人类生活会变成什么样子？你建立了城邦，把离散的人类聚集成共同生活的社会（［引按］不可能译作“协会”）。你首先让人们同居共处，然后让人们发生婚媾，最后让人们有语言文字的交流，从而使人们互相结合起来。你是立法者，是礼仪风纪的教导者。我们依靠你，恳求你的帮助，我们完全专心致力于对你的研究。按照你的教导好好地过上一天也胜于背离真理而获得的永生。有什么财富比你的财富对我们更为有用？是你应许给我们一个完全的生命的宁静，把我们从死的恐惧中解脱出来。（同上，页35）

第三部分的标题同样如此：the Liberty of the Society；and a Law，neither deceiving，nor to be deceived，这里的Society应该译成“协会”还是“社会”呢？如果不看这一部分的内容，恐怕就应该译成“协会”，毕竟，这里谈的是“苏格拉底协会”。如果细看内容，又让人觉得应该译成“社会”——实际上，Society具有双重含义：the Liberty of the Society既应该译作“协会的自由”又应该译作“社会的自由”。因为，自然哲人的“协会”中已经有“自由”，但这个“自由”应该成为“社会的自由”；自然哲人的“协会”中已经有“既不欺骗人亦不被欺骗的法律”，但这个“法律”应该成为“社会的法律”。所谓“自由”指的是摆脱了种种宗教“迷信”的束缚，这是“协会”已经有的“自由”。但协会成员还应该“传播自然知识”，“必须铲掉和排除迷信的一切根源”（同上，页43），这就已经是要让“社会”也获得“自由”。所谓“法律”就是第二部分中提到的自然哲学的“理性”：“理性是真正的第一法律，是生命的灿烂光华”（同上，页35）。让“社会”获得“自由”，就是用自然哲学的“理性”取代传统宗教的治权。

然而，对托兰德来说，眼下还是一个传统宗教施行统治的“社会”。换言之，“协会”内部已经有了“自由”，已经是自然哲学的“理性”在施行统治，但“社会”还没有“自由”，仍然是传统宗教的“迷信”在施行统治。因此，在“诵文”之后，托兰德补充了一篇短文，题为“论泛神论者应当遵循的两重哲学”——从这篇短文可以看到，遵循“两重哲学”或双重写作原则，仅仅是权宜之计，或者说是自然哲人协会成员为实现“社会的自由”的社会实践准则——托兰德写道：

> 在这个协会看来，不仅对谦虚、自制、公正及一切美德本身的培养，而且通过言行榜样去激励他人实践这些美德，都不如自由更珍贵。（同上，页48）

这句话堪称现代自由主义的经典表述：“谦虚、自制、公正及一切美德本身”“都不如自由更珍贵”——换言之，“自由”不仅成了一种“美德”，而且比传统的“谦虚、自制、公正”等美德“更珍贵”，以至于可以而且应该取代“谦虚、自制、公正及一切美德本身”。

> 但是，他们对所有这些人类的东西都是从人的角度来讨论的。在这个协会里，你会有不带恶意的读者，会有不在清晨受到恐吓的自由，而且不会有任何禁戒限制你的言论。你会感到，他们的宗教是单纯的，明白的，平易的……它不屈从任何家族或别的私利去反对公共利益，他不用羞辱和咒骂去使人诚实和顺，更不会使任何人烦恼或折磨他来使他成为诚实和顺的人。不过这里没有机会对改进心灵的问题做较长的论述。（同上，页48—49）

可见，托兰德心里清楚，“自由”之所以对于协会成员来说比传统的“谦虚、自制、公正”等美德“更珍贵”，是因为协会成员是少数具有“谦虚、自制、公正”等美德的哲学家。然而，如果要让“谦虚、自制、公正及一切美德本身”“都不如自由更珍贵”成为一种社会原则，首先得“改进［世人的］心灵”，清除“迷信”，否则，后果难以设想。托兰德相信能改进多数“杂众”的“心灵”吗？他的说法颇为含混：

> 这种秘密的哲学只有在密室深处对极端诚实谨慎的人们才能用完全坦白无隐的语言来讲。除非对人类本性和历史同样浅薄无知的人，有谁会怀疑泛神论者这样做是明智的呢？……任何贤者要把迷信从一切人的心中加以根除的企图都是不错的，虽然彻底根除无论如何达不到。然而，他将努力去做自己所能做的一切，即把迷信这个最坏最邪恶怪物的牙齿拔掉，爪子削去，这样他就不会再受迷信到处肆意为害之苦了。（同上，页50）

托兰德既相信“杂众”的“心灵”无法彻底改进，又要求协会成员尽一切努力去改进“杂众”的“心灵”。这一表述明显自相矛盾：既然相信“杂众”的“心灵”无法彻底改进，何以可能要求协会成员尽一切努力去改进？实际上，不相信可以彻底改进“杂众”的“心灵”是托兰德从古书中读到的古人见解，他自己则相信，只要自然哲学家“努力去做自己所能做的一切”，就能“把迷信这个最坏最邪恶怪物的牙齿拔掉”。他接下来说：

> 因此，必然发生下面这种情况：心中所想和在秘密聚会上所说的东西是一回事，在外面、在公开会议上所说的东西则是另一回事。这条准则常常受到极大欢迎，而且不独为古人所实践；因为，说实在的，它在现代人中间更为有用，尽管现代人宣称，这种做法更不可容许（it is more in Use among the Moderns, although they profess it is less allowed）。（同上，页51）

托兰德会不会对古人也玩起了双重修辞？因为这段话在字面上说，“现代”哲人与“古代”哲人一样要践行双重教诲——这是符合古人观念的显白说辞，但实际上说，现代哲人“在现代更不可容许”践行双重教诲——这是对协会成员的隐微说辞。托兰德随后的说法可以证实这样识读是对的：现代哲人不会再像古人那样仅仅停留在“心中所想和在秘密聚会上”说出自己所掌握的自然真理，而是要用这一真理来建立一个不受“任何有限疆域”限制的普世城邦。

> ……当他（泛神论者）考察了天空、大地、海洋、万物的性质，懂得了万物从何处而来，又复归于何处，万物何时和如何消解，其中什么是生灭

易逝的，什么是神圣永恒的，当他已几乎把握了统治和支配万物的那个存在，当他已发现自己不是被封闭在一道围墙之内，不是任何有限疆域之内的居民，而是作为一个城邦的整个世界的公民（but a Citizen of the whole World，as one City），那末，置身于事物的这种宏伟景象中，对自然、不朽的神灵们具有这样的观察和认识，按照德尔斐的阿波罗的神谕，他将会多么充分地认识自己啊！他对民众奉为至宝的东西会如何地藐视、轻蔑、视若无物啊！他要以坚实的论证、辨别真伪的知识和懂得每个论断有何正反结果的技术作为一种堡垒来巩固这一切。（同上，页53）

这段话不仅是自由主义“普世价值”观念的最初表达（“不是任何有限疆域之内的居民，而是作为一个城邦的整个世界的公民”），而且堪称原汁原味的启蒙精神的表达：藐视和轻蔑“民众奉为至宝的东西”，“以坚实的论证、辨别真伪的知识和懂得每个论断有何正反结果的技术”来巩固这种“藐视和轻蔑”。自然哲人协会成员“明白自己是为公民社会而生的”（is born for civil Society），他“不仅必须使用通常巧妙的争论方法，而且要使用连绵不绝的更雄辩的方式，考虑如何治理人民，制订法律”（同上，页53—54）。可见，托兰德的确希望以“苏格拉底协会”为原模来打造出一个“公民社会”。因此，

> ……凡是泛神论者能够确实可靠地加以揭示的真理，诸如政治学、天文学、力学、经济学等等，他都不仅不会有所顾忌而不肯示人，而且甚至自愿地传授于人，虽然不无应有的谨慎，因为民众对大部分事物都是根据舆论来衡量，而极少根据真理来衡量。最后，泛神论者对关于上帝或灵魂本性的那些更神圣的教条将给以确切的评价，并在自己心中默然加以沉思；而且除了自己的会友，或其他聪敏、正直、有学问的人之外，泛神论者不会让邪恶的人或无知的人或任何别的人分享秘学。我知道，这种沉默和心灵的审慎并非所有的人都觉得适意，但是无论如何，泛神论者在能够有充分的自由按其意愿进行思维并按其思想去说话之前，是不会更坦白无隐的。（《泛神论要义》，页54—55）

临近结尾的这段句话表明，作为现代哲人的托兰德仅仅把古人不让“任何别的人分享秘学”的遗训视为权宜之计，因为，泛神论者对自然哲学的真理“不仅不会有所顾忌而不肯示人，而且甚至自愿地传授于人”……

只要有思想表达的充分自由，就可以“坦白无隐”。

如今，人类的好些地方已经实现了托兰德的社会构想。回顾这段十七至十八世纪的思想史历程，我们不得不感叹：最初的启蒙哲人为清除“俗众的偏见”付出了何等巨大的艰辛！我们应该对启蒙哲人付出的努力心存感激，毕竟，人类因此而取得了巨大的进步。当然，连托兰德也没有想到，哲人自己为人类社会的进步付出的代价还包括：哲学变成了“伪哲学”甚至烂哲学——因为，并不“聪敏、正直、有学问的人”也成了哲学家，甚至并不具有“谦虚、自制、公正”德性的人也有了“自由思想”的权利。

三、施特劳斯对托兰德未明言的批判

按照托兰德的设想，一旦从政制上取消了“神圣专制”对思想自由的钳制，“显白”（对外）教诲与“隐微”（对内）教诲的区分也就没有必要了。正是基于这一托兰德式的结论，上个世纪八十年代以来，美国学界的自由主义派哲学家们对施特劳斯提出政治指控：既然美国已经是一个基于“自由”和“宽容”原则的民主社会，施特劳斯还为“显白”（对外）教诲与“隐微”

(对内）教诲的区分辩护，显然是政治上别有用心。[1]然而，这种观点遭遇到明显的困难——施特劳斯对双重教诲的辩护，其实并非基于哲人受到政治迫害，而是基于哲学与社会的天然紧张。古典哲人采用隐微写作艺术不公开说出某种哲学的“真理”，其动机并非仅仅是由于政治迫害（persecution）而不能说出某种哲学的“真理”，更是出于“审慎”（prudence）不应该说出某种哲学的“真理”——由于托兰德强调的仅仅是隐微写作艺术与政治迫害的关系，因此可以被称为现代启蒙式的隐微论。[2]自由主义派哲学家们对施特劳斯的批判恰

[1] 最著名的批评见于德鲁里（Shadia Drury），《施特劳斯的思想》，赵琦译，北京：新星出版社，2007年。按照德鲁里的观点，施特劳斯支持古典的隐微论是他反民主政制的铁证，因为，隐微论只有作为一种反抗钳制“思想自由”的工具才是正当的。施特劳斯的学生对此指控的反驳，参见扎科特，《施特劳斯的真相：政治哲学与美国民主》，宋菲菲译，北京：商务印书馆2013，144—169页。

[2] 参见巴格莱（Paul J. Bagley），《论隐微论的实践》（“On the Practice of Esotericism,” 见 *Journal of the History of Ideas* 53：2［1992］，中译见刘小枫编，《古希腊修辞学与民主政制》，冯庆、朱琦等译，上海：华东师范大学出版社，2014年），以及弗拉泽（Michael L. Frazer），《古今隐微论》（“Esotericism Ancient and Modern”，见 *Political Theory* 43：1［2006］，中译见刘小枫编，《古希腊修辞学与民主政制》，前揭）。巴格莱把为了规避政治迫害的隐微写作称为“有条件”的隐微论，把出于“审慎”的隐微写作称为“无条件”的隐微论；弗拉泽则把前者称为现代隐微论，称后者为古典隐微论。

恰无视的是施特劳斯所强调的古典哲人的政治德性："审慎"。自由主义派哲学家最终搬出了托兰德来抨击施特劳斯，反倒让我们应该注意到：施特劳斯当年写作《迫害与写作艺术》很有可能恰恰针对的是托兰德的现代启蒙式隐微论。[1]

《迫害与写作艺术》一书的简短"序"言开宗明义：收入该书的论文"全都探讨同一个问题，即哲学与政治的关系"——我们在前面已经看到，托兰德的全部宗教－哲学论著无不是在探讨哲学与政治的关系。《迫害与写作艺术》的简短"序"言还对该书的篇章结构作了如下说明：首先"从本世纪的一些众所周知的政治现象出发来阐明这个问题"，然后通过对四位中世纪哲学家的研究来探讨"这个问题"——即

---

〔1〕继德鲁里之后，帕特逊（Annabel Patterson）在其《阅读字里行间》（*Reading Between the Lines*，The University of Wisconsin Press，1993）一书中热情赞扬托兰德式的隐微论，因为这种现代启蒙式的隐微论乃是一种反抗思想压迫、推进思想自由的工具。帕特逊据此抨击施特劳斯持有的古典隐微论，因为这种隐微论隐藏的是"反平等主义"的思想——书名 Reading Between the Lines 针对的是施特劳斯在《迫害与写作艺术》中的说法："'采取字里行间的写作方式'（writing between the lines）——这一表达式标明了本文的论题，因为迫害对著述活动的影响恰恰在于，它迫使所有持异端观点的作家运用一种独特的写作技巧"（《迫害与写作艺术》，18 页）。

“哲学与政治的关系”问题。于是我们看到，施特劳斯留下的思想史空白，恰好是自近代文艺复兴和启蒙运动以来的时段。为何如此？施特劳斯为何不提明显直接论及“哲学与政治的关系”问题的托兰德？

《迫害与写作艺术》有一篇不长的“导言”，施特劳斯首先以表面恭维实际上否弃的言辞排除了时髦的“知识社会学”（其代表人物是施特劳斯早就熟悉的德国学者曼海姆），因为，这种新兴的社会科学据称能彻底搞清楚哲学与政治的关系问题。施特劳斯随之提到他自己要研究的中世纪伊斯兰哲学和犹太哲学与政治的关系问题。言下之意，“知识社会学”根本无法理解遑论解释中世纪伊斯兰哲学和犹太哲学与社会秩序的关系。因为，

> 伊斯兰和犹太哲人在反思启示时首先注意到的不是一个信条或一系列教义，而是一个社会秩序（虽然是一个包罗万象的秩序），这个秩序不仅规制行为，而且规制思想或意见。（《迫害与写作艺术》，页3）

所谓“规制”（regulates）在启蒙哲人那里就得说成“钳制”或“压制”——换言之，伊斯兰哲人和犹太哲人已经遇到“思想自由”的问题，但他们对待这

个问题的态度明显与十七—十八世纪的自然神论者不同。这是为什么呢？施特劳斯的解释是：因为他们对柏拉图和亚里士多德哲学的理解与基督教哲人的理解不同。由此施特劳斯引出了伊斯兰哲人法拉比及其后继者们对“真正哲人的方法”即“显白教诲与隐微教诲的哲学上的区分”的观点。

> 哲学和哲人“处于严峻的危险中”。社会不认可哲学，不认可哲学探究的权利。哲学与社会之间不存在谐和关系。哲人远远不是社会或党派的拥护者，他们仅仅捍卫哲学的利益，而在这样做时，他们确实相信自己是在捍卫人类的最高利益（法拉比：《柏拉图》，§17）。为了保护哲学，就需要有显白教诲，哲学必须披挂显白教诲的盔甲才能出场。之所以需要显白教诲，是出于政治上的原因。显白教诲是哲学借以显现给政治共同体的形式，是哲学的政治层面，是“政治的”哲学。（《迫害与写作艺术》，页11）

施特劳斯看到，古典哲人关于两种教诲的区分，既是为了“保护哲学”，也是为了维护社会利益……而在托兰德那里，两种教诲只是躲避政治迫害的临时手段，目的是为了政治自由（言论自由，即表达自由)，而非哲学自由（思想自由）。紧接着这段表述，施特劳斯就说：

> 在目前对哲学和社会的关系的大多数反思中，人们理所当然地认为，哲学从来都享有政治或社会地位。然而，在法拉比看来，哲学在柏拉图时代的城邦和国家里不受认可。他透过自己的整个研究步骤表明，在他自己时代的城邦和国家里，即“在哲学被弄得模糊不清或遭到毁灭后”，哲学探究的自由甚至更少了。在伊斯兰世界里，“哲学”和“哲人”开始意指一种可疑的活动和一群可疑的人，甚至干脆意指无信仰和无信仰的人。这个事实充分表明，哲学的地位多么不安稳：哲学的正当性没有受到认可。(《迫害与写作艺术》，页12)

换言之，在伊斯兰教和犹太教的神权政制中，“哲学探究的自由”（freedom of philosophizing）比在基督教神权政制中“甚至更少”（even less）。然而，伊斯兰教和犹太教神权政制中的哲人并没有像基督教神权政制中的哲人们那样要求“思想自由”——其结果是：伊斯兰教和犹太教神权政制中的哲人由于让搞哲学始终具有“私人性质”（private character），“将哲学生活比作隐士的生活”，从而确保哲学具有了“不受监控的内在自由”（inner freedom from supervision；《迫害与写作艺术》，页 14 — 15）。这无异于说，在伊斯兰教和犹太教的神权政制中，“私人性质”的哲学思考不会受到“迫害”。反过来说，让哲学思考保持在“私人性质”的范围内，反倒能够保护哲学思考的自由。然而，伊斯兰哲人和犹太哲人在神权政制中搞哲学，模仿的是古希腊城邦中的哲人搞哲学——与伊斯兰教和犹太教的神权政制相似，“希腊城邦是一个全控社会”（a totalitarian society），它“规制”城邦的道德、宗教乃至文艺，唯有哲学活动“本质上是私人的（essentially private）、超越政治的”（同上，页 14）。

与《泛神论要义》对照，我们可以看到，托兰德把苏格拉底式的哲人也说成一个“秘密团体”。然而，这个团体并非要让哲学活动“本质上是私人的、超越政治的”，反倒要让哲学成为公共的和政治的。除“导言”外，《迫害与写作艺术》与托兰德的《四论集》一样，由四篇论文组成，其中的第一篇的标题与书名相同：“迫害与写作艺术”——这篇于 1941 年底初次发表的论文堪称与托兰德的“掌管钥匙的人：论显白和隐微哲学”针锋相对，尽管这篇文章讨论的是二十世纪的“一些众所周知的政治现象”。事实上，“迫害与写作艺术”这个标题就可以看作是对托兰德的“掌管钥匙的人：论显白和隐微哲学”一文的精练概括。施特劳斯从二十世纪的“一些众所周知的政治现象”说起：

> 大约一个世纪以来，众多的国家实际上一直享有公开讨论的充分自由。不过，在这些国家，这种自由现在受到了压制，取而代之的是一种强制：人们的言论必须与政府认为合宜、或政府严肃持有的观点相一致。（《迫害与写作艺术》，页16）

施特劳斯似乎关注的是，随着“冷战”时代的到来，美国这样的自由国家也出现了压制“思想自由”的现象。然而，在文章的第二节，施特劳斯告诉读者：

> 在过去，独立思想遭到压制的情况屡见不鲜。有理由假定，在以往的各个时期，能够独立思考的人从比例上说与今日一样多，其中至少有一些人既有领悟力，又十分谨慎。于是，我们就会问，昔日某些最伟大的作家是否仅仅透过字里行间来表达他们对当时最重要的问题的看法，从而利用文学技巧使自己免遭迫害？（同上，页20）

显然，施特劳斯要讨论的并非是一时甚至一世的思想自由受到“迫害”的现象，而是从古至今思想自由都会受到“迫害”的现象——施特劳斯的笔端把读者引向了法国大革命之前和之后的欧洲思想界状况，然后在第三节一开始才提到，“在公元前五世纪和四世纪的雅典、中世纪早期的某些伊斯兰国家、十七世纪的荷兰和英国、十八世纪的法国和德国，就出现过这样的迫害——尽管这些时期都相对比较自由”（同上，页26）。如此行文脉络把读者从当今“冷战”时代的压制“思想自由”的现象引回到从希腊哲学的开端（阿那克萨哥拉）到法国大革命之前（莱辛和康德）压制“思想自由”的现象〔1〕——在随后列举的历史人物中，洛克之后是培尔，没有提到托兰德（同上）。最值得注意的是，施特劳斯的列举以康德结尾，并下注借一位思想史家的话说，即便是康德这样胆儿大的哲学家，为了表达自己“对［法国］大革命怀有一种隐秘的同情”，也不得不“戏弄他的读者”（同上，注一）。

托兰德的“掌管钥匙的人：论显白和隐微哲学”

〔1〕 比较托兰德关于阿那克萨戈拉的说法，见《给塞伦娜的信》35页以下，以及97页：“自从阿那克萨戈拉以后，大多数哲学家都把下面这种看法定位律则，即认为物质本身没有能动性……”

一文旁征博引，论证的不外乎是，古人都懂得隐微写作，因为他们害怕“迫害”——今人会被“自然神论者”托兰德的博学吸引，甚至禁不住会赞叹他的古学功夫，进而会觉得，施特劳斯在这里竟然对托兰德只字不提，未免不地道。其实，施特劳斯有理由轻蔑托兰德的古学功夫，毕竟，托兰德的文章没有提到最负盛名的中古伊斯兰哲人法拉比和“两位最负盛名的中世纪犹太思想家（哈列维和迈蒙尼德）”关于双重教诲的论述——就此而言，比托兰德晚出两百多年的施特劳斯已经在古学功夫上胜过托兰德。不过，在笔者看来，施特劳斯没有提到托兰德的大名，并非是出于古学功夫的理由，而是出于思想上的理由：托兰德是个肤浅的哲学家。在列举了从阿那克萨哥拉到康德的“迫害”史之后，施特劳斯写道：

> 我们也不能忽略了一个事实：宗教迫害与对自由研究的迫害不是一回事。在有的时期、有的国家，一切类型或至少是多种类型的崇拜活动都受到许可，但自由研究却遭到禁止。（同上，页27）

施特劳斯在这里下注提供了一篇看起来未必直接相关的文献：与莱辛打笔战的赖马鲁斯的文章《论对自然神论者的容忍》。这里的“自然神论者”是全文最为直接涉及托兰德的语词，然而，这个看似文献性的注释指向的却是莱辛。我们可以有理由说，在这个注释背后，是施特劳斯写于1939年的《显白的教诲》一文。换言之，关于“自然神论”之争，在康德之前的莱辛那里就已经有过深入的探究。[1]随之，施特劳斯再次更为明确地把笔端指向了“十七世纪中叶以后”——亦即托兰德的时代：

> 人们对公开讨论的自由持什么样的态度，关键取决于他们如何看待大众教育及其限度。一般说来，前现代哲人在这一点上要比现代哲人更为谨慎。大约十七世纪中叶以后，越来越多曾受过迫害的异端哲人出版自己的著作，不仅是为了传达个人的思想，而且因为他们想要促成迫害现象的消灭。他们相信，压制自由研究，压制自由研究成果的发表，这只是一个偶然现象，是政治体结构不健全的结果，普遍黑暗的王国将被普遍光明的共和国取而代之。他们期待着有那么一天，随着大众教育的发达，完全的言论自由有可能得

[1] 参见施特劳斯，《门德尔松与莱辛》，卢白羽译，北京：华夏出版社，2012年，177—222页。

到实现——为了更好地说明问题，不妨夸张一点说：他们期待着有那么一天，任何人都不会因为听到真理而受到伤害。(同上，页27)

如果与《泛神论要义》对观，这段话就显得是直接针对作为政治文件的《泛神论要义》。

四、托兰德与斯宾诺莎

《迫害与写作艺术》仅仅在“导言”部分提到中古伊斯兰哲人法拉比，三篇专论分别讨论三位犹太哲人：哈列维、迈蒙尼德和“被不无道理地称为‘最后一个中世纪人’的斯宾诺莎”。换言之，《迫害与写作艺术》实际上集中关注的是犹太哲人与“思想自由”的关系。然而，为什么在“迫害与写作艺术”这个题目下施特劳斯特别关注犹太哲人？因为，在犹太哲人与“思想自由”的关系问题上，同样身为犹太哲人的迈蒙尼德与斯宾诺莎判然有别。施特劳斯并没有按年代顺序来安排三篇专论三位犹太哲人的论文：哈列维(Yehuda Halevi，1075—1140)早于迈蒙尼德(Moses Maimonides，1135—1204)，施特劳斯却把论迈蒙尼德的论文“《迷途指津》的文学特性”放在前面，中间隔着论哈列维的论文"《卡扎尔人书》中的理性之法"，最后是关于斯宾诺莎的论文"如何研读斯宾诺莎的《神学—政治论》"。如果我们读过这三篇论文就不难发现：迈蒙尼德与斯宾诺莎处于对峙的位置。

斯宾诺莎（Baruch de Spinoza，1632—1677）差不多比迈蒙尼德晚出五百年，他出生在阿姆斯特丹的一个犹太家庭，其祖籍应该说与迈蒙尼德是同乡，因为斯宾诺莎的父辈是从西班牙逃往荷兰的犹太人。不仅如此，斯宾诺莎与迈蒙尼德还算得上是天性上的"同乡"，他们都天生热爱自然哲学。可是，与迈蒙尼德不同，斯宾诺莎由于热爱自然哲学而渐渐脱离犹太教正统教义，以至于在24岁那年，斯宾诺莎由于异端言论受到阿姆斯特丹犹太公会审判，并被革出教门……为何迈蒙尼德没有因沉思哲学而受到自己身处的政治体的审判呢？这个问题似乎不难回答：因为，迈蒙尼德把自己隐藏得很好。斯宾诺莎并不愿意偷偷摸摸研究哲学，因异端言论受到犹太公会审判后，他从容接受判决，毅然搬出犹太人社区，以磨镜片为生，同时自由地思考哲学……可是，如果斯宾诺莎从此仅仅如此生活也还罢了，但他并非仅仅自由地思考哲学，用自己的名字出版了《笛卡尔哲学原理》(1663)，他还匿名出版了《神学—政治论》(*Tractatus Theologico-Politicus*, 1670)——这部书实际上是对犹太人《圣经》的批判，其目的是为了自由地研究哲学。

要透彻理解《迫害与写作技艺》中的论斯宾诺莎一文以及与论迈蒙尼德一文之间的关系，就必须了解施特劳斯早年写的斯宾诺莎研究论文，更不用说《斯宾诺莎的宗教批判》(1930) 这部专著。[1]然而，《迫害与写作艺术》出版时，施特劳斯早年的斯宾诺莎研究论著尚未有英译，恐怕不会有读者为了读这本书去查找作者早年用德文发表的论著。在早年的斯宾诺莎研究论文中，施特劳斯明确提出，斯宾诺莎的圣经研究为的是要争取哲学探究的思想自由——斯宾诺莎写在《神学—政治论》的序言中写道：

> 如今，我们拥有罕见的好运生活于一个共和国，在这个国家，每个公民的判断自由都得到保障，他可以随自己的心意崇拜上帝，在这个国家，自由比任何事物都更得尊崇且更为珍贵，有鉴于

[1] 施特劳斯早年的两篇斯宾诺莎研究论文《柯亨对斯宾诺莎圣经学的分析》(1924) 和《论斯宾诺莎及其先驱们的圣经学》(1926)，见施特劳斯，《斯宾诺莎的宗教批判》，李永晶译，北京：华夏出版社，2013 年（以下凡引此书随文注页码）。

> 此，我认为我在做一件吃力不讨好的工作，要证明这种自由不但不会危害此共和国的虔敬和安定，而且该共和国的安定和虔敬同时也依赖这种自由。（转引自《斯宾诺莎的宗教批判》，页400注释12）

依据斯宾诺莎自己的这段话，青年施特劳斯解释了斯宾诺莎为什么要把他批判圣经的书题名为《神学—政治论》：

> 这部著作是为了证明“不仅在无损于国家内部的虔敬和安定的前提下可以准许从事哲学活动的自由，而且哲学的废除必然会带来国家内部虔敬和安定的丧失”，那么随即就会出现将政治问题与语文学问题关联起来的必要性。探究的自由要受到保护，以免受公权力摆布——而公权力包含两种形式：世俗的与灵性的。……也就是说：对于国家而言——因为这里指的是自由的统治（liberale Regierung），理性的建构就足够了。然而，教会的权利要求更依赖于圣经而不是理性。因此，仅仅证明理性不承认这种教会的监护还不够，还要表明教会并不能依赖于圣经。但是，这一证明要以成功地反驳教会解释圣经的权利为前提。既然教会的权力要求的基础在于圣经，那么，根据圣经自

身的更深含义，它不可能成为限制自由探究的权威。(《斯宾诺莎的宗教批判》，页399—401)

施特劳斯让我们看到，斯宾诺莎对犹太公会革除他的教籍耿耿于怀——为了反驳教会拥有限制自由研究哲学的法权，就必须批判圣经，推翻教会立论的基础，即圣经的权威与教会对圣经的解释。于是，为了自己能过上热爱哲学的生活，斯宾诺莎把自己的哲学“变成了一系列的叛教行为”。斯宾诺莎的圣经研究得出了这样的结论：神学家们的偏见阻碍了人们的思想通往哲学，因此要揭露这些偏见，进而肃清所有的偏见——说到底，斯宾诺莎想要得到“哲学思考的自由，以及我们想什么就说什么的自由”(《斯宾诺莎书信集》，第30封信，转引自《斯宾诺莎的宗教批判》，页400)。

斯宾诺莎的圣经研究是“现代”圣经研究——所谓“圣经学”(Bible science)的奠基者，这种圣经研究的品质是：通过文字考据和义理疏证否定圣经教诲具有启示性质和启示权威。斯宾诺莎的圣经研究得出的结论是：圣经只不过是一种历史文献记录，与所有其他民族的历史文献记录并无不同——言下之意，圣经不是上帝的启示，而是人的写作。一旦取消了《圣经》的启示来源，《圣经》就成了人文科学的研究对象，而非政制法权的权威来源。可以设想，这种圣经研究的去启示化对犹太教和基督教都是极为致命的打击。然而，斯宾诺莎凭靠什么做到这一点呢？唯有凭靠哲学的自然理性，斯宾诺莎才能批驳启示宗教的预设，进而批驳《圣经》的启示来源。于是，斯宾诺莎的圣经学就为后来的启蒙运动的宗教批判开启了先河："《神学—政治论》成了'理性主义'或'世俗论'抨击启示信仰的一部真正的经典文献"（《迫害与写作艺术》，页135）。在《笛卡尔哲学原理》尤其《伦理学》中，斯宾诺莎展示了他对西方形而上学传统尤其近代自然哲学的透彻理解。从而，斯宾诺莎的哲学著作（尤其《伦理学》）是斯宾诺莎的圣经批判的基础，或者说，《神学—政治论》是《伦理学》中所展开的体系的结果。

> 严格说来，[斯宾诺莎的] 宗教批判与这一体系难以区分开来……这一体系的实定构建驳斥了宗教，并且证明宗教的各种主张的错误。因此，斯宾诺莎宗教批判的最终前提与《伦理学》的各种定义和公理是同一的。（《斯宾诺莎的宗教批判》，页455）。

在《泛神论要义》中托兰德写道，"苏格拉底协会”的成员有许多“可在巴黎、威尼斯、荷兰的一切城市而尤其是阿姆斯特丹遇到”（《泛神论要义》，页26）——在阿姆斯特丹可以遇到“苏格拉底协会”成员指的就是遇到斯宾诺莎，“尤其”这个表示强调的语词则表明，斯宾诺莎是这个“协会”的重要成员。34岁那年，托兰德出版了《给塞伦娜的信》（*Letters to Serena*，1704），这部作品比《基督教并不神秘》更为大胆地表达了托兰德对宗教问题的激进看法，早在霍尔巴赫于1768年将此书译成法文出版（名为 *Letters Philosophiques*［哲学书简］）之前，就对在法国兴起的启蒙文化有直接的强烈影响——正是在这部作品中，我们可以看到托兰德与斯宾诺莎的师承关系。

《给塞伦娜的信》是文学书信体作品，由一篇“前言”和五封书信构成。第一封书信题为“偏见的起源和力量”，带有导言性质。在这封书信的结尾处，作者宣称，自己的写作目的是要与每个人生下来所接受的种种习俗和宗教“偏见”作斗争，要让我们每个人从此

> 不是像牛马牲畜那样被权威或情欲牵着走，而是作为一个自由而有理性的人为自己的行为立法自律，磨炼发展自己的理性将成为自己毕生致

力的主要目标。(《给塞伦娜的信》，页 32)

这话听起来像是康德在说，但的确是比康德早半个多世纪的托兰德说的。托兰德曾告诉自己的朋友，这封文学性书信是理解他的“全部其他作品的一把钥匙”——中译者对这把“钥匙”的性质有十分准确的概括：“纵观托兰德的全部学术活动和著作，我们可以说，揭露和批判‘偏见’乃是其一以贯之的一条基线和主旨，而这正是他作为自由思想家的特质，而且代表了十八世纪启蒙时代的基本精神”(《给塞伦娜的信》，中译本序，页 vi)。在第一封书信中，托兰德写道：

> 你可能经过自己的理智思考而接受一种你所喜欢的宗教，但是，请问，什么宗教会容许你违背它去自行推理思考呢？我知道有的宗教宣称允许有研究考察的自由，但是，他们的行动却往往表明他们并无诚意。(《给塞伦娜的信》，页 30)。

这话听起来就像是斯宾诺莎在说，或者是在说斯宾诺莎。《给塞伦娜的信》这部作品本身就是模仿斯宾诺莎的作品用显白/隐微手法写成的，即在同一部作品中提供两种不同的教诲：对内传达哲学的自由探究精神（隐微层面），显白层面则并不公开有违基督教君主政体的意识形态——托兰德在书中把他要革除的种种“偏见”都说成是埃及、迦勒底、印度“异教”的观念。在题为“异教徒之灵魂不朽观念的历史”的第二封书信中，托兰德说，古希腊最早的自然哲人本来都相信“宇宙是无限的，物质是永恒的”，可是，“之后来了阿那克萨戈拉，正如所有异教和基督教作家一致承认的，他在物质之外又加了另一个他称之为心灵的本原作为物质的推动者和安排者”（《给塞伦娜的信》，页35）。实际上，托兰德的隐微教诲是：自阿那克萨戈拉以后，哲学家们都不得不把对“宇宙是无限的，物质是永恒的”这一哲学真理隐藏在各种稀奇古怪的神话说法之下。在接下来的第三封书信“偶像崇拜的起源和异教产生的原因”中，托兰德以文学的笔法“使用各种风格手段，尤其是引喻性、省略性的语言”来展示哲学的真理与各种传统宗教“偏见”的对立，凭据哲学家的自然理性对所有宗教偏见施予摧毁性批判。

《给塞伦娜的信》中的最后两封信看起来是在批判性地讨论斯宾诺莎的自然哲学，其实是在展示他的激进的宗教—政治论的哲学依据：第四封书信假托写给荷兰的一位斯宾诺莎信徒，批评斯宾诺莎的哲学

“缺乏任何原理或根据”——作者自己称为“驳斯宾诺莎”，实际上这封书信是在阐发斯宾诺莎《伦理学》的要义。第五封书信假托回复“一位尊贵的朋友”对“驳斯宾诺莎”的信的评论，进一步阐发斯宾诺莎的自然哲学。如果我们不是按托兰德所说的显白/隐微写作笔法来理解他的“驳斯宾诺莎”就会上当，煞费苦心动脑筋去分辨托兰德与斯宾诺莎在自然哲学上的分歧。托兰德从斯宾诺莎遭受犹太公会审判之后的写作方式体会到，为了逃避政治迫害必须采用显白/隐微写作。如他所总结的：“总而言之，日常经验足以证明，在大多数情况下，除非一个人甘冒名誉、职业或生命方面的危险，否则真理不会被发现，至少不会被公开”（《掌管钥匙的人》，页67）——如果“钥匙”在托兰德那里的含义是用哲学理性清除世上的所有习俗和宗教偏见，所谓“掌管钥匙的人”指的是谁，也就不难理解了：斯宾诺莎就是这类人的杰出代表。斯宾诺莎不仅是托兰德心中的楷模，而且是他的精神导师。在托兰德心目中，斯宾诺莎不仅是因热爱哲学而受到政治迫害的典型：因服膺西方的形而上学而被自己的祖传宗教革除教籍，甚至受到教区的迫害——而且是践行隐微写作的典范。由于当时托兰德不能公开赞扬斯宾诺莎，他只能用批驳斯宾诺莎的方式来宣扬斯宾诺莎的哲学真理。如果我们能按斯宾诺莎的隐微写作方式来阅读他的《神学—政治论》，那么，我们就可以看到，《给塞伦娜的信》中的前三封书简不过是用显白/隐微写作手法来表达斯宾诺莎的《神学—政治论》用显白/隐微写作手法表达的思想而已——可以说，托兰德把斯宾诺莎秘密的叛教哲学变成了通俗易懂的反教哲学。

不仅如此，正如《给塞伦娜的信》的中译者所言，“托兰德在这里无情地揭露了宗教迷信和谬见与反动政治统治的密切联系，把宗教批判提升为现实的政治批判。这也是托兰德高于同时代的英国其他自由思想家的地方”（《给塞伦娜的信》，中译本序，页 xii）。然而，值得注意的是，在托兰德的宗教—哲学政治论著中，对犹太政制的批判是他的重点论题——《四论集》中的第一篇 Hodegus（《向导》，这个语词是用拉丁文转写的古希腊文）就以犹太政制为题：“论以色列人的火柱和云柱”。用今天的话来说，犹太政制就是“反动政治统治”：托兰德曾先后写下《犹太人的起源》（*Origines Judaicae*，1709），《归化犹太人的诸理由》（*Reasons for Naturalising the Jews*，1713），《拿撒勒人，或犹太人、非犹太人和穆罕穆德的基督教》(*Nazarenus, or Jewish, Gentile and Mahometan Christianity*, 1718)等小册子，主张犹太社区也应该转变为“公民社会”，让信仰自由成为犹太人社区的制度要素——这无异于是在为斯宾诺莎争取公开表达自己的无神论思想的自由权利。

严格来讲，无论在哲学上还是在启示宗教的批判方面，托兰德都是斯宾诺莎的学生（“泛神论”即指斯宾诺莎哲学）。换言之，托兰德的思想深度远不及斯宾诺莎，却远比斯宾诺莎激进和大胆。霍布斯写作时已经胆儿够大，但他读过斯宾诺莎的《神学-政治论》后说，他还从来没敢如此大胆写作（参见《迫害与写作艺术》，页178）——托兰德却比斯宾诺莎肆意百倍。柏克在《法国大革命的反思》中曾说，托兰德和他的同伴们比赛谁的思想更为自由——这种比赛无异于比的是谁更能肆意写作。洛克、休谟以及法国启蒙思想家如孟德斯鸠都非常赞赏托兰德的才学和思想，也就并不奇怪了。

托兰德去世前，欧洲智识界开始在地下流传一本名为《论三个冒名顶替者》(*De tribus impostoribus*, 1719，共9章，第5章题为“论摩西”）的小册子，作者不详。[1] impostoribus 一词也可译作“骗子”，所谓三个 impostoribus 分别指三大一神教的创制者：摩西、耶稣和穆罕穆德。作者认为，这三位创制者其实都是“骗子”，他们创立宗教，不过是为了建立神权政制，以便更容易统治人民大众。在基督教的欧洲，这样的观点不仅惊世骇俗，而且会招来死罪。因此，作者不仅匿名，而且谎称是一本中世纪传下来的秘书。即便在十八世纪的启蒙时代，这本书也一直是禁书。人们一直在猜测，作者究竟是谁——大名鼎鼎的伏尔泰一度被怀疑是《论三个冒名顶替者》的作者，为此，已经 75 岁高龄的伏尔泰写了“致《论三个冒名顶替者》一书作者的信”（Epître à l'autuer du livre des trois imposteurs）为自己辩白，信中的一句话后来成为名言：“如果上帝不存在，也应该发明出来”（Si Diue n'existant pas, il faudrait l'intenter），[2] 可见，即便胆

---

〔1〕《论三个冒名顶替者》有多个抄本，版本复杂。笔者所见最好的英译本有两种：Alcoeribas Nasier 译注的 *The Three Impostors*（依据 1716 年法文抄本迻译，私印本 1904）和 Abraham Andersen 的译注本：*The Treatise of the Three Impostors and the Problem of Enlightenment*（London，1996）。

〔2〕参见伏尔泰，《路易十四时代》，吴模信等译，“附录：伏尔泰生平和著作年表”，北京：商务印书馆，1997 年，643 页。

儿大的伏尔泰也不敢冒天下之大不韪，尽管这话与《论三个冒名顶替者》的主旨差不多。

古罗马史家李维在他的《罗马建城以来史》的“序言”中说，罗马的早期缔造者懂得，宗教对于稳固的政治共同体来说是必不可少的制度要素。

> 人们容许古代把人间事情与神明活动相混，以使城的起源变得更加神圣，并且如若可以允许某个民族把自己的起源神圣化，尊奉它们的缔造者为神灵，那么罗马人民的战争荣威更是如此巨大，以至于当罗马人民称无比强大的马尔斯是他们自己和他们的奠基者的父亲时，各个民族也都怀着与承认罗马统治同样顺从的心境承认它。[1]

在李维之前，帕奈提俄斯（Panaitios，公元前180—前110）、珀律比俄斯（Polybios，公元前205—前120）和西塞罗（Cicero，公元前106—前43年）都已经表达过类似的看法，这种看法隐含着一个哲人式的观点：宗教是一个政治共同体的创制者出于政制建设的目的人为建立的。在多神教的语境中，这样的说法并不具有政治

〔1〕 李维，《罗马建城以来史》，序言7，王焕生译，北京：中国政法大学出版社，2009年，3页。

危险，何况当时能读书的人并非大众。但在基督教政制或犹太教政制或伊斯兰教政制的语境中，谁这样说谁就是在渎神。因为，这三大一神教都是启示宗教——先知作为创制者秉承的是上帝的启示，如果谁说基督教或犹太教或伊斯兰教不过是为了施行统治而人为建构出来的，无异于说上帝的启示是骗人。在基督教政制语境中，马基雅维利率先发挥了李维的观点——他说，与罗慕路斯相比，努玛对罗马共和国的创立贡献更大，因为，罗慕路斯创立的是政制和军队，努玛创立的是宗教——宗教不仅可以为政制提供稳定的基础，而且可以号令军队。[1]言下之意，宗教是政治上非常有用的骗术。马基雅维利虽然说的是古罗马的宗教，其实已经暗指基督教或犹太教或伊斯兰教，因为他把耶稣、摩西和穆罕穆德都视为立法者。然而，马基雅维利还不敢明目张胆地这样说，而是隐微地说——《论三个冒名顶替者》的作者敢于公然如此宣称，在当时引起的震荡可想而知。在《社会契约论》第二卷题为“立法者”的第七章后半部分，卢梭接过马基雅维利的话题，并在结尾时如此谴责

〔1〕参见马基雅维利，《李维史论》，薛军译，吉林出版集团，2010年，182—183页。

当时流传的手抄本《论三个冒名顶替者［骗子］》：

> 虚骄的哲学或瞎眼的宗派精神把这些人看成不过是些侥幸的江湖骗子（d'heureux imposteurs），真正的政治家则会赞美他们的制度所展现出的伟大而强有力的天才，正是这种天才主导着持久的功业。[1]

对卢梭来说，即便启示宗教都是人为构造的，也是伟大的功业。与《论三个冒名顶替者》的作者相比，卢梭还算不上一个激进的自由思想者——甚至马基雅维利也算不上。毕竟，马基雅维利和卢梭都认为，宗教对于政制来说必不可少。《论三个冒名顶替者》的作者则认为，任何宗教都只会带来偏见和专制。不过，与后来的激进自由思想者相比，《论三个冒名顶替者》的作者还不算勇敢，他毕竟没有公开自己的作者身份。这样一来，《论三个冒名顶替者》的作者究竟是谁，长期以来

---

〔1〕 卢梭，《社会契约论》，何兆武译，北京：商务印书馆，1980年，58页。一般认为，所谓“虚骄的哲学或瞎眼的宗派精神”指的是伏尔泰，因为伏尔泰在剧作《穆罕穆德》中称穆罕穆德是“骗子”。但卢梭在这里提到的是犹太人的立法者和阿拉伯人的立法者，将摩西与穆罕穆德并举，而非仅仅提到穆罕穆德。比较伏尔泰，《风俗论》，梁守锵译，北京：商务印书馆，2013年，227—228、631页。

都是一个谜。直到二十世纪，经过多位政治学史家的考索，西方学界基本上一致认定，作者就是托兰德。由此我们可以看到托兰德在西方近代思想史上的位置：他把马基雅维利的隐微论说变成了显白论说，使得秘密启蒙变成了公开启蒙。[1]对我们来说，认识托兰德既有助于理解马基雅维利的宗教政治论的激进性质，也有助于理解后来十八世纪启蒙思想的激进性质——就此而言，托兰德堪称西方启蒙文学形成史上的枢纽。

《论三个冒名顶替者》尽管激进，与《给塞伦娜的信》相比其实也算不上更激进。事实上，《论三个冒名顶替者》的基本观点已经见于《给塞伦娜的信》。不妨说，《论三个冒名顶替者》是《给塞伦娜的信》中的第三书的极端推衍。就其思想根源来说，《论三个冒名顶替者》不过是斯宾诺莎的《神学－政治论》结出的一个果实。[2]为了获得自由表达自己的哲学探究，

---

〔1〕 托兰德的好些著作和文章用匿名形式发表，还往往冒充中世纪的文章。这样一来，要判断托兰德究竟写过和发表过哪些著作或文章，就成了西方近代思想史和文学史上的一大公案。

〔2〕 关于《论三个冒名顶替者》与斯宾诺莎的关系，参见 S. Berti/F. Charles-Daubert/R. H. Popkin 编，*Heterodoxy*, *Spinozism*, *and Freethought in early eighteenth century Europe*（《十八世纪早期欧洲的异端、斯宾诺莎主义和自由思想》），Dortrecht，1996。

斯宾诺莎把启蒙世人、改造现有政治制度视为自己的目标，这意味着要用自然哲学的真理作为社会的道德秩序的基础——托兰德的《泛神论要义》让我们看到，他已经把斯宾诺莎的目标变成了政治纲领。

从篇章结构上看，施特劳斯的《迫害与写作艺术》与《给塞伦娜的信》颇为相似——两者均由一个“前言”和五个章节构成。这也许仅是巧合，因为，《给塞伦娜的信》的最后两封信都是在讨论斯宾诺莎的自然哲学，《迫害与写作艺术》最后一章的论题是论“如何研读斯宾诺莎的《神学—政治论》”。然而，两书篇章结构的相似可以启发我们回答这个问题：为什么施特劳斯在“迫害与写作艺术”这篇论文中对托兰德只字不提——因为，托兰德把斯宾诺莎的自由思想推向了极致，他不过是激进的斯宾诺莎分子而已。与《给塞伦娜的信》对照，《迫害与写作艺术》的最后一章“如何研读斯宾诺莎的《神学—政治论》”无异于揭示了托兰德的激进“自由思想”的来源，或者说揭示了托兰德提倡隐微写作的意图。

托兰德不知道或刻意隐瞒的是，斯宾诺莎所遇到的困境是几百年前的犹太哲人已经遇到过的困境。施特劳斯让迈蒙尼德出来与斯宾诺莎对质：迈蒙尼德没有放弃自己研究哲学的内在自由，但他放弃了研究哲学所要求的政治自由。与此相反，斯宾诺莎放弃了研究哲学的内在自由，转而寻求实现研究哲学所要求的外在自由——政治的自由，并由此提出了新的政制构想。在“《迷途指津》的文学特性”一文题为“道德困境”的第四节中，施特劳斯提出：

> 当时的人们普遍相信《律法书》的神启性质，相信永恒不变的律法的存在，这一信念主宰了公共舆论，而今日的情形则完全不同，公共舆论主要受历史意识支配。《塔木德》禁止人们通过写作讨论圣经的隐微教义，迈蒙尼德违反了这一禁令，他自己提出的辩护理由是，必须挽救律法。同样，尽管迈蒙尼德恳求大家不要解释《迷途指津》的隐秘教诲，但我们可以诉诸历史研究的要求来证明漠视这种恳求的正当性，因为如果不把迈蒙尼德的隐秘教诲揭示出来，那么，无论犹太教的历史，还是中世纪哲学的历史都有欠完整，而这种状况将十分可悲。若考虑到历史研究的基本条件，即思想自由，这一论证就显得更为有力。只要我们认可不得解释某种学说的禁令的正当性，思想自由看来就同样是不完全的。在我

> 们这个时代，思想自由所受到的威胁远甚于过去几个世纪，有鉴于此，我们不仅有权、而且有义务解释迈蒙尼德的教诲，以促成对如下问题的更好理解：思想自由究竟意味着什么？它预设了怎样的态度，要求作出怎样的牺牲？（《迫害与写作艺术》，页49）

这段话是针对二十世纪的学人说的，但“思想自由究竟意味着什么？它预设了怎样的态度，要求作出怎样的牺牲？”——这样的问题首先是针对斯宾诺莎（更不用说针对托兰德）提出来的。斯宾诺莎搞隐微写作，仅仅是为了“能尽量保护自己免遭迫害就足够了”，但为了达到“启迪那些不具哲人潜质的人的目的”，他的隐微写作尽可能让人读起来容易。通过对比迈蒙尼德与斯宾诺莎，施特劳斯已经让迈蒙尼德反驳了托兰德的老师斯宾诺莎。不仅如此，《迫害与写作艺术》这个书名本身就是一个显白/隐微的表达，因为，将显白/隐微写作仅仅归因于政治迫害是托兰德的显白/隐微论的关键论点，这种主张已经成为现代启蒙学说的基础，或者说，哲学探究的思想自由已经是现代民主政制的基础。从而，《迫害与写作艺术》这个书名符合现代民主政制的政治正确——然而，在这个书名之下，施特劳斯向有心人传达的是古典的隐微论教诲：隐微写作的必要性并非仅仅是由于政治迫害，更多是由于哲学与社会的天然对立。如果隐微写作的必要性仅仅是由于政治迫害，结论必然是：一旦实现了自由的社会，隐微写作就再也没有必要。如果隐微写作的必要性是由于人性的天然差异，那么，结论必然是：只要人性的差异是不可能人为抹去的自然事实，隐微写作就有必要。施特劳斯的《迫害与写作艺术》这个书名（或篇名）看起来支持的是现代启蒙式的隐微论，实际上是要恢复古典的隐微论。奇妙的是，在自由和宽容已经成了道德原则的美国的民主社会，向不具备哲学潜质的大多数人传授自然哲学的道理已经成了民主事业，质疑这种事业反倒需要采用隐微写作——于是，在哲学的内部法庭向斯宾诺莎提出道德检控的施特劳斯，在民主的美国遭到民主社会的哲学家提出的道德检控。

结语：斯威夫特与托兰德

如今，十七世纪的哲学家们所追求的少数无神论者的“思想自由”，已经变成了随便什么思想都能享有自由。在我们享有这一“思想自由”的今天——尤其大众传媒具有“全控”权力的今天，我们有了更多的经验来思考思想史家沃格林针对洛克的《基督教的合理性》说过的一句话：“那些幸运地具有［哲学］天赋的人们沉迷于不负责任的怪念头中，他们会造成相当多的混乱和痛苦，但是，当这些恶果呈现在面前的时候，他们又会辩称自己的意图被误解了”（《革命与新科学》，前揭，页211）。在《政治思想史稿》中评论托兰德时，沃格林以斯威夫特（Jonathan Swift，1667—1745）《驳在英格兰废除基督教》一文中的一句话作结——斯威夫特的这句话深刻地嘲讽了比自己仅小三岁的同乡“哲学家托兰德”（《革命与新科学》，前揭，页215）。沃格林没有提到《格列佛游记》，其实，斯威夫特的这部传世名作很可能与托兰德有关。在《给塞伦娜的信》的“前言”中，托兰德写过这样一段话：

> 这些信不过是对悠久的古代遗迹的单纯研究，或者是对哲学的简略论说，无意伤害任何人，倒是想要使所有的人感到愉悦，即使它们不能给读者以教益，总可以使人们得到消遣。至于对一切都怀有猜忌之心的那些人，他们的意见根本不为人所重，这已经使他们受到了足够的惩罚。这些心有怨气的游侠骑士们总在寻求新的冒险奇遇，

把他碰到的每一个人都当成一个巨人或者一个侏儒。(《给塞伦娜的信》，页19)

《格列佛游记》写于《给塞伦娜的信》之后约十五年，难道不可能设想，《格列佛游记》的写作灵感来自这段话？

在“迫害与写作艺术”这篇论文中，施特劳斯本来应该提到托兰德的名字却只字未提，本来无需提到斯威夫特，却在文章开头不久就提到《格列佛游记》(参见《迫害与写作艺术》，页17)——是否可以设想，施特劳斯是在以隐微笔法暗示，《格列佛游记》针对的正是托兰德？倘若如此，这种暗示意味着什么？在“如何研读斯宾诺莎的《神学—政治论》”一文中，施特劳斯写到：

伪哲学的类型数不胜数，因为每一位后起的伪哲人都试图对前人的成就做出某些改进，或避免他们的某些错误。因此，就连最有远见的人也不可能预见到会出现什么样的伪哲学，从而无法控制未来人们的心灵。……可以想象，有时候会出现一种特定的伪哲学，要想破除这种伪哲学的威力，就只能靠集中全力，精读老书。只要伪哲学占了上风，就需要有精细的历史研究，而在更

幸运的时代，这种历史研究原本是多余甚至有害的。(《迫害与写作艺术》，页148—149)

斯威夫特不仅自己“精读老书”(intensive reading of old books)，而且提倡“精读老书”，很可能因为他注意到，“一种特定的伪哲学”(a particular pseudo-philosophy)恰恰以谈论“老书”的面目出现——托兰德的诸多论著就具有这种面目，比如著名的“掌管钥匙的人：论显白和隐微哲学”。施特劳斯还写到：

在哲学研究中，斯宾诺莎根本不知道什么是权威。有两类完全不同的作者：一类作者认为他们只是某一古老传统链条上的一环，正因为如此，他们就使用引喻性、省略性语言，而这种语言只有在该传统的基础上才能为人所理解；另一类作者认为传统没有任何价值可言，于是他们就使用各种风格手段，尤其是引喻性、省略性语言，以期把传统从他们最理想的读者脑子中连根拔除。(《迫害与写作艺术》，页183)

斯威夫特和托兰德都是善于“使用各种风格手段，尤其是引喻性、省略性语言”的作家，然而，斯威夫特把自己视为“古老传统链条上的一环”，托兰德则“认为传统没有任何价值可言”。他的写作为的是让未来的一代又一代年轻人的脑子中再也没有“古老传统”，只有单纯的批判理性。可是，托兰德的写作又让自己显得博古通今。他这样做的目的，恰恰是为了“连根拔除”古典传统。古典的隐微论基于“审慎”这一哲人的德性原则：不让哲学的自由探究危及大多数人赖以为生的宗教信念。[1]托兰德并非不知道这一古典隐微论的要义，毕竟，古人对此有明确的论述——托兰德自己就说过：“徐内修斯（Synesius）频繁地表示，有时撒谎是一种权宜之计，以便做好事；真正的哲学真理对于俗众来说并无必要，他们获得知识之后反而可能受到伤害”（《掌管钥匙的人》，页99）。但是，在托兰德关于显白和隐微哲学的整个论述中，他恰恰抛弃了古典隐微论的这一要义。在托兰德那里，显白/隐微

〔1〕《格列佛游记》记叙了一个有极高智力欲求天性的人的自我认识过程——与慧骃族人的相遇，是格列佛的自我认识最为关键的一环。他发现，慧骃族人不仅在好奇心方面与他旗鼓相当，而且追求智性知识的献身精神比他还要强烈，因为，慧骃族人献身智性知识的热情受一个伟大的理想支配：打造一个“理性的社会”。由于这个理想，慧骃族人自己先组成了一个社会，这个社会的美德是友谊和仁慈。然而，这两种美德的根基却在自然理性：“他们遵循大自然的教导，热爱自己的所有同类；区别彼此时，唯理性是凭，以高超的美德为准。”参见伯柔，“《格列佛游记》与矮化哲人”，刘小枫编，《古典诗文绎读：西学卷·现代编》，上册，北京：华夏出版社，2009年，478—480页。

写作仅仅是促进自由思想的手段，这种写作手法仅仅是为了对付审查制度。虽然托兰德引证大量“古人”来证明自己的观点，实际上不过是用一个“自由思想者”的诉求来篡改古人的观点——除非我们自己熟悉苏格拉底关于“秘密哲学”的教诲（参见柏拉图，《普罗塔戈拉》，342a6—343b3），我们没可能知道托兰德的“苏格拉底协会”政纲是彻头彻尾的反苏格拉底。我们可以有把握地说，施特劳斯在“迫害与写作艺术”一文中说的下面这段话，恰恰来自柏拉图笔下的苏格拉底关于“秘密哲学”的教诲：

> “智者”与“俗众”之间有一道鸿沟，这是人类本性的一个根本事实，不管大众教育取得怎样的进展，都不会对它有丝毫影响：哲学或科学根本上是“少数人”的特权。这些作家还确信，哲学本身受到大多数人的怀疑和敌视。即便并没有什么特定的政治势力让他们感到惧怕，那些从这一假定出发的人还是会被迫得出一个结论：公开传播哲学真理或科学真理是不可能的，也是不可欲的，不仅暂时如此，而且永远如此。（《迫害与写作艺术》，页28）

“如何研读斯宾诺莎的《神学—政治论》”一文

正是依据苏格拉底关于“秘密哲学”的教诲来拷问斯宾诺莎——与此相反，启蒙哲人认为，通过普遍推行的哲学教育，人人都可以成为有理性的“智者”，倒像是希琵阿斯的主张（参见柏拉图《普罗塔戈拉》，337c6—337e3；比较托兰德“掌握钥匙的人”一文的开头）。换言之，托兰德的“苏格拉底协会”其实应该是“希琵阿斯协会”。自由主义学人德鲁里自认为了不起地发现：施特劳斯持有的是精英主义立场，古典的隐微论预设的是极端的反平等主义，以为大多数人不具备哲学潜质，都是不可开花的“庸众”。这充分表明，德鲁里是托兰德最理想的读者，在她的头脑中，苏格拉底关于“秘密哲学”的教诲已经被“连根拔除”——吊诡的是，在《普罗塔戈拉》中，最具有精英主义立场的恰恰是希琵阿斯。由此可见，在我们这个时代，要具有辨识“伪哲学”的眼力，的确得像斯威夫特那样“精读老书”。

谋杀启蒙

施特劳斯笔下的雅可比之“相”

徐　戬

（中山大学哲学系）

我看到面前是一片狰狞的死亡之海，没有圣灵能够使其流动、变暖、复活：因此我期望有一场洪水，随便一场，哪怕是来自蛮夷，来冲刷这丑恶的泥沼，如暴风一般就地清扫，还给我们一个原始的、干净的大地。

——雅可比，《沃尔德玛》（1779）

一、字里行间

2007年，艾尔特曼（William H. F. Altman）发表了一篇文章，题为《莱辛之后的显白论：雅可比对施特劳斯的持久影响》，把去世30多年的政治哲学大师施特劳斯告上学术良知的“法庭”。[1]艾尔特曼是美国公立高中教师，教过不少人文课程，然而，他在学术上初出茅庐就提交这样的“诉状”，不免令人惊诧。

1939年，施特劳斯做了一次学术报告，然而这篇讲稿在生前并未发表，直到他去世之后，才由学生整理面世，题为《显白的教诲》。施特劳斯所遭到的各种訾议并不鲜见，艾尔特曼的指控显得与众不同，他细心揣摩《显白的教诲》，在字里行间居然发现，施特劳斯著名的隐微写作论其实来自雅可比，而非他在公开场合所宣称的莱辛。

众所周知，自由派学人德鲁里早已致力于揭发施特劳斯的“邪恶教诲”，而且声称运用了施特劳斯本人解读文本的方法。[2]德鲁丽的观点颇有争议，虽然未能为学界普遍接受，但在公共舆论方面产生了广泛影响。艾尔特曼与众不同，他的解读主要集中于施特劳斯

---

〔1〕 William H. F. Altman, “Exotericism after Lessing: The enduring influence of F. H. Jacobi on Leo Strauss”, 见 *Journal of Jewish Thought and Philosophy* 15, 2007, pp. 59–83.

〔2〕 德鲁里,《施特劳斯的政治思想》, 赵琦译, 北京: 新星出版社, 2009年。

的单篇讲稿，就其细致程度而言，即便在施特劳斯学派内都并不多见。虽然不算知名学者，他这种字里行间的读法却比德鲁里有过之而无不及。此后，他继续发表了几篇相同题材的论文，并在此基础上写成专著《德国的异邦人：施特劳斯与国家社会主义》。[1]

艾尔特曼认为，施特劳斯刻意隐瞒了自己隐微写作论的真正来源。他从这篇讲稿入手指控施特劳斯，理由不难理解：为了最终揭发施特劳斯的邪恶教诲，必须首先揭露施特劳斯本人运用了隐微手法，只有这一前提成立，字里行间提供的证据才能令人信服。然而，施特劳斯不是一向以揭示思想史上的隐微写作著称吗？按照艾尔特曼的解释，施特劳斯对隐微写作的揭示并不意味着学术上的坦诚，因为，这种揭示本身仍是显白的，《显白的教诲》一文就是显例——施特劳斯对自己的思想渊源有意撒谎。于是，施特劳斯明确论述隐微写作的文章《显白的教诲》就成了关键线索，要想在学术良知的法庭上起诉施特劳斯，必须细读《显白的教诲》——这篇未刊讲稿是施特劳斯英文撰述中唯一论及雅可比的文章。

---

〔1〕 William H. F. Altman, *The German Stranger*: *Leo Strauss and National Socialism*, Lexington Books, 2012.

学界主流观点一般认为，施特劳斯对显白论的发现受益于莱辛，他在《显白的教诲》中明确讲过，莱辛是最后一位懂得显白写作的哲人。[1]针对这一流行观点，艾尔特曼提出了自己的解读思路：1，施特劳斯将雅可比视为显白作者；2，施特劳斯有自己充分的理由；3，如何以施特劳斯的方式审视雅可比；4，雅可比对施特劳斯的影响；5，施特劳斯以显白的方式呈现雅可比的显白写作。根据艾尔特曼提供的解读线索，雅可比的思想史身份成了揭示施特劳斯真实面目的关键。

思想史上的雅可比究竟何许人也？

1783年，雅可比公开宣称，莱辛生前秘密信奉的是当时名声败坏的斯宾诺莎主义。雅可比这一说法立刻引起了思想界的轩然大波，随即，雅可比同莱辛生前的挚友门德尔松展开了一场争执。不到两年光景，这场纠纷迅速扩散到公共场合，当时德国诸多思想精英纷纷卷入论战，其中有康德、赫尔德、歌德、哈曼……这场纷争最终发展为攸关启蒙正当性的全面论战。自康德的《纯粹理性批判》在1781年出版之后，雅可比引发这场论战堪称德

〔1〕 施特劳斯，《显白的教诲》，见施特劳斯，《古典政治理性主义的重生》，郭振华等译，北京：华夏出版社，2011年，121页。

国18世纪晚期最为重要的历史事件——史称泛神论之争。

为了弄清艾尔特曼的指控，泛神论之争是绕不过去的思想史背景，其中雅可比引起巨大争议的文本题为《关于斯宾诺莎学说的书简》(*Briefe über die Lehre von Spinoza*)，主要内容是莱辛生前就斯宾诺莎问题同他本人的对谈。这场论战涉及的核心人物是斯宾诺莎、莱辛、雅可比、门德尔松，对理解施特劳斯的思想起点至关重要。就雅可比而言，施特劳斯至少曾经在三个不同场合明确论及。第一次是他的博士论文，第二次是他编辑门德尔松文集时撰写的系列导言，第三次就是这篇生前未刊讲稿《显白的教诲》。其实，施特劳斯还有一个没有完成的写作计划，明显涉及雅可比和泛神论之争，但他后来放弃这一计划，转而写成著名的《迫害与写作艺术》一书。

二、案中有案

受到柯亨的思想影响，施特劳斯在学术上从新康德主义起步，他在汉堡师从柯亨的杰出弟子卡西尔，博士论文的题目是《雅可比学说中的认识论问题》。显然，施特劳斯的学术起点与康德传统有着深厚渊源。但是，这一论文选题不免令人惊讶，因为，雅可比在思想史上向来以批判康德闻名。在晚年的公开场合，施特劳斯给人留下的印象是自己的博士论文无足轻重，对我们来说重要的是，雅可比在这篇早期写就的博士论文中是如何出场的——雅可比在这篇博士论文中的出场相当蹊跷。[1]

在论文前言中，施特劳斯请求读者“应当少关注雅可比本人，多关注一定程度上由‘雅可比’之名所标示的问题，或者更确切地说，问题视角（Problem-perspektiven）”（同上，页125）。随后，在论文的第一部分开篇，他具体解释了何谓哲学的永恒问题：

> 毫无疑问，一种有自知之明的哲学，一种不愿对导致自毁的相对主义听之任之的哲学，会将其所追求的真理作为一种不依赖于哲学、却又与其密切关联的持存（Bestand）来思考，哲学不创造这种持存，而是探究、发现并肯定这种持存。（同上，页126）

施特劳斯使用“雅可比之‘相’”这一表述，明显让读者联想到柏拉图的相论，于是，论文呈现出柏

〔1〕 施特劳斯，《雅可比哲学中的认识论问题》，见施特劳斯，《哲学与律法：论迈蒙尼德及其先驱》，黄瑞成译，北京：华夏出版社，2012年，123—184页。

拉图哲学同现代理性主义之间的紧张（同上，页124、172）。如果说，柏拉图哲学代表了哲学的永恒问题，现代理性主义就蕴含着雅可比激烈批判的“虚无主义”。在施特劳斯笔下，雅可比让两种不同类型的哲学尖锐对峙，一种是“不高贵的”类型，夸大了恐惧，一种是“高贵的”类型，夸大了勇气和希望。在启蒙运动中，这种“不高贵的”类型取得了统治地位，堪称一种“沦落”（Verfallsentwicklung）（同上，页127—129）。施特劳斯随即评论道，“怀疑是理论上的恐惧，信仰是理论上的英雄主义”（同上，页136）。

显然，雅可比对施特劳斯的思路有着深远影响，然而，简森斯提醒我们，这种影响不宜夸张，因为，雅可比的伟大榜样乃是莱辛本人。[1]艾尔特曼纠缠于施特劳斯的文本细节，很可能对这一影响做出了过度阐释。我们对泛神论之争并不熟悉，当务之急是透过思想史研究具体了解其哲学含义。

1785年冬天，柏林的天气极为寒冷。就在这一年的最后一天，门德尔松（Moses Mendelssohn）冒着凛

〔1〕 简森斯，《启蒙问题》，见施特劳斯，《哲学与律法：论迈蒙尼德及其先驱》，黄瑞成译，北京：华夏出版社，2012年，211—216页。

冽的寒风离开住所，急忙将自己的手稿《致友人莱辛》交付出版——他实在不想同论敌雅可比继续纠缠下去。由于出门时过于激动，这位著名的启蒙哲人居然忘记穿上外套……这是一个致命的错误。由于本来孱弱的身体经不住风寒的侵袭，他回家后不幸病倒，病情迅速恶化，于1786年初终于不幸去世。

门德尔松是启蒙运动的代表性人物，被公众视为18世纪的苏格拉底，这位启蒙哲人的意外死亡引起主流舆论的同情，当时的启蒙圈子普遍认为，雅可比对门德尔松之死负有直接责任。据说，雅可比寄来的书信摧残了门德尔松的健康，在与雅可比的论战中，门德尔松耗尽了最后的心血……公众随即爆发了一场众说纷纭的争执。

门德尔松之死是深具象征意义的思想事件，标志着启蒙运动本身的死亡，两百年来，泛神论之争成了扑朔迷离的思想案件。1987年，思想史家贝瑟（Frederick Beiser）出版了专著《理性的命运：从康德到费希特的德国哲学》，在他笔下，泛神论之争这桩悬案终于有了重大进展。[1]贝瑟认为，即便雅可比没有实

〔1〕 Frederick Beiser, *The Fate of Reason: German Philosophy from Kant to Fichte*, Cambridge, Mass.: Harvard University Press, 1987.

际杀死门德尔松，至少也实施了象征性地谋杀，这样一来，雅可比就成了谋杀启蒙的“凶手”（同上，页75）。贝瑟在书中提交了一份栩栩如生的案情报告，如今已经成为英美学界的权威见解。

艾尔特曼遇到的麻烦在于，要追究施特劳斯的罪责，首先要认清泛神论之争中雅可比的思想面相，然而，泛神论之争本身就曾经是思想史上的著名悬案。按照他的指控，施特劳斯在思想史上继续行凶，而且沿袭了雅可比的作案手法——我们如今面对的困境是案中有案。艾尔特曼认为，施特劳斯隐藏了自己的作案线索，其实是为了完成雅可比的未竟使命，这等于在说，思想史上的泛神论之争并没有真正结束，施特劳斯在20世纪继续了泛神论之争——因此，必须缉拿这位雅可比的思想同谋最终归案。

三、启蒙之死

贝瑟犹如一位杰出思想史侦探，为我们还原了雅可比的作案过程。他把我们领到谋杀现场，亲眼目睹案情的来龙去脉，于是，启蒙运动幕后鲜为人知的案情逐渐水落石出……从思想史上看，泛神论之争对理解启蒙哲学极为重要，至于这场悬案的历史意义，贝瑟认为起码可以从三个方面加以理解：

首先，泛神论之争直接唤醒了德国的斯宾诺莎主义。歌德时代的几乎所有重要人物都开始推崇斯宾诺莎，其中有歌德、诺瓦利斯、荷尔德林、赫尔德、施勒格尔、黑格尔、施莱尔马赫、谢林……一夜之间，斯宾诺莎的声誉发生了戏剧性的转变，按照海涅的说法，泛神论成了“德国非官方的宗教”。

其次，通过泛神论之争，康德主义迅速崛起。此前，康德的影响仅限于学院的小圈子内，远远谈不上什么公众影响。1786 年的秋天，莱因霍德（Reinhold）出版了《关于康德哲学的书简》(*Briefe über die kantische Philosophie*)，面向公众深入浅出地讲解康德哲学。这一举动引起广泛轰动，成了康德哲学产生公众影响的转折点。然而，莱因霍德之所以取得成功，恰恰在于他使批判哲学切入了当时公众最为瞩目的论战——泛神论之争。

第三，泛神论之争揭示了启蒙运动的深刻危机，在很大程度上加速了启蒙运动的最终衰落。最初对启蒙运动进行造反的是狂飙突进运动，当时涌现出大量的小说和戏剧，以感觉的权利对抗启蒙理性的冰冷统治，这一潮流的实质是个体解放，高举“自我”的旗帜冲击令人压抑的社会规范。然而，启蒙理性仍在主导思想领域，“大众哲学”在社会上继续普及……正是通过泛神论之争，雅可比前所未有地挑战了启蒙运动的根本预设（贝瑟，前揭，页44—48）。

在一处不显眼的脚注里，贝瑟提到自己侦破过程中受益最多的两位学者，分别是阿尔特曼和施特劳斯（贝瑟，前揭，页335）。我们看到，简森斯的研究引用了贝瑟的成果，阿尔特曼的解读则利用了贝瑟和简森斯的结论（简森斯，前揭，页185—216）。追根溯源，施特劳斯这位被告在几十年前就暗示了启蒙之死这一悬案的线索。

1785年，雅可比出版了《关于斯宾诺莎学说的书简》（*Briefe über die Lehre von Spinoza*），矛头直接指向启蒙运动的核心教义——对理性的信仰。《书简》极大撼动了启蒙思想的垄断地位，对思想界乃至公众产生了巨大冲击——歌德认为《书简》是“一场爆炸”，黑格尔干脆称之为“一个晴天霹雳”。门德尔松是柏林启蒙圈子的领袖人物，雅可比利用德高望重的莱辛对启蒙展开攻击，无疑经过了深谋远虑的策划，比较而言，门德尔松的反击极为牵强，拿不出什么坚实的证据。

什么是对理性的信仰？按照贝瑟的解释，就是相信常识、道德和宗教的原初事实都能够以理性为根据，理性比传统更好地支撑了常识、道德和宗教的自然信念。这样一来，理性的权威势必会取代传统的权威。雅可比主要针对这一相当可疑的前提展开攻击，他给出的理据是，理性非但没有支撑常识、道德和宗教的原初事实，反而抽空了这些原初事实的根基。如果我们把理性原则贯彻到底的话，就不得不去拥抱无神论、宿命论和唯我论，最终结果就是拒斥任何事物的存在——无论是上帝、自由、他人、外部世界还是我们自身。为了指控启蒙运动的灾难性后果，雅可比首次使用了一个在思想史上影响深远的词汇——“虚无主义”（贝瑟，前揭，页46）。

施特劳斯注意到，雅可比的表述存在着故意的含混和矛盾，写作手法显得别有用心。这种作案手法相当诡异，使得门德尔松至死都不明就里。不仅如此，就连后世不少思想史家对此都束手无策，并未在实质上超出门德尔松的理解能力。为了对启蒙进行致命打击，雅可比游移在不同立场之间，根据对手的反应灵活改变策略，忽而站在无神论立场批判启蒙教士的道德教条主义，忽而站在传统信仰的立场批判他们的无神论教条主义（简森斯，前揭，页211—216）。施特劳斯尤其留意到雅可比的修辞，由此指认凶手的哲人身份：

> 人们已经注意到，他缺乏雅可比的精神自由，因此，他仍然无法理解雅可比何以在无神论与基督教之间摇摆不定：有时候，他真的不知道他碰到的雅可比是个无神论者还是个基督徒；只在短暂的瞬间，他可能上升到这样的洞见：雅可比是一位哲人。（简森斯，前揭，页212）

然而，施特劳斯的敏锐判断并未引起主流学界关注，进入新的世纪以来，关于施特劳斯早期思想的研究不断升温，于是，重新审理这场对启蒙实施的思想谋杀变得刻不容缓。

四、致命毒药

雅可比并未停留于对理性的虚无主义指控，而是继续深入挖掘启蒙背后的根本动机。他怀疑的是启蒙运动一个根本信念：存在着与人的利益无涉的、纯然客观的理性探究。如果启蒙的这一信念并不成立，启蒙就失去了与偏见、迷信和无知进行英勇斗争的理据。

站在启蒙的立场上，旧的偏见不过是教会和贵族用来遮掩自身利益的工具，然而，如果理性并不具有自诩的客观立场，就难免同样沦为一种用以掩饰自身利益的新的偏见。一旦理性无法做到超然地客观，那么，启蒙就与敌人处在同等的水准上，只不过是在以一种偏见攻击另外一种偏见而已。

从理性和意志之间的关系入手，雅可比揭示出这一根本信念的谬误：并非理性统治着我们的利益和欲望，恰恰相反，正是我们的利益和欲望统治着理性。可见，启蒙运动颠倒了理性和意志的主奴关系，实际情况是，理性是我们的意志的奴隶。雅可比的独到之处在于，他认为这种情形不仅存在于实践领域，而且可以延伸到理论领域。这意味着，无论是实践领域中的好、坏，抑或理论领域中的真、伪，都取决于我们的意志，最终，我们无法把理论和实践截然区分开来。从这一立场难免会引出的结论是，一切理论都取决于正当的实践。

雅可比这种听起来相当极端的看法理据何在？首先，理性只能理解自己的造物，亦即只能理解符合理性自身法则的造物。这一说法对启蒙哲学来说并不新颖，康德就持同样的观点。其次，理性的创造活动绝非与利益无涉，而是受到利益和欲望的控制，理性甚至并不理解这种更为基本的生存本能。这两点洞见坚硬地挑战了理性自诩的客观立场：真理并不存在所谓的客观标准（贝瑟，前揭，页85—89）。

按照启蒙哲学的观点，人们可以拥有关于外部对象的客观知识，然而，雅可比否认存在着这种客观知识。在他看来，启蒙哲学颠倒了理性和自然的真实关系，并非理性符合自然，而是自然符合理性，换句话说，真理的标准并非来自自然，相反，理性自身创建了真理的标准。这一立场听起来接近康德哲学，然而他否认了存在着康德所谓普遍的和必然的法则，于是，康德意义上的客观性依据就被抽空了。雅可比认为，理性绝非纯然自主，而是受到我们自然欲望的控制。我们无法把理性同我们的自然欲望完全切割开来，相反，理性的任务恰恰是满足人的自然欲望。理性所创建的法则服务于人的利益，人的利益决定了理性考量的标准。在他看来，决定着我们理性的各种利益之间是冲突的，彼此之间并不存在可以调和的理性标准。

根据这一立场，雅可比颠倒了传统意义上理论和实践的关系，我们的知识并非来自与利益无涉的沉思，而是来自人的心性和行为，正是我们的德行决定了我们的洞见。既然我们的行动决定了我们的知识，而我们的行动又取决于我们身处其中的文化，那么，哲学就无非自身时代的产物——哲学是时代的自我反思。早在黑格尔的《精神现象学》问世二十年前，雅可比已经宣称“每个时代拥有自己的真理，正如每个时代拥有自己的活的哲学……”。重要的是，雅可比的立场具有政治含义，他坚持认为，要想促进一个时代的哲学，首先要“改变这个时代的历史、行为方式和生活道路”（贝瑟，前揭，页88—89）。雅可比认为，当代最大的问题是日益增长的唯物主义，亦即把财富和安适至于一切之上的倾向，这必然会败坏共同体的道德品质。解救当代危机的唯一途径是重建道德，这意味着重返先辈们所践行的宗教信仰。

我们知道，施特劳斯后来一向致力于批判历史主义，可见并未全然接受雅可比的历史主义立场。施特劳斯之所以尤其看重雅可比，主要在于雅可比对启蒙哲学的尖锐批判。雅可比认为，启蒙不过是一种理性僭政，教条程度比大公教会毫不逊色，堪称“耶稣会派和哲学上的教权”。启蒙教士把自己当成真理的最高法庭，把所有歧见都贬低为缺乏理性，恰恰背离了他们声称要捍卫的宽容精神和思想自由。不仅如此，为了顺应道德、宗教和政治现状，他们丧失了理智上的诚实。他们尽管声称要实现彻底批判和自由探究的理想，却想避免思想风险，只要危及道德、宗教和政治的根基，他们就放弃了批判和探究。在雅可比看来，这显然是十足的虚伪（贝瑟，前揭，页75—76）。

雅可比把这种虚伪斥为“功利主义”，因为，启蒙教士并非看重哲学本身的内在价值，而是把哲学当成达到目的的一种手段，这一目的无非就是启蒙：教育大众。因此，柏林的启蒙圈子实际上都是“大众哲人”（Popularphilosophen），亦即把高深莫测的哲学普及到大庭广众去，为此牺牲了彻底批判和自由探究的理想。值得问的是，哲学真的能够支撑道德、宗教和政治？在雅可比看来，哲学对道德、宗教和政治恰恰是一种威胁。贝瑟尖锐地问道：

> 然而，哲学能同时服务于两个主人吗？同时服务于理性和公众？哲学有可能既是批判的又是实践的、既是理性的又是负责的、既是忠诚的又是实用的吗？究竟什么才是哲学的目标？为了真理还是为了大众的幸福？为了探究而探究还是为了去启蒙大众？这就是雅可比提出的问题，柏拉图在《申辩》中同样如此。跟苏格拉底一样，雅

> 可比确信这一问题包含了导致悲剧性冲突的所有素材。在他眼里，哲学在本质上就是不负责任的，无论对苏格拉底还是哈曼，这种消遣都会引起大众嫌恶。以为哲学会支撑道德、宗教和国家，纯属臆想。甚至恰恰相反：哲学侵蚀了道德、宗教和国家。如果我们毫无保留地把自由探究进行到底，那么必然会以怀疑主义告终。而怀疑主义则会侵蚀道德、宗教和国家的根基。于是，我们就面临一个致命的幽灵：无神论、宿命论、无政府主义。（贝瑟，前揭，页76）

贝瑟把雅可比的虚无主义批判上升到苏格拉底问题的高度，的确抓住了问题的要害。他深刻地指出，苏格拉底的悲剧就在于奢望同时满足这两个无法调和的目标。[1]如果认真对待雅可比的虚无主义批判，我们就会对启蒙的致命困境感同身受：哲学不可能既服务于真理，同时又服务于大众。如果要真正忠诚于“独立之精神、自由之思想”，就难免会舍弃启蒙方案，若要贯彻启蒙方案，就必须对“独立之精神、自由之思想”有所节制。

---

〔1〕 哈曼，《纪念苏格拉底》，北京：华夏出版社，2009年。

如此一来，雅可比的作案动机就再清楚不过了。莱辛素来为柏林的启蒙圈子所敬重，利用笔下的莱辛形象批判启蒙哲学，无疑是对这些启蒙分子的致命打击。贝瑟意味深长地写道，揭露莱辛信奉斯宾诺莎主义，这正是雅可比为启蒙分子精心调制的毒药——有如苏格拉底曾经喝下的毒酒（贝瑟，前揭，页76）。这无异于在说，雅可比作案出于一个高尚的动机：让这些大众哲人们重新从苏格拉底那里吸取沉痛教训。

如此看来，《关于斯宾诺莎学说的书简》采取了对话形式，就毫不奇怪了，这无疑出自柏拉图式的笔法——雅可比笔下的莱辛有如柏拉图笔下的苏格拉底。雅可比还写过两部思想性的小说，分别是《沃尔德玛》和《阿尔维尔》，据说同样是以诗化哲学的方式批判康德哲学。在他眼里，莱辛真诚地面对了虚无主义后果，是启蒙运动中最为彻底的思想家，因此，当代的苏格拉底乃是莱辛，而非大众哲人门德尔松——尽管他是公众眼中的“苏格拉底”。[1]

由于艾尔特曼的指控，我们更加清楚地看到施特劳

---

〔1〕 维塞尔，《莱辛思想再释：对启蒙运动内在问题的探讨》，北京：华夏出版社，2002年，1—8页。

斯的思想经历，正是雅可比对启蒙哲学的致命批判，使施特劳斯看清了现代理性主义的本相。他告别曾经寄托了自己学术理想的新康德主义，毅然走向对深受康德影响的现代哲学的彻底反思，重启苏格拉底问题。[1]令人难以理解的是，艾尔特曼在亲眼目睹施特劳斯的思想搏斗之后，何以仍然不肯回头——其实，真正需要辩护的反而是提出指控的艾尔特曼。

艾尔特曼的指控并非出于对思想自由的哲学热情，而是出于启蒙教士的政治狂热。对施特劳斯的指控跟苏格拉底所受的指控异曲同工：不敬城邦神——自由民主；败坏年轻人——用“特洛伊木马”散播虚无主义。因此，这反而让我们认清艾尔特曼的真实面目：他是莱辛—雅可比眼中的狂热分子（Schwärmer）。[2]我们不禁会想到柏拉图的《苏格拉底的申辩》，以重新认识指控苏格拉底的角色究竟是哪一号人……

---

〔1〕 Samuel Moyn, From experience to law: Leo Strauss and the Weimar crisis of the philosophy of religion [J], in *History of European Ideas* 33, 2007, pp. 174–194.

〔2〕 Anthony J. La Vopa. The Philosopher and the ‘Schwärmer’: On the Career of a German Epithet from Luther to Kant [J], in *Huntington Library Quarterly*, Vol. 60, No. 1/2, Enthusiasm and Enlightenment in Europe, 1650–1850, 1997, pp. 85–115.

在亲身经历这场惊心动魄的案情后，人们或许对我们时代的狂热分子有了抵御能力。面对这类虚张声势的指控，很有必要重温莱辛的劝诫：

> 不妨设想，有人在我们的时代挺身而出，站在感悟的巅峰不屑地俯视学人族最重要的营生，以苏格拉底般的魄力发现这些浪得虚名的哲学匠人的可笑之处，并且敢以清晰无误的语调宣告：
>
> 看呵！你们的学问实为智慧上的幼稚，
>
> 对明白人纯属消遣，对瞎子般的自负无非安慰！〔1〕

〔1〕 莱辛，《赫恩胡特人引发的思考》，见莱辛，《论人类的教育：莱辛政治哲学文选》，刘小枫编，朱雁冰译，北京：华夏出版社，2008 年，7—8 页。

哲人与僭政

施特劳斯与科耶夫关于《论僭政》的争论

刘　振

（扬州大学哲学系）

冷战“打到”第二年，身在美国的施特劳斯（Leo Strauss）给法国的俄裔哲人科耶夫（Alexandre Kojève）寄出一封长信，请这位老友评论一本自己“即将问世的小书”[1]——《论僭政》（*On Tyranny*）。施特劳斯写道，之所以特别向科耶夫提出这个请求，是因为“除了你本人［指科耶夫］和克莱因（Jacob Klein），在法国再没有其他人理解我想做什么”（页

[1] Victor Gourevitch and Michael S. Roth ed.，*On Tyranny*，*Revised and Expanded Edition including the Strauss-Kojève Correspondence*，the University of Chicago Press，2000，p. 236. 中译本见何地译，《论僭政——色诺芬〈希耶罗〉义疏》，北京：华夏出版社，2006 年。本文所引《论僭政》原文均由笔者据英文本译出，下文不再加注，仅随文标示英文本页码。

236）。关于这一点，施特劳斯后来有一个更为直白的说法，“科耶夫属于懂得如何思考并且热爱思考的极少数人……一句话，科耶夫是哲人，不是知识分子（intellectual）”（页185—186）。因此，施特劳斯本质上将这部“即将问世的小书”与科耶夫的评论看作哲人之间的一次私人性的对话。

哲人施特劳斯为何要与哲人科耶夫对话？真正意义上的哲学本身就是作为辩证术的对话。[1]在给科耶夫写信之前，施特劳斯专门读过科耶夫对黑格尔《精神现象学》的解释，他深知科耶夫是基于黑格尔哲学捍卫现代立场的现代哲人。《论僭政》的根本意图是借助色诺芬的《希耶罗》揭示苏格拉底式的古典哲学，哲人施特劳斯相信，古典思想必须彻底认识现代思想的真正根基。值得思考的是，站在现代哲学的立场上捍卫现代思想的哲人并非只有科耶夫，施特劳斯为何选择科耶夫，而非当时西方世界的盖世大哲海德格尔？

一个极为重要的原因是，科耶夫既是“代表现代立场的聪明的、头脑完全清醒的人”，又没有“海德

[1] 柏拉图，《帕默尼德》（*Parmenides*）135d—136c。

格尔怯懦的含糊其辞”（页244）。事实上，施特劳斯十分清楚海德格尔对于现代思想的意义，他在晚年与克莱因的一次对谈中讲到：

> 至高形式的或海德格尔式的当代哲学与古典哲学的区别是由当代哲学的历史特性塑造出来的，它以所谓历史意识为先决条件，所以，必须了解这种意识多少有些隐秘的根源。[1]

在评价科耶夫的黑格尔解释时，施特劳斯说得也很清楚：“除了海德格尔，恐怕在我们的时代没有任何一个人写过这样一部既全面又聪明的书。换句话说，在我们的时代，没有人像你这样出色地证明过现代思想”（页236）。可见，现代思想的真正根基是历史主义（historicism），海德格尔哲学是其极端形式。[2]不过，由于海德格尔极其隐晦的“含糊其辞”，要在他那里发现历史主义的隐秘根源十分困难。在《论僭政》的一则纲领性的注释中，施特劳斯借助马基雅维利揭示

〔1〕施特劳斯，《剖白》，见刘小枫编，《施特劳斯与古典政治哲学》，上海：上海三联书店，2002年，731页。

〔2〕在1950年给科耶夫的一封信中，施特劳斯特别谈到《林中路》（*Holzwege*），随即给出一个论断：“最极端的历史主义”（《论僭政》，244）。

了这个根源：

> 古典政治哲学将人的完善或人应该如何生活作为它的方向，它的顶点是关于最佳政治秩序（best political order）的描述。这种秩序指的是这样一种秩序，实现它的可能并不需要人性的奇迹或非奇迹的改变，但是，它的实现被认为并不可行（probable），因为它被认为依赖于机运（chance）。马基雅维利一则要求人们不应该基于人应该如何生活而应该基于他们实际上如何生活来确定其方向，再则认为可以或应该掌控这种机运，他以此攻击这个［古典］见解。为所有真正的现代政治思想奠定基础的正是这个攻击。关心实现“理想（ideal）”的保证导致人们降低政治生活的标准，并且导致了“历史哲学”的出现：即使马基雅维利的现代对手们也不能恢复古典作品关于“理想”与“现实（reality）”之关系的头脑清醒的见解。（页106）

这则纲领性的注释表明，施特劳斯认为现代历史哲学源于一种实践性的抱负——保证言辞中的“理想”的实现。不过，与马基雅维利及其“现代对手们”相比，科耶夫的历史哲学显得相当特别。施特劳斯格外看重科耶夫，很可能出于一个后来在科耶夫对《论僭政》的评论中得到证实的重要事实——科耶夫的历史哲学甚至与黑格尔也有所不同，在科耶夫那里，现代政治哲学似乎同样可能源于一种理论性的抱负，换言之，就哲学与政治的关系这一政治哲学的最高问题而言，同样可能基于一种理论真理的要求采取现代立场。科耶夫的《僭政与智慧》（"Tyrrany and Wisdom"）力图证明，就"哲学"的原初含义或真理的本质要求而言，哲学必然或必须在相当程度上成为实践性的政治技艺，哲人必须推进历史性的政治"运动"（movement），这场政治运动最终必然实现一个普遍同质国家（universal-homogeneous state）。

《僭政与智慧》是科耶夫评论《论僭政》的力作。施特劳斯没有看走眼，作为在法国能够理解他的仅有的两个人之一，科耶夫对施特劳斯所推崇的苏格拉底式古典政治哲学的基本理路洞若观火。正是由于这个原因，在后来回应学界的《色诺芬〈希耶罗〉重述》（"Restatement on Xenophon's Hiero"）中，当时声名赫赫的史家沃格林（Eric Voegelin）仅仅成了陪衬，整个《重述》实质上是施特劳斯对哲人科耶夫的私人性的回应。科耶夫发动的现代"攻势"使施特劳斯得以更充分地揭示古典哲学与现代哲学的基本张力，毫无疑问，《僭政与智慧》与施特劳斯的《重述》构成了二十世纪西方精神史上一次绝妙的思想交锋，具有非凡的思想意义和政治意义。[1]

一、科耶夫与历史真理

色诺芬的《希耶罗》分为两个部分。在第一部分中，异邦诗人西蒙尼德斯（Simonides）请僭主希耶罗（Hiero）比较僭主生活与平民生活，希耶罗的言辞似乎成功地让西蒙尼德斯相信，僭主的生活远远不如平民幸福。施特劳斯认为这个部分是诗人出于教育的目的有意为之：除非僭主相信暴政必然带来悲惨的生活，

〔1〕关于施特劳斯与科耶夫的这场争论，古热维奇（V. Gourevitch）和罗兹（M. S. Roth）为《论僭政》撰写的“导言”是一则不错的介绍；其他专门研究见古热维奇，《哲学与政治》，原刊于《形而上学评论》(1968［32］)，中译见刘小枫编，《驯服欲望：施特劳斯笔下的色诺芬撰述》，贺志刚、程志敏译，北京：华夏出版社，2002年，26—88页；《承认问题：科耶夫与历史的终结》，见《施特劳斯与古典政治哲学》，同上，337—358页；德鲁里（S. B. Drury），《亚历山大·科耶夫：后现代政治哲学的根源》，赵琦译，北京：新星出版社，2007年（该书第10章专门讨论科耶夫与施特劳斯的争论）。汉语学界的研究见刘小枫，《施特劳斯抑或科耶夫》，见氏著，《拣尽寒枝》，北京：华夏出版社，2007年，160—177页。

僭主不可能接受智者（the wise）的教育。希耶罗本人的言辞让对话的第二部分成为可能。由于西蒙尼德斯的引导，希耶罗意识到自己的生活实际上相当不幸，因此，西蒙尼德斯得以在这个部分教导希耶罗如何改良僭政。听完西蒙尼德斯的教导，希耶罗最终抱以意味深长的沉默，这是色诺芬精心设计的结局。施特劳斯认为《希耶罗》的真正主题是政治与智慧的关系，色诺芬意在借助僭主与诗人的对话揭示一个在现代人看来过于稀松平常的（trivial）真理：政治生活的改良归根结底依赖机运，智者的政治责任不是投身政治运动，而是利用或许可能出现的时机让政治人施行"仁政"——劝诫政治人造福民众（页188）。

施特劳斯对智者政治责任的理解首先基于一个前提，作为由一个人统治的政体，僭政在品质或道义上低于王政，可是，改良僭政的时机实在相当难得，仅仅依靠僭主本人的良好意愿远远不够，实现王政必须依靠整个城邦甚至"国际政治"的运势。在这个意义上，"仁慈的僭政"几乎是个"乌托邦（utopia）"，智者既无必要也无可能实现乌托邦。施特劳斯相信色诺芬对僭政的古典理解是对僭政本性的理解，既适用于古代僭政，也适用于现代僭政。同时，古典的僭政理解不关心历史意识或历史哲学，僭政之所以低于王政，是因为僭政本身的道义品质；柏拉图的苏格拉底认为僭政就其本身而言是一种恶——不正义的政制。[1]不仅如此，最根本的问题还在于，柏拉图和色诺芬始终认为哲学生活高于实践生活，哲人与政治的关系在根本上取决于哲学生活的理论性质，哲学本质上是言辞性的探究活动，这必然要求哲人将理论探究而非政治实践作为全部任务。《僭政与智慧》通盘反对上述原则，可是令人惊奇的是，科耶夫的现代立场似乎恰恰基于哲学的理论性质，或者说，科耶夫在哲学的理论性质中看到了哲学成为实践技艺的必要性。基于同一个前提，哲人科耶夫反对哲人施特劳斯，这件事如何可能？

科耶夫不认为色诺芬对僭政的理解同时适用于古今僭政，他不赞同施特劳斯对希耶罗的沉默的理解。希耶罗的沉默是整个《希耶罗》中最重要的情节之一（结局），在科耶夫看来，希耶罗的沉默恰恰指向古代僭政与现代僭政的区别。诗人西蒙尼德斯在《希耶罗》第二部分提出的改良建议显得只是对更好的僭政的描述，可是，仅仅根据君主政体的“理想（ideal）”，希耶罗

〔1〕 柏拉图，《王制》（*Republic*）344e—345b。

根本不可能改良僭政，因为他现在缺乏行之有效的变法政令。由于城邦对僭主的服从几乎完全出自恐惧，改变或放松僭政首先威胁僭主自己的性命和权力。科耶夫据此得出结论：

> 西蒙尼德斯看来表现得不那么像一个智者，而像一个典型的“知识分子”，根据在言辞世界中建构的“理想”批判他所生活的现实世界，由于这个“理想”现在并不存在，过去也从未存在过，他就赋予它“永恒”的价值。事实上，西蒙尼德斯以“乌托邦”的形式提出了他的“理想”。因为，以“乌托邦”的形式提出的理想与作为“现实的”（革命的）理念（idea）提出的同样的理想的区别恰恰在于，乌托邦并不向我们展示如何在此时此地着手变革既定的具体实在，以便使之符合预定的将来的理想。（页138）

诗人提不出“现实的理念”是否意味着根本不可能改良僭政？正是基于这个问题，科耶夫决定划分古今僭政。历史意识让科耶夫得出结论，色诺芬仅仅见过“为某个既定阶级、个人或家族野心服务”的古代僭政，而没有“想到”所有僭政——“现代僭主们已经实现了色诺芬－西蒙尼德斯的乌托邦”，他们“把祖国看作自己的庄园，把公民看作自己的同志”，“通过让臣民们更幸福赢得他们的感情”（页139）。僭主的性命和权力与改良僭政之间的矛盾只是古代的事情，因为必须不断应付“当务之急（current things）”的时代已经过去。

可是，即使认为现代僭主们实现了西蒙尼德斯的政治理想，也不能认为现代僭政符合道义，因为，色诺芬的古典理解首先关心僭政的道义品质，经过改良的僭政绝不等于王政。令人费解的是，科耶夫认为色诺芬的《希耶罗》恰恰可以“（在哲学上）证明现代僭政的正当性”。显然，阐明这个问题需要“进入事情的核心”。科耶夫决定先解决另一个问题：现代僭政是如何实现的？

> 我们是否可以得出结论说，现代“僭主”无须借助智者或哲人们的建议就可以实现这个“哲学”理想，还是说我们是否必须承认，只是因为有个西蒙尼德斯曾经给一个希耶罗提过建议，现代“僭主”才能做到这一点？（页139）

既然诗人和知识分子都不能实现改良僭政的理想——不能将乌托邦转变为现实，现在只能考虑哲人——人世间最高的智者。无疑，倘若哪个哲人要帮僭主实现

“仁慈的僭政（beneficent tyrrany）”，关键同样在于提出行之有效的变法政令。可是首先必须解决的麻烦却是，僭主为什么愿意听从哲人的教导？彻底认识僭主的意志似乎必须诉诸一种关于僭主的“精神现象学”。在科耶夫看来，西蒙尼德斯认为“人的最高目标和最终动机是荣誉（honor）”，不过，这个说法还不够“准确”，就“真正的人（the real man）”而言，黑格尔在《精神现象学》“主奴辩证法”一章中的说法要准确得多：

> 因为我相信，想要在一个人的卓越的人的实在和尊严方面（受到他所同样“承认”的那些人）“承认”实际上是所有人类竞争（emulation）的最终动机，因而也是所有政治斗争（struggle）包括实现僭政的斗争的最终动机。通过自己的行动满足了这个欲望（desire）的人正是由于这个原因而真正“得到了满足”，不论他幸福或被爱与否。（页143）

色诺芬的《希耶罗》和施特劳斯的义疏都已经证明，仅仅从身体的欲望理解僭政远远不够，因为僭主的生活并不一定比平民舒服。因此，必须考虑僭政尤其僭主的某种精神性的根源。科耶夫跟随黑格尔将僭政追溯到人追求“承认（recognition）”的精神性的“欲望”，最终满足这个欲望的是所有人（all）的承认。可是，真正的人——“主人”——追求“承认”的过程是一个“悲剧（tragedy）”，因为，在追求承认的斗争中，如果主人的对手也是主人，后者至死也不会服从前者；反之，如果主人的对手服从他，这只能证明这个对手是奴隶（slave），奴隶的服从或承认没有价值，因为在主人眼中奴隶不是真正的人（页142）。因此，僭主现在必须向真正的智者求教，如何让所有人承认他的权威。

在考虑僭主与智者的关系之前，有一个问题值得思考：这个向智者求教的僭主是古代僭主还是现代僭主，或者说，由于现代僭政已经实现了西蒙尼德斯们的政治理想——“仁慈”地施行统治，现代僭主是否还有必要向哲人求教？这无疑取决于一个根本问题：何谓僭政？

> 事实上，只要一部分公民（是多数人还是少数人无关紧要）将自己的观念和行为强加于所有其他公民之上，僭政（就这个词的道德中立的意义而言）就出现了，这些观念和行为受到这部分公民自愿承认的某个权威的引导，但是这个权威并没有成功地获得其他人的承认；在这种情况下，这

> 部分人在将这个权威强加于那些他者之前并没有与他们“协商”，没有试图与他们达成某种“妥协”，也没有考虑他们的观念和欲望（这些东西由这些他者自愿承认的另一个权威决定）。（页145）

根据科耶夫的说法，古代僭主自不必说，现代僭主同样必须向哲人求教。因为，“仁慈的僭政”不等于所有人的承认，根据僭政的本质，一切僭政都必须进行“革命性”的改良，而改良僭政的根本困难则是解决黑格尔“主奴辩证法”的悲剧。为了解决这个悲剧，僭主必须进行彻底的“解放”——解放奴隶、妇女和儿童，最大限度减少罪犯和精神病人。可是，社会政治的解放并不能从根本上改变奴隶的精神本性，获得解放的奴隶在精神上仍然可能是奴隶，倘若如此，被解放者的承认仍然不能满足解放者获得承认的欲望。因此，“将所有社会阶层提升到可能的最高程度的文化水平”——彻底启蒙——势在必行。彻底启蒙或“文化大革命”的最终结果或目的是实现一个普遍同质化的政治社会。一个极为要害的问题是，根据科耶夫在这里的论述，这个普遍同质社会指的是一个承认或服从同一个权威的政治社会，但是，根据黑格尔的“主奴辩证法”，由于经过解放或启蒙的奴隶已经成为主人，难道主人会自愿服从主人，获得解放的主人难道不会“至死也不承认”从前的主人或一切主人？普遍同质社会里的同一个权威是谁——一个真实的僭主还是普遍同质社会的“理想”本身？普遍同质社会显得不是“主奴辩证法”的终结，而是政治社会或共同生活（community）本身的终结。科耶夫显然看到了这一点，因此，《僭政与智慧》必须在接受柏拉图关于哲学的根本洞见——哲学本质上是从意见上升到真理的活动——的同时彻底推进“历史主义”。

事实上，科耶夫已经在推进“历史主义”。此前已经提出的一个问题是，色诺芬的《希耶罗》是否可以“（在哲学上）证明现代僭政的正当性”。由于从古代僭政改良而来的现代僭政是实现普遍同质社会的必经阶段，现代僭政显然获得了*历史的正当性*，更确切地说是*历史形而上学的正当性*。在这个意义上，色诺芬关于“荣誉”的论断（必须经过黑格尔的修正）实际上恰恰证明了现代僭政的正当性。因此，在科耶夫这里历史理性或历史形而上学取消了僭政的道义欠负，恶的东西现在成为正当的东西，忒拉绪马库斯战胜了苏格拉底。

既然改良僭政是推动历史走向终点的必经阶段，

而僭主又必须借助哲人的教导才能改良僭政，那么僭主必然应该向哲人求教。可是，有一个问题倒需要先行考虑：哲人是否有能力改良僭政？科耶夫从黑格尔辩证法中看到，只有哲人有能力改良僭政，换言之，只有哲人有能力统治社会，这种能力源于哲人的爱智本性：

> 根据定义，哲人并不拥有智慧（亦即完全的自我意识或事实上的全知）；但是（一个黑格尔主义者会强调：在一个给定的时代）哲人在通往智慧的道路上比任何非哲人或“门外汉”，走得都远，包括僭主在内。（页147）

哲人的爱智本性让哲人致力于探究，更易于摆脱偏见，洞见事实；更重要的是，诗人和知识分子要么只能看到“抽象（abstraction）”，要么只能看到“个别（particular）”，哲人却能借助辩证法看到“具体（concrete）”——前两者的“综合（synthesis）”。综合不仅高于各个部分，而且能够解决此前提到的改良僭政的基本困难：提出现实的行之有效的变法政令，实现“理想”与“现实”的统一。由于只有哲人能够看到具体的、现实的东西，僭主必须向哲人请教，辩证法（dialectic）让哲人成了当仁不让的“帝王师”，毕竟，亚里士多德就是亚历山大大帝的老师。但是，哲人有能力统治并不等于哲人“愿意这样做”（页150），这个困难同样与哲人的爱智本性有关，哲人就其本性而言仅仅关心言辞性的（discursive）探究。

> 因此，所有问题在于他是否愿意这样做。那么（考虑到哲人的定义），只需提出这个问题就能看到它极其复杂，甚至不可解决。
>
> 这个问题的复杂性和困难性源于一个平常的事实，一个人思考与行动需要时间，他能利用的时间事实上非常有限。（页150）

科耶夫清楚地看到，哲人的“本质上的有死性和有限性”让他必须在哲学生活与政治生活之间作出选择。根据哲人的本性或定义，哲人似乎必须选择哲学生活而非政治生活，科耶夫将持这种态度的哲人称为“伊壁鸠鲁式哲人”（页150）。伊壁鸠鲁式哲人远离政治，追求“与任何‘行动’没有必然联系的纯粹的‘理论’或‘沉思’”（页150），因此，“异教或贵族式的伊壁鸠鲁们”成了菜园哲人，“基督教或布尔乔亚的伊壁鸠鲁们”形成了一个被称为“文人共和国”的小圈子（页150—151）。由于不关心任何行动的、政治的事情，伊壁鸠鲁式哲人根本不愿意与僭主甚至政治人打交道，这种态度导致僭主改良僭政的计划彻底落空。但是，科耶夫断然否定这种态度：

> 因为，事实上，作为对智慧或真理的追求，哲学的定义之所以导致伊壁鸠鲁式的态度，只是因为人们对于这种追求接受了某种完全不是不言自明的东西，同时，根据黑格尔的概念，这种东西甚至根本就是错误的。（页151）

人们接受了什么“完全不是不言自明的东西”？科耶夫认为是柏拉图式（Platonic）的真理（真相）观，这种真理观认为：

> 存在（Being）本质上是自身恒定的，永远与自身同一，而且在一种从最初就已经完善的智性（intelligence）中并且通过这种智性得到完全的显示；所以，存在的无时间的整体（the timeless totality of Being）的这种彻底的显示就是真理（Truth）。人（哲人）可以在任何时候分有这种真理，这要么是源于真理自身的某个动作的结果[“神圣启示（divine revelation”），要么凭借他自己的个人性的理解工作（柏拉图式的“智性直观”）]。（页151—152）

真与自身本质性的恒定同一性决定了哲学沉思必然是

一种非行动的“直观”，这必然预设生成性事物的非存在性。根据科耶夫这个说法，形而上学又重新回到根基性的位置，因为，任何关于哲人与城邦关系的思考必然首先基于一种形而上学意义上的真理观——黑格尔的弟子科耶夫在这里紧紧跟随海德格尔。科耶夫将伊壁鸠鲁式哲人的真理观称为“神性（theistic）的真理观（存在观）”，

> 如果一个人不接受这种神性的真理观（存在观），如果他接受彻底的黑格尔式的无神论，根据这个无神论，存在本身本质上是时间性的（存在 = 生成）并且通过在历史过程中（或者作为历史：显示的存在 = 真理 = 人 = 历史）得到语言性地显示而创造自身，而且如果他不想陷入毁灭真理概念因而毁灭对真理的追求或哲学的怀疑论的相对主义，那么他必须脱离这个完全孤立隔绝的“菜园”，包括“文人共和国”的狭小圈子（相对孤立隔绝），像苏格拉底一样不是在“树下和廊下”而是在“城邦的公民中”逗留。(页 152)

根据这种无神论的真理观，科耶夫认为哲人的使命不仅是“参与历史”，而且必须是“主动地”参与历史。得出这个结论的关键在于，作为生成（becoming）的

存在不是某种一次性的原初地被给定的东西，而是某种在人的历史活动中得到创造和完成的东西。可是，这仍然预设一个极为隐蔽的前提：除非借助哲人的社会性的参与活动，历史本身不可能达乎完成，换言之，不可能达乎其最终的全体性或整体性。这个前提的要害在于，何以必须借助哲人的历史性的社会政治活动，历史本身才能达乎完成，也就是说，何以一般性的（常人、诗人、政治人或知识分子的）历史活动做不到这一点？在彻底解决这个问题之前，科耶夫还不能断言哲人必须主动地参与历史。解决这个问题使得科耶夫的历史主义与海德格尔的极端历史主义有所不同，科耶夫的历史主义显得是一种悖论式的历史主义——历史本身必然达乎完成，由人的实践活动促成的历史运动有穷尽其可能的时刻，这个时刻本质上使无限的历史整体成为有限的历史整体，也就是说，历史不再有新的可能。显然，这个历史形而上学是科耶夫或黑格尔历史哲学要害所在，需要相当精微的形而上学论证。同时，由于历史性的社会活动并不等于哲人教导僭主活动——哲人的间接统治，科耶夫仍然面临现代困难的论证任务。

科耶夫没有马上清理这些任务，他决定先彻底阐明反对伊壁鸠鲁式哲学态度的理由。无论如何，现在的结论是哲学的理论本性要求哲人应该主动参与历史。科耶夫确信，即使承认“神性的真理观”，伊壁鸠鲁式的哲学态度仍然站不住脚，因为这种态度源于另一个“极端成问题的真理概念”：“‘主观确定性（subjective certainty）’在任何地方任何时候都符合‘客观真理（objective truth）’”（页153）。在科耶夫看来，这种“主观确信（Gewissheit）”或“清楚明白的观念”源于一种“为所有理性主义哲人接受的”错误的认识论标准，“从柏拉图开始中经笛卡尔（Descartes）直到胡塞尔（Husserl）”，莫不如此（同上）。科耶夫认为色诺芬－施特劳斯的“彻底唯我论（radical egotism）”的哲学态度正是基于这种“主观确定性”的认识论。[1]由于这种认识论将真理完全置于哲人的“直观（intuition）”之中，哲人可以“完全离群索居（entirely alone）”（同上），像赫拉克利特一样享受山上的遁世生活。

可是科耶夫认为，“主观的确定性”远远不足以避免偏见，在更为极端的情况下甚至无法避免“疯癫

［1］《论僭政》，页152，注1。

(madness)”——完全可能存在一种“系统的或逻辑的”疯癫（页153）。为了避免偏见和疯癫，哲人必须打开“菜园”和“文人共和国”的大门接纳“朋友”，但是即便如此，哲人圈子仍然是一个极为封闭的少数人的圈子，这意味着哲人仍然无法彻底摆脱偏见。“修院式”的哲人圈子极有可能成为信奉某种学说的教派，因此科耶夫认为：

> 在此我再次与施特劳斯和他想要追随的古代传统有分歧，依我之见，这个传统基于一个贵族式的偏见（这或许是一个征伐民族的特性）。因为我相信“智识精英”的观念和行为包含一种非常严重的危险，哲人本身应该愿意不惜一切代价避免它。(页154)

既然如此，陷入偏见的危险似乎要求哲人必须走出修院，像苏格拉底一样到“市场”或“大街”上去（页155）。考虑到真理的历史性或生成性，哲人只有走到“市场”或“大街”上去，才不至于由于“跟不上诸多事件”而跟不上历史性的真理。

但是，即使苏格拉底从“修院”走到“市场”或“大街”上去，他所做的也仅仅是与别人——人数比“修院”内部多一些——进行言辞性的讨论，而不是教导僭主如何获得所有人的承认；换言之，“市场上的闲谈”显然不等于彻底启蒙大众。对于科耶夫而言，基于哲学的理论品质证明其实践本性的任务仍然有待推进。不过，科耶夫决定宕开一笔，先从一种精神（灵魂）现象学的角度证明哲人愿意启蒙大众的可能。

> 不能说僭主和一般的政治人就其定义（by definition）而言会满足于“没有理由的”崇敬或承认：哲人同样如此，他们希望通过真正是或成为他们向别人所表现得那样而“配得上”这种崇敬和承认……因此，从这个角度看政治人与哲人原则上没有任何差别，两者都追求承认（recognition），并且都为了配得上它而行事（事实上，在两种情况下都存在冒牌货）。（页156）

根据科耶夫的说法，哲人与政治人原则上具有一种灵魂上的精神同构，因此，哲人与大众的关系本质上是一种精神领域的“主奴辩证法”；追求承认的欲望让哲人必然愿意彻底启蒙大众，成为精神领域的“开明君主”。根据精神的“主奴辩证法”，哲人欲求所有人的承认，可是，只有那些“值得”承认哲人的人才能最终满足哲人追求承认的欲望（页158），因此，哲人必然进行彻底的精神启蒙。就此而言，“哲人（或智者）与僭主（或一般政治人）之间没有本质的差别”（同上）。在这个基础上，科耶夫批评“色诺芬-施特劳斯的苏格拉底”（同上），在他看来，必须依据黑格尔关于承认的精神现象学理解苏格拉底问题。真正的苏格拉底恰恰不是一个“离群索居的哲人”，而是一个“传播知识”的启蒙者；哲人应该走出少数人的修院圈子，尽可能向大众传播知识（不论通过口传还是写作）（同上），任何唯我论的哲学态度都是从根本上“反苏格拉底的（anti-Socratic）”（页159）。

但是，科耶夫对哲人灵魂的精神学解释面临一个重大困难：如何理解哲人的纯粹理论趣味和理论担当？这个困难源于施特劳斯在《论僭政》中对快乐与德性（pleasure and virtue）的区分，科耶夫直言不讳：彻底认识人的“动机”必须诉诸一个“上帝”，一种反观或“内省”的方法远远不足以解决这个问题（页161）。实际上，科耶夫在这里又回到了对“主观确定性”的批判——精神现象学本质上是一种“社会历史的证成（social and history verification）”（页161），而非一种简单的意识“内省”。

根据黑格尔—科耶夫的社会历史的精神现象学，科耶夫认为施特劳斯对快乐与德性的区分过于“极端”（页161），换言之，施特劳斯贬低了快乐——获得承认的满足——对哲人行动的意义。可是，否定施特劳斯的“极端”划分本身就意味着承认“出于知识本身（或者出于责任）”追求知识与德性的精神学机制。因此，科耶夫在这里修辞极为谨慎，他甚至不否认哲人比行动的人具有更高的纯粹性，这意味着哲人的政治社会性这个根本问题直到目前为止仍然维持着一种极其严肃的开放性。[1]这种开放性让科耶夫看到，由于并不存在一个全知的“上帝”，仅仅凭借某个哲人的思辨——不论色诺芬、施特劳斯还是科耶夫自己——不可能彻底解决哲学与政治的关系问题。为了揭示这个根本问题的基本困难，科耶夫现在转向思辨理性在解决这个问题时必然陷入的矛盾。

由于哲学本质上是“讨论（对话、辩证法）”，哲人必须成为最广大人民群众的教育者，以培育各种类型的对话者，于是，作为教育者的哲人必然要与同样作为教育者的僭主争夺教育法权，在这种情况下，哲

〔1〕《僭政与智慧》最长的一则注释恰恰揭示的是哲人（智识人）比政治人（行动者）具有更高的纯粹性，也就是说，哲人是“务虚”（vain）的人（页162）。

人面临“败坏青年”的指控（页162）。为了施行彻底的哲学教育，哲人必须参与政治，同时，为了历史性地证成其学说的客观性，哲人也必须参与政治；这意味着哲人必须设法让统治者凭借政令贯彻自己的理论，“柏拉图的叙拉古之行”就是这种努力的典范（页163）。但是，参与政治迫使哲人必须全力处理政事，这里必然出现一个根本矛盾：由于追求智慧或统治城邦都几乎必然占据“一个人的所有时间（all of his time）”，哲人几乎不可能同时做这两件事情，或者至少不可能同时将两者做好（页163—164）。“三心二意”摆弄政治或者一心忙于著书立说不可能让政治人欣然采纳哲人的政令，反之，殚精竭虑操劳政事难免让哲人最终感到“虚掷光阴”（页164）。总之，哲人的有限性或有死性使得哲人的启蒙事业几乎不可实现。

不过，科耶夫认为这个事实倒是考虑哲人与僭主关系的重要依据之一。首先，最有利于哲人“尽快”达成目的政体是僭主制而非民主制；其次，如果哲人打算亲自从政，他必然选择僭主制而非民主制，因为，为了及早回到“更高贵的事业”，他不会愿意与民众纠缠，他必须尽一切力量及早做到功成身退；最后，哲学教育无疑意味着强行改变大众的既有成见，这本身就带有僭政的品质，阿尔喀比亚德（Alcabiades）的做法就是如此（页164—165）。显然，就哲人与僭主的关系而言，科耶夫首先关心的不是僭政的道义品质，而是僭政对哲学启蒙的意义，“总之，在所有可能的政治人中，僭主无疑最有可能接受并且施行哲人的建议”（页165）。但是，现在问题仍然在于，僭主并不接受哲人的大而化之的高头讲章，他总是需要及时直接且行之有效的政治决策，因此，哲人需要将所有时间投入政治事务，可是哲人之为哲人当然不愿意这样做（页165）。另一方面，即使哲人愿意这样做，这几乎意味着哲人已经成为一个彻头彻尾的政治人，由于哲人统治城邦的资格或僭主接受哲人教育的前提在于哲人由于从事完整的理论探究而在智慧上高于政治人，彻底转变为政治人的哲人必然最终失去已经赢得的政治教育法权。

不仅如此，还有两件事情或许足以让哲人重新回到他们的修院圈子。“良心的罪感”不允许哲人参与甚至强化僭政统治——暴政本质上终究不道义；再者，真正的哲人仅仅愿意施行基于智慧的统治，可是，哲人就其本质而言是追求智慧而非拥有智慧的人，因此，由于不可能“及时”获得完满的智慧，哲人必然最终放弃从政的念头，重新回到修院（页166）。于是，科耶夫总结道：

> 这相当于说哲人面对僭主的冲突不是别的，正是智识人面对行动或者更确切地说面对行动的倾向或者甚至必然性的冲突。根据黑格尔，这个冲突是发生在基督教或布尔乔亚世界里的唯一真正的悲剧（tragedy）：哈姆雷特和浮士德的悲剧。这之所以是一个悲剧性的（tragic）冲突，是因为它是一个无法解决的冲突，一个不可能解决的问题。（页166）

面对黑格尔所说的“悲剧”，似乎仍然存在一个最后的解决方案：哲人对上述问题采取彻底的探究态度。这种彻底的探究表明上似乎符合哲人或哲学生活的本质，但是，选择言辞性的探究实际上等于先行否定或放弃行动的生活。问题在于，既然探究等于“寻求”而非已经具有选择某种生活的“充足理由（sufficient reason）”，那么选择探究的态度本身就是一个悖论——在没有“充足理由”的情况下做出选择。因此科耶夫认为，思辨（借助言辞的讨论）的方法本质上不可能解决这个问题，正是由于这个原因，“这种延续了两千多年的讨论”始终没有产生什么解决之道；所以，如果要实现“无可争辩的”解决之道，或许必须超越哲人之间的讨论，运用黑格尔的“客观”方法——“历史证成的方法（method of historical verification）”（页167）。

既然哲学与政治的关系是一个现实的矛盾，“对话性的思辨”必然无法解决这个矛盾，因为，“纯粹言辞性的‘讨论’”并不解决现实的矛盾（页167）。只有通过社会历史性的活动和（人的）斗争，才能“辩证地（dialectically）解决”人与自然、人与人以及人与社会历史的矛盾（页168）。

> 实际上，只有当这种现实的“对话”，这种历史的辩证法达乎完成之时，也就是说，当历史在普遍同质国家（universal and homogeneous State）中并且通过它达到最终阶段［*terme final*］之时，真理才会从中出现，因为这个国家意味着公民的“满足”，消除了一切否定行动（action）的可能，它也因而消除了所有否定（negation）本身的一切可能，并且因此消除了对于既成事物的新的“讨论”的一切可能。（页168）

科耶夫相信，“历史辩证法”最终必然实现一个普遍同质国家，由于在这个国家中不再有真正意义上的“否定”，历史也就不会再有前进的动力。根据黑格尔的历史生成的真理观，达乎完成的历史必然通过生成性事物的全体性向人揭示真理——本质上不会再有真正意义上的新事物出现。那么，“历史辩证法”如何解决哲学与政治的矛盾？相对于“个人的沉思（individual meditations）”，历史的辩证过程可以克服一个解决上述矛盾的根本困难：哲人的有死性（页168）。科耶夫认为存在一个超越个体有死性的“帕斯卡尔（Pascal）所说的大个体（great individual）”——与历史同在的相继产生的诸多个体，当历史达乎完成之时，这个“大个体”就能凭借“理解”或“解释”获得“绝对知识（Absolute Knoledge）”（页169）。“绝对知识”的真理性在于它穷尽了一切（不包含矛盾的）“理性”的可能，总之，历史的完成最终产生真正的“逻各斯（Logos）”（页169）。

既然历史的完成必然只是历史达到普遍同质国家，这对哲学与政治的关系最终意味着什么，换言之，普遍同质国家基于何种哲学与政治的关系？在科耶夫看来，普遍同质国家只能是哲人教导僭主（政治人）的结果。历史的证据表明普遍国家或“帝国（empire）”的观念源于希腊哲人的教诲，更确切地说源于“苏格拉底－柏拉图的哲学”（页170—171）。亚历山大大帝与亚里士多德的关系本质上就是苏格拉底与亚历山大的关系，与保罗（Paul）的普遍教会不同，如今只有苏格拉底的文明观念还在大地上政治地运作（页172）。苏格拉底的哲学揭示出人的普遍的理性“本质（essence）”，由于“理性（Logos）本身是普遍同一的”，超民族的帝国政体才是真正文明的政治形态。另一方面，由于同质国家基于人的本质的同一性，同质国家同样是希腊哲学的结果，保罗的“超越的、有神论的宗教基础”不可能产生一个真正意义上的国家（State）（页172）。科耶夫据此得出结论，历史性的事实证明作为历史最终形态的普遍同质国家是政治人听从哲人教诲的结果（页173）。

这种历史哲学的关系最终意味着什么？除非历史借助“历史辩证法”达到终点，人的智性不可能把握所有可能的历史实在及其总体性。如果哲人完全不向政治人教导任何政治学说，就不会有真正意义上的历史“进步（progress）”，这意味着不再有“真正意义上的历史”（页174—175）。同时，如果政治人（僭主）不践行哲人的理念，同样不会有历史进步或历史本身。由于僭主不愿意乌托邦付诸实践，哲人也不愿意彻底放弃沉思生活，所以需要“知识分子一族（constellation of intellectuals）”填平“乌托邦与实在的理论鸿沟”（页175）。知识分子现在成为哲人王的教士，由于历史性地推动历史走向终结，知识分子的活动成了完全“合理（reasonable）”的活动：

> 总而言之，（根据功业或成就）“判断”政治人或僭主行为的正是历史本身，他们（有意或无意地）做出的行为是知识分子出于实践目的改造哲人观念的结果。（页176）

因此，真理的极端历史性质不允许哲人离群索居，哲学现在必须从纯粹的理论探究（至少在相当程度上）转变为现实的实践技艺。为了实现在历史中并且只能通过历史实现的智慧和真理，哲人必须推动历史的政治性的进步，因为，只有推动历史实在在历史之中完成其可能性，真正理论的智慧才会出现。“历史辩证法”事实上是对政治生活一切可能的道义欠负的救赎，僭政或暴政在历史理性中已经成为“合理”的东西。无论如何，为了彻底实现黑格尔—科耶夫式的历史真理，科耶夫甚至不惮于赋予“知识分子一族”对人类的教育法权，现代历史主义并不警惕任何政治“理想”的糊涂甚至狂热的教士……

二、施特劳斯与古典哲人

《僭政与智慧》或许是施特劳斯遭遇的最精致最强悍的现代哲学“攻势”。科耶夫站在历史主义立场上批判色诺芬的古典僭政理解，主张一种基于历史真理的现代政治哲学。施特劳斯十分看重这位老友的批判在哲学思想上的分量，事实上，从施特劳斯与科耶夫的书信往来中可以清楚地看到，科耶夫的强悍“攻势”本身就是施特劳斯多次请求的结果。施特劳斯希望借助哲人科耶夫的洞见彻底思考古今之争的真正要义。

在《僭政与智慧》中，科耶夫毫不讳言古代僭政与现代僭政的区别。这是否意味着必须否定古典的僭政理解，换言之，这是否意味着不应该根据古典框架理解现代僭政？在《重述》的纲领性的开场白中，施特劳斯并不否认一个事实：现代僭政源于“现代的哲学或科学概念”（页178）。这当然意味着现代僭政建立在新的根基之上——现代科学在“征服自然”方面的无限进步与哲学知识的普及。事实上，在《僭政与智慧》中，科耶夫关于现代僭政已经实现古代僭政理想的论断正是基于这个新的根基。但是，科耶夫忽略的事实是，古代哲人并非对技术和启蒙一无所知。但是，古人反对这两者的理由在于：

> 古代人认为它们“不自然（unnatural）”，也就是说，败坏人性（humanity）。他们并不渴求如今的僭政，因为他们认为其基本预设如此荒谬，以至于他们将他们的想象转向了完全不同的方向。（页178）

古人拒绝现代僭政及其根基乃是出于伦理道德的理由，这意味着古人将政制的伦理道德品质作为判断政制形式的根本原则。正是在这个意义上，施特劳斯主张根据古典框架理解古今僭政，也就是说，尽管现代僭政建立在新的根基之上，古典框架才是理解古今僭政的一般原则。

科耶夫谈论僭政的方式甚至比马基雅维利更“直言不讳”，科耶夫既没有因为僭政的暴政品质而反对僭政，“也不尊重法（legitimacy）”（页185）。不过，科耶夫的态度与“时下流行的糊涂念头”决然不同，《僭政与智慧》对《希耶罗》和《论僭政》的核心问题——理论与实践的关系——洞若观火（页186）。施特劳斯清楚地看到，与糊涂的“当今社会科学”不同，理论与实践的关系问题在科耶夫那里乃是一个极其严肃的根本问题，他也“承认甚至强调古典思想绝对高于时下的思想”（页186）。

> 但是，科耶夫拒绝对于基本问题的古典解决方案（classical solution）。他将无限的技术进步与普遍启蒙看作满足人性本身的必要条件。他否认当今的社会科学是现代哲学的必然结果。根据他的说法，当今的社会科学仅仅是现代哲学不可避免的败坏的必然结果，因为它拒绝听从黑格尔的决定性的教诲。（页186）

施特劳斯和科耶夫都敏锐地看到，“当今社会科学”的败坏本质上源于抛弃“科学”的理论（理想）品质，换言之，放弃思考人的应然生活和最佳政治秩序导致社会科学彻底脱离人类生活的重大严肃问题。经过败坏的社会科学根本“抓不到僭政的真正本质”（页23）。但是，关于如何解决社会科学无力解决的问题，施特劳斯并不同意科耶夫的黑格尔式“综合”。

黑格尔式“综合”的精神（灵魂）学根源是什么？在《僭政与智慧》中，科耶夫对色诺芬僭政理解的质疑首先基于一个理由：希耶罗的沉默表明诗人西蒙尼德斯的“好僭政”是一个空洞的“乌托邦”，可是，色诺芬似乎对无法改良僭政的困局无动于衷，面对僭主的沉默，他没有让诗人西蒙尼德斯提出“现实的”政治行动计划。在科耶夫看来，色诺芬暗示的结局无异于主动放弃改良僭政，但是问题在于，由于现代僭政所处的时代已经大不相同，所以，色诺芬的态度不应该作为对僭政的一般理解，换言之，不应该依照色诺芬的框架理解现代僭主与哲人的关系。可是，施特劳斯十分怀疑现代僭政是否符合西蒙尼德斯的“理想”。斯大林的统治难道不是凭借“内卫部队和劳动营”（页188—189），在现时代真的可以轻易获得改良僭政的各种条件？

情况并非如此，西蒙尼德斯的“好僭政”在现时代仍然是个“乌托邦”，因此，施特劳斯认为科耶夫对色诺芬政治态度的批判源于他对“乌托邦的价值”的误解（页187）。改良僭政的目的是实现“好僭政”——尽可能消除“非人道或非理性”的统治，但是，由于这种最大限度的改良显然必须依靠“各种最有利的条件”，因此，僭政的改良最终依赖于“机运”（页187—188）。同时，西蒙尼德斯也并没有完全放弃可能的改良，他建议希耶罗不要再参加“奥林匹亚（Olympian）和皮提亚（Pythian）赛会”，如果希耶罗听从这个建议，他的统治就会不那么“非人道或非理性”。

> 事实上，一般的教诲是恰好有机会（chance）影响僭主的智者应该利用他的影响造福他的同胞。有人也许会说，这个教诲太寻常。更准确的说法应该是这在从前的时代很寻常，因为今天人们不再把像西蒙尼德斯所做的那样的小举动当回事，因为我们习惯于期望过多（expecting too much）。关于智者必须如何承担他的责任——这面临很大的困难甚至危险，我们从色诺芬那里学到的东西可不寻常。（页188）

因此，调和苏格拉底与马基雅维利的精神学根源事实上是现代人对政治生活期望过多，为了彻底改良僭政，现代政治人选择诉诸技术文明和人民主权，以便为了形式性的政体改良要求降低实质性的政治伦理品质。

另一方面，西蒙尼德斯的审慎态度还与僭主未必愿意听从智者有关。站在科耶夫的立场上，希耶罗的沉默本身就成问题，不仅“现代僭政、甚至古代僭政也不能在色诺芬的原则下进行理解”（页189）。所以，关于僭主式的灵魂，科耶夫给出了异教与基督教的理解，并且认为异教的解释更准确；不过，只有经过黑格尔的修正，异教解释才能成为最终正确的解释。西蒙尼德斯似乎认为“荣誉是最高的人追求的最高目标甚至唯一目标”，因此，僭主追求僭政的首要动机是对“承认”的欲望（页189）。倘若僭主天生具有追求“承认”的强烈欲望，那么，色诺芬对于僭政来源的理解和西蒙尼德斯的审慎态度都站不住脚，换言之，古典的僭政理解无论在古代还是现代都不成立。倘若僭政对于所有人都是显而易见的恶，除非僭主被“欲求荣誉或威望”的“激情（passion）”蒙蔽，他不可能主动去做如此卑劣的事情（页191）。对承认的欲望让僭主愿意寻求哲人的教诲，或者至少愿意打听哲人的政治学说，这无疑是两者关系的重大转变，这个转变恰恰与西蒙尼德斯和色诺芬的态度不相容。

但是，西蒙尼德斯关于荣誉的确切说法是：“人的任何快乐似乎（δόκει）都不如荣誉方面的快乐更接近神圣的东西”，科耶夫忽略了色诺芬关键的修辞。因此，实际上西蒙尼德斯“根本不赞同主人道德（morality of masters），也不认为荣誉是最高类型的人的最高目的”（页189）。同时，西蒙尼德斯宣称对荣誉的欲望是“大丈夫（ἀνήρ）”而非“常人（ἄνθρώποι）”的本质特征。在色诺芬那里，最高的人是智者而非“大丈夫”，所以，苏格拉底恰恰属于科耶夫所说的“奴隶”，他不是一个“好的大丈夫”，而是一个“好人”（页190）。由于科耶夫认为西蒙尼德斯相信荣誉是“人”的最高目的，所以他相信荣誉是人的最高“客观”使命，因此，“主奴辩证法”必然取消僭政的道义负担，政治人有正当的理由做卑劣的事情（页191）。正是在这个意义上，科耶夫反对古代人从道德的角度认识僭政，因为，异教和《圣经》的教诲表明僭政本身就是人的最高道德义务——成为主人或建立功业。但是，在施特劳斯看来，科耶夫的结论相当奇怪：

> 综合出奇迹。科耶夫或黑格尔对古典与《圣经》道德的综合产生了一个奇迹，它从这两种全部严格要求自我约束的道德之中制造了一种令人惊讶的宽松的道德。（页191）

古典道德和《圣经》道德都恪守道德的道义性（morality），道德之为道德乃是承担义务或自我约束——做好人或做善事。因此，科耶夫对僭主道德的理解不仅不符合古典教诲和《圣经》传统，甚至与之相悖。从表面上看，科耶夫并不否认人的“目的”甚至“最高目的”，可是，倘若人的最高目的是满足“对承认的欲望”，这归根结底仍然是对欲望的满足，而非德性或正义，在这个意义上，最高的人恰恰是柏拉图或苏格拉底所说的"奴隶"，而非古典的自由人。因此，科耶夫十分清楚，他"对苏格拉底与马基雅维利的综合"仅仅是一个表面上的综合，黑格尔的"主奴辩证法"从根本上源于霍布斯的"自然状态（state of nature）"。如果"自然状态"学说本质上是一个"建构"或"假设"，或者，如果人的本性之中并非完全缺乏"对神圣规约的意识"，那么科耶夫的立场就不成立（页192）。

既然科耶夫完全理解霍布斯"自然状态"的性质，他为何反对古典的僭政理解？原因似乎在于，科耶夫对道德的理解不以伦理为基础，而以政治为基础；倘若政体形式是道德的前提，那么正义就不是具体道德行为的善恶，而是源于政体的正义或政治的正当。科耶夫很有可能未必真正相信对"承认"的欲望本身是道德的实质本源，僭政的正当性或道义性在科耶夫那里很有可能源于一种特定的最佳政体：普遍同质国家。作为最正义的政体，普遍同质国家的政治正当性基于自由平等的形式正义：它可以将"暴力和恐惧"降到最低限度。由于僭主追求"承认"的过程是达到普遍同质国家的必经阶段，因此，必须根据这一历史性的政治运动理解僭政。相反，古典理解认为贤良政制（aristocracy）是最能实现实质正义的政体（页192），因为真正意义上的贤良政制最能实现有道德的生活或者实质上正义的生活——贤良政制的目的是统治者和被统治者的美好行为。

作为最佳政体的贤良政制基于一个关于智慧与政治的古典前提：智者（哲人）不愿意统治。如果智者愿意统治，最佳政体必然是智者的绝对统治，由于智者不愿意统治，最佳政体的替代方案必然是不智慧的人“在智者的法律下”统治（页193）。同时，由于智者总是极为罕见，更可行的方案不可能是智者随时随地地立法和统治，而是在某种特殊的机运之下智者作为“国父”为城邦立法，城邦由于某种原因接受并服从智者的法律，依据智者的法律统治。可是，法律本身需要解释，因此，凭靠法律进行统治的贤良政制需要一个有教养的阶层，这个阶层的统治法权源于他们作为智者的模仿者有通过解释法律建立正义秩序的智性和德性。然而，即使这个有教养的阶层也并非总能出现或者获得统治权，因此，连续的激进政治革命不可避免。可是，倘若激进的政治革命状态成为常态，城邦必然无法承受无休止的政治革命带来的混乱和破坏，在这种情况下，自由或宪政的民主政制才成为一种“比较接近古典要求”的可行的政体形式（页194）——根据上述理路，自由民主或宪政民主需要解决的根本问题首先不是在实质上肯定人民主权，而是如何尽可能让真正的贤良之人或教养阶层获得统治法权，以实现实质性的正义生活或美好生活。

科耶夫并不赞同上述理路的前提，他认为哲人出于追求真理的要求必须启蒙大众——这本身就是政治行动。由于哲人不等于智者，为了获得确定的真理，哲人必须克服纯粹个体的“主观确定性”，达到“主体间的（intersubjective）”确定性（页194），最大限度的主体间确定性要求哲人彻底启蒙大众，实现哲人与大众之间的对话或辩证法。启蒙大众的结果是所有人都由奴隶变成精神上的“主人”，一种基于相互“承认”的自由平等的普遍同质国家必然随之出现，这个国家能够在最大限度上降低“暴力和恐惧”。

哲人是否必须通过启蒙获得真理，启蒙大众是否真正有助于哲人获得真理？不可否认，哲人与智者的划分源于哲人的本质，哲人并非拥有智慧的人，而是真理的探究者。探究真理要求哲人降低知识的“主观性”，从而尽可能摆脱“偏见”。为了摆脱偏见，哲人需要对话者，然而，哲人的对话者永远只能是少数人——其他有能力探究真理的“现成或潜在的哲人”，于是，哲人与其他哲人成为朋友，形成由极少数人构成的“精英”圈子（页194）。由于“精英”圈子显然无法让哲人彻底摆脱偏见，更有可能的情况倒是，不同的哲人圈子实际上成为诸多“宗派（sect）”，为了摆脱宗派偏见，哲人必须“到市场上去”（页195）。但是，“到市场上去”绝不意味着与众人对话，因为，“一个大众派别只不过是一个拖着超大尾巴的宗派”，他们不仅对确保“客观确定性”没有意义，还会加强宗派的信条和偏见（页195）。究其本质，哲学既不是宗派信条，也不是与大众的对话：

> 科耶夫的主张的决定性前提是，哲学“必然意味着不同于‘客观确定性’的‘主观确定性’，换句话说，主观确定性是偏见”。但是，根据这个词的原初含义，哲学只是对一个人的无知的知识。对于一个人没有知识的“主观确信［确定性］”符合这一确信［确定性］的“客观真理”。不过，除非知道一个人不知道什么，一个不可能知道他不知道。帕斯卡尔为了反对哲学关于独断论和怀疑论的无能所说的话，是对哲学的唯一证成，哲学本身既非独断又非怀疑，更不是“决定论”，而是探究（或者原初意义上的怀疑）。（页196）

因此，哲学本质上是“对根本问题和整全问题的意识”，对所有解决方案的问题性质的意识，哲人既无必要也无可能通过启蒙获得真理（页196）。科耶夫认为哲人与僭主的根本精神动力完全一致，都是对“承认”的欲望，可是，苏格拉底仅仅追求自我肯定或自我赞赏，并不在意大众的“承认”。《希耶罗》关于“荣誉”的说法恰恰指向哲人与僭主的根本差异而非一致性。科耶夫没有发现《希耶罗》对哲人精神动力的描述并不完备，这是色诺芬依据作品的情节和意图所作的安排。事实上，哲人当然追求某种“满足”和由此产生的“幸福”，但是，“满足不等于承认甚至普遍承认”（页198）。哲人的“抱负”毋宁说是最高的抱负：追求关于永恒事物及其永恒秩序和原因的知识。由于永恒事物及其秩序必然只是“理念（idea）”（包括人的“理念”），哲人对历史过程与历史中的个体的关心微乎其微（页198）。哲人与人世只有最低限度的依存关系，他只需要别人“料理其身体的需要”（页199），这种关系让哲人成为最自足的人。对永恒秩序的直观让哲人看到所有政治行动的限度，他比所有人都更清楚地知道政制的改良几乎与真正的、最高的“满足”完全无关。

既然如此，苏格拉底为什么要与人打交道，甚至经常在市场上谈话？哲人在市场上绝不与大众谈话，柏拉图的苏格拉底仅仅与少数人私谈。[1]与少数朋友谈话的目的当然包括尽可能摆脱科耶夫所说的唯我论的"主观确定性"，不过，最重要的原因还在于，"试图把握永恒秩序必然意味着从反映永恒秩序的易朽事物上升"，在所有易朽事物中，最能反映永恒秩序的事物是人的灵魂——它与永恒秩序"最相似"（页201）。灵魂之中属于逻各斯的部分包含关于万物及其整全秩序的观念，秩序良好的灵魂必然是秩序良好的逻各斯的统治，因此，只有秩序良好的灵魂能够体现存在者的永恒秩序——宇宙心智的善的秩序。[2]哲人追求这种灵魂，与他们"在一起"；良好的灵魂秩序必然源于"热爱智慧（philosiphizing）"，因此，只有现实或潜在的哲人才是哲人的"朋友"，哲人愿意寻找和培育这样的朋友，使他们成为灵魂秩序良好的真正的哲人。

在这个意义上，科耶夫的判断显然不准确，哲人与僭主的精神或灵魂存在本质上的区别。哲人对他人

〔1〕柏拉图，《忒阿格斯》（*Theages*）121a1。

〔2〕柏拉图，《斐多》（*Phaedo*）95e—99c；苏格拉底的"第二次远行"正是出于探究"原因"的目的（参《斐多》99d以下）。

灵魂的“爱欲（*eros*）”源于对永恒秩序的最高的爱欲，他渴望与真正有德性的人“在一起”；僭主则追求政治德性，由于政治德性仅仅是真正的德性的不完整的“影像或模仿”，僭主的爱欲远远低于哲人的爱欲。僭主的爱欲实际上总是与某种需要相关，即使它是科耶夫所说的获得承认的需要。因此，哲人既无必要也无可能与所有人对话，启蒙大众不属于哲人的事业；这个事实源于一个绝对“非先天的经验”，哲学的天性永远只属于少数人，与大众不相干（页203）。相反，统治者必须教育所有臣民，因为他“本质上是所有臣民的统治者（页202）”，他必须让所有臣民学习并服从某些政治德性。统治者的启蒙必然是政治的启蒙，而非真正的启蒙。

科耶夫认为哲人必须“到市场上去”，由于哲人尝试让年轻人转向哲学生活，城邦必然认为哲人败坏青年，于是哲学与城邦的冲突不可避免。为了捍卫哲学，哲人必须对城邦采取某种行动。在施特劳斯看来，科耶夫的这些看法都与古典一致。

> 但是，最后的结果是否意味着哲人必须谋求决定或参与城邦或统治者的决策？哲人是否必须谋求“以某种方式参与对公共事务的通盘指导，

> 以便国家以一种使哲人的哲学教育变得可能和有效的方式组织起来并得到统治”？还是，我们必须以一种完全不同的方式理解哲学的政治（philosophic politics），亦即哲人为了哲学而采取的行动。（页205）

对于这个问题，施特劳斯更赞同古典的理解。哲人的政治行动不是建立依赖于机运的最佳政制，因为“哲学和哲学教育在所有或多或少不完美的政制下都是可能的”（页205）。哲人的政治行动是一种最低限度的政治行动：哲人尊重城邦的宗教和礼法，他们不是颠覆者，而是好公民。哲人以道德的名义在城邦面前为自己辩护，同时隐秘地探究和保存真理。在施特劳斯看来，柏拉图、西塞罗、阿尔法拉比和迈蒙尼德们的政治行动已经完全获得成功（页206）。因此，施特劳斯认为必须区分哲学本身要求的政治行动与哲人可能进行的建立最佳政制的行动，由于科耶夫忽略了这个区分，他陷入一个“悲剧性的冲突”：虽然哲人不愿意统治城邦，但他不得不进行统治。可是，既然哲学本身并不以最佳政制为前提，“与苏格拉底之死一样，哲学与城邦的冲突很难说是悲剧”（页206）。

但是，科耶夫认为哲学与城邦的冲突不可能在纯粹理论的思辨中得到解决，一个现实的矛盾必须得到社会历史的解决。根据黑格尔的历史辩证法，科耶夫认为哲学与城邦的冲突最终将在普遍同质国家中达到和解，只有实现这种最终的和解，只有当真理穷尽自身的可能之时，真正的智慧才会出现，“智慧本身才能取代对智慧的追求”（页 207）。历史的辩证运动将会证明，源于异教和基督教的普遍同质国家观念是哲学与城邦冲突的最终形态或解决形态，由于实现这个国家必须借助僭主的政治行动，因此，哲人与僭主的关系不再是一个问题。可以说，科耶夫的全部论证建立在一个前提之上：普遍同质国家是唯一现实并且正义的社会，或者，普遍同质国家是唯一可能和值得追求的最佳政治社会。

正是在这里，施特劳斯选择捍卫古典哲人的教诲。毫无疑问，普遍同质国家是激情和欲望的结果，必须借助暴政和血腥的斗争才能实现，施特劳斯十分怀疑这种“受到煽动的激情”会达到理性的结果（页 207）。在最初的普遍同质的君主国中，只有国家的主人才能得到满足，这显然是黑格尔和科耶夫所说的专制。因此，对“承认”和“满足”的欲望必然驱使其他主人采取激进的否定行动，普遍同质的君主国必然转变为普遍同质的贵族制国家，最终，普遍同质国家必然表现为主人与奴隶的彻底和解——建立一个“不再可能有战争和革命”的平等国家（页208）。另一方面，对自然的彻底征服使所有劳作都成为象征性的劳作，艰辛的生存性的劳作不复存在。这个国家“不再有任何战斗和工作，历史达到了它的终点，不再有更多的事情要做”（页208）。科耶夫又承认，普遍同质国家必须以“技术的无限进步及其产物”为条件，由于人不再劳作，不再追求实质的高贵行为和品质，这个国家的公民成为尼采所说的“末人”，这是对人性的毁灭。倘若如此，历史的最终完成恰恰是“悲剧性的”完成（页208）。为了反抗人性的毁灭，“大丈夫”必然采取新的否定行动，否定奴隶道德的虚无主义。这种行动是普遍同质国家中唯一伟大高贵的行动，它让这个末人国家“迟早要消亡”（页209）。于是，“历史辩证法”表面上的终结成为新的矛盾的开端，少数人与多数人的斗争现在以新的形式展开；由于不再可能进行真正的改良或革命，新的血腥斗争必然凭靠卑劣的“政治暗杀”和“宫廷政变”（页209）。科耶夫争辩说，只要人的最高目的或人性的最终依据是“思想”和智慧，普遍同质国家就是唯一道义的国家，只有在这个国家中，沉思真理的神圣活动才成为所有人的现实的生活方式，为了让沉思的生活成为普遍的生活，科耶夫必须“激烈地反对古典时代关于只有少数人能够追求智慧的观点”（页 210）。但是，科耶夫很难否定一个亘古不变的事实，灵魂爱欲的差异与人性本身同在，因此，他最后不得不承认，即使在普遍同质国家中多数人也只有“得到满足的潜在性”（页 210）。在任何时代，爱智者和大丈夫都是少数人，因此，科耶夫的最终的政治共同体极有可能是“一个国家而非无国家的社会”：彻底启蒙绝无可能，“国家或强制政府不可能消亡”（页 210）。现代人欲求在政治社会中实现普遍的幸福，为了实现古典时代的乌托邦，必须降低人的品质或目的。在这个意义上，现代人实现的政治社会不再是真正的乌托邦，因为降低人性的品质本身就意味着取消人世生活的理想性质。

在任何政治社会中，哲人都不愿意统治，在普遍同质国家中也是如此。由于普遍同质国家的统治者不是智者或哲人，“为了保持权力”或主人的权威（页 211），他必须压制一切怀疑普遍同质国家国家正当性的活动，因为这种怀疑无异于否定依托这种政体的主人的权威。于是，普遍同质国家成为意识形态，建立在历史形而上学之上的政治形式不再对道德的良心负责，甚至将良心斥为不道德，最后的僭主成为普遍同质国家理想的化身，成为“最高的权威”和“最高哲学的唯一解释者”（页211）。这个国家再也容不下真正的哲人，恐怖的技术手段和这个国家的世界帝国性质让哲人不再像从前的时代一样有隐藏自己和隐藏真理的可能：科耶夫的世界帝国将终结一切真正的哲学。

古典立场与现代立场的争端源于一个根本问题：什么是真正的智慧或哲学，或者，历史真理对于真理本身意味着什么。古典立场以“永恒秩序或永恒原因”的存在和显现为前提。不过，否定历史的真理性，必须预设“存在与自身的同一”，由于这个预设并非不言自明，科耶夫反对它，他相信存在就是历史性的生成，“存在在历史过程中创造自身”，唯一恒在的只是“历史或有限时间的总体”（页212）。

> 根据古典的假设，必须彻底区分认识的条件与认识的本源，区分哲学存在或延续的条件（某种特定类型的社会等等）与哲学洞见的本源。根据科耶夫的假设，这个区分失去了其重要意义：即使并不等同于存在，社会变迁或命运也影响存在，因而影响真理。根据科耶夫的假设，无限眷

恋人类事务成为哲学认识的本源：人必须彻底居住在大地上，他必须彻底成为大地上的公民……（页212）

科耶夫的大地上的世界帝国依赖于一个前提，除非所有人都从意见上升到知识，人类关于基本问题的意见分歧必然带来封闭的城邦。即使在最极端的情况下，现代世界的诸神之争也不会终结，而是演变为两个百臂巨兽之间的战争……

附　录

施特劳斯年谱

叶　然　编

我这辈子要一面读柏拉图，一面养兔子，
做一个乡下邮政官养活自家……

——施特劳斯与克莱因及诸生座谈（1970）

【编者说明】

本编意在将施特劳斯（Leo Strauss，1899—1973）简明的生平〔1〕与文献编年合为一编，分为“帝制时代”、“民国时代”、“流亡英伦”、“落户纽约”、“执教芝大”和“最后岁月”六个部分。

文献包括“专书”、“编述”、“文章”〔2〕、“讲座”、“讲课”和“书信”六类，每个著述条目依次标出写作年份、文献类型（六类分别简称［书］、［编］、［文］、［讲］、［课］和［信］）和中文译名三项，以破折号起头，以区别于生平。著述的详细信息以及“写作编年”的编法，俱见笔者所编《施特劳斯文献分类编年》。

本年谱的编辑得到刘小枫老师的指教，谨致谢忱！

叶然（中山大学哲学系）

2013年9月26日　旅居芝加哥期间

---

〔1〕 中等篇幅的生平有 Smith，S. B.，“Leo Strauss：the Outlines of a Life”，in Smith，S. B.（ed.），*The Cambridge Companion to Leo Strauss*，Cambridge：2009，pp. 13-40. 更多文献见 Smith 文的注释。绝不可忽视的是施特劳斯自述：Klein，J. & L. Strauss，“A Giving of Accounts”，in *The College*，22：1（1970），pp. 1-5；Strauss，L.，“Preface to *Spinoza's Critique of Religion*”，in *Liberalism Ancient and Modern*，New York：1968，pp. 224-259.

〔2〕 一般不包括收入专书的文章。

一、帝制时代（1899—1918）

1899 年 9 月 20 日： 施特劳斯生于德意志帝国（Deutsches Reich）普鲁士王国黑森－拿骚（Hessen-Nassau）省基尔克海恩（Kirchhain）镇上一个犹太家庭。父亲胡果·施特劳斯（Hugo Strauss，1869—1942），母亲珍妮·施特劳斯（Jennie Strauss，1873—1919）。祖父梅耶尔·施特劳斯（Meyer Strauss，1835—1919）在当地犹太人圈子中素有名望，经营农具和牲畜。父亲和叔父继承了祖业。

1912 年： 入读马堡镇上的老牌贵族高中——菲利普人文高中（Gymnasium Philippinum），同窗有后来的美籍德裔政治理论家弗里德里希（Carl J. Friedrich，1901—1984）。施特劳斯寄宿在一个犹太教领唱员（cantor）家里，结交了马堡新康德主义领袖、犹太裔哲人柯亨（Hermann Cohen，1842—1918）的许多信徒。

1914 年： 第一次世界大战爆发，德国为主要交战国。

1916 年： 17 岁这年成了一个犹太复国主义者（Zionist），信奉“单纯、直白的政治犹太复国主义”（依据自述）。

——1917［文］（高中毕业论文），“强大的东西多又多，可没有什么强过人”。

1917 年： 高中毕业，同年夏季学期开始大学生涯，先后入读马堡大学、法兰克福大学、柏林大学、汉堡大学，“主要学习领域为哲学、数学和诸科学”。

1917 年 7 月至 1918 年 12 月：服兵役，参加一战，在比利时做翻译。

1918 年 11 月 9 日：德国首都柏林爆发革命，皇帝威廉二世退位，帝制崩溃。两天后德国求和，一战结束。随后，德国在原“德意志帝国”国号下行共和政体，史称“魏玛民国”。

二、民国时代（1919—1933）

1919 年：母亲珍妮·施特劳斯去世，享年四十六岁。

德国纳粹党兴起。

1920 年：在马堡结识终生好友、俄裔犹太裔哲人克莱因（Jacob Klein，1899—1978）。

——1921［书］（博士论文），《雅可比哲学中的认识论问题》。指导老师为柯亨弟子、著名哲学家卡西尔（Ernst Cassirer，1874—1945）。

——1921［文］，“雅可比哲学中的认识论问题（提要）”

1921 年：从汉堡大学获哲学博士。

1922 年：赴弗莱堡大学听现象学哲人胡塞尔（1859—1938）及其助手海德格尔（1889—1976）讲课，为海氏关于亚里士多德《形而上学》的课程深深震撼。

1922 年至 1924 年：赴法兰克福拜访柯亨弟子、犹太教神学家罗森茨威格（Franz Rosenzweig，1886—1929），并在他的自由犹太学舍（Freies Jüdisches Lehrhaus）任研究员（非正式职务）。

——**1923**［文］，“［评奥托的］《神圣》”

——**1923**［文］，“答法兰克福小组的原则之言”

——**1923**［文］，“评‘犹太复国主义和反闪族主义’讨论”

——**1923**［文］，“诺尔的犹太复国主义”

——**1924**［文］，“拉伽德”

——**1924**［文］，“柯亨对斯宾诺莎圣经学的分析”

——**1924**［文］，“犹太复国主义与正统”

——**1924**［文］，“犹太复国主义之源”

——**1924**［文］，“社会学的史学”

——**1924**［文］，“论与欧洲学术的讨论”

——**1924**［文］，“评列夫科维茨《当代宗教思想家》”

——**1925**［文］，“圣经的历史与科学”

——**1925**［文］，“柯亨的《犹太教文集》”

——**1925**［文］，“武装的教会”

——1925［文］，“评温伯格的批评”

1925 年至 1932 年：应柏林犹太学术研究院（Akademie für die Wissenschaft des Judentums）院长古特曼（Julius Guttmann，1880—1950）之邀，赴该院任研究员（非正式职务）。

——1925—1928［文］，“犹太学术研究院卡塞尔课程大纲”

——1926［文］，“论斯宾诺莎及其先驱们的圣经学”

1927 年：结识终生好友、犹太学家索勒姆（Gershom Scholem，1897—1982）。可能同样是这一年前后，还结识了另外两位终生好友、著名思想史家洛维特（Karl Löwith，1897—1973）和克吕格（Gerhard Krüger，1902—1972）。

——1928［书］，《斯宾诺莎的宗教批判作为其圣经学基础：斯宾诺莎〈神学政治论〉研究》。题辞：Dem Gedächtnis Frans Rosenzweigs。此为施特劳斯第一本专书。因与上司古特曼意见不合，故从 1928 年推迟至 1930 年出版。1965 年出版英译本时，施特劳斯写了长篇序言（修订后收入专书《古今自由主义》［1968］）。

——1928［文］，“［评弗洛伊德的］《一个幻觉的未来》”

——1928—1962［信］，《致克吕格（Gerhard Krüger，1902—1972）》

——1929［文］，“纵览主义”

——1929［文］，“罗森茨威格与犹太学术研究院”

——1929［文］，“论政治犹太复国主义的意识形态（答约瑟夫三文)”

——**1929—1969** [**信**],《致克莱因(Jacob Klein, 1899—1978)》

——**1930** [**讲**],“[评蒂利希的]《当代宗教状况》”

——**1931** [**文**],“一部计划写的关于霍布斯的书的前言”

——**1931** [**文**],“研究大纲:霍布斯的政治科学:自然权利导论”

——**1931** [**文**],“评艾宾浩斯《论形而上学的进步》”

——**1931** [**讲**],“柯亨与迈蒙尼德”

——**1931—1937** [**编**],M. Mendelssohn,《著作集:纪念版》。施特劳斯负责撰写十篇提要(见下),以及十篇提要所涉篇目的注释。

——**1931—1937** [**文**],“[门德尔松篇目]提要”

——**1932** [**文**],“当今思想状况”

——**1932** [**文**],“斯宾诺莎的遗言”

——**1932** [**文**],“评施米特《政治的概念》”

——**1932—1933** [**信**],《致施米特(Carl Schmitt, 1888—1985)》

在德国十年间,还结交了解释学哲人伽达默尔(Hans-Georg Gadamer, 1900—2002)、政治理论家阿伦特(Hannah Arendt, 1906—1975)、犹太学家阿特曼(Alexander Altmann, 1906—1987)、阿拉伯学家克劳斯(Paul Kraus, 1904—1944)、

犹太学家派恩斯（Shlomo Pines，1908—1990）、犹太裔社会学家埃利亚斯（Norbert Elias，1897—1990）、犹太裔社会学家洛文塔尔（Leo Löwen-thal，1990—1993）以及犹太裔文人本杰明（Walter Benjamin，1892—1940）。克劳斯于1930年代娶了施特劳斯的妹妹贝蒂娜（Bettina），并携妻赴埃及教书。

——时间不详［信］，《致克劳斯（Paul Kraus，1900—1944）》

1932年10月至1933年12月：经著名法学家施米特推荐，由洛克菲勒基金（Rockefeller Fellowship）资助赴巴黎研究霍布斯。这次离开德国之后，终身没再回来长住。在巴黎，施特劳斯娶了先前在德国认识的孀妇伯恩松（Miriam Bernsohn），并收养了她的儿子托马斯（Thomas，施特劳斯本人一生未生育）。他还结识了终生友人、法国政治家和哲人科耶夫（Alexandre Kojève，1902—1968），同时还结交社会学大师阿隆（Raymond Aron，1905—1983）、科学哲学专家柯瓦雷（Alexandre Koyré，1892—1964）和哲学史家日尔松（Étienne Gilson，1884—1978）。

——1932—1965［信］，《致科耶夫（Alexandre Kojève，1902—1968）》

——1932—1971［信］，《致洛维特（Karl Löwith，1897—1973）》

1933年：纳粹党上台，希特勒（1889—1945）当政。施米特加入纳粹党，三年后遭纳粹党卫军逐出政坛。海德格尔加入纳粹党，并出任弗莱堡大学校长，一年后辞去校长一职，但未退党。

——1933［文］，“关于霍布斯政治科学的几点评注”

——1933—1934［书］，《霍布斯的宗教批判：论理解启蒙》。仅为手稿，生前未发表。

——1933—1973［信］，《致索勒姆（Gershom Scholem，1897—1982）》

三、流亡英伦（1934—1937）

1934年至1937年：由于不可能回德国，携妻儿仍以洛克菲勒基金前往英国，继续研究霍布斯。结交犹太裔政治理论家沃格林（Eric Voegelin，1901—1985），保持数十年友谊。

——1934［文］，“迈蒙尼德的先知学说及其源头”。修订后收入专书《哲学与律法》(1935)。

——1934—1964［信］，《致沃格林（Eric Voegelin，1901—1985)》

——1935［书］，《哲学与律法：论迈蒙尼德及其先驱》。题辞：Dem Andenken von Meyer Strauss（施特劳斯的祖父）。

1935年：应索勒姆之邀，试图以专书《哲学与律法》谋取希伯莱大学正式教职，但未成功。

1935年至1937年：在著名古典法学家道博（David Daube，1909—1999，也是施特劳斯的姻亲）帮助下，成为剑桥大学研究员（非正式职务）。这段时间，还结识了伦敦经济学院（London School of Economics）经济史家陶尼（R. H. Tawney, 1880—1962），并受到陶尼慷慨解囊。同时也结交俄裔政治理论家伯林（Isaiah Berlin，1909—1997）。

——1936［书］，《霍布斯的政治科学》。原文为德文，在英国以英译本形式出版，并把标题换作《霍布斯的政治哲学》，而且带有一篇英译本序。题辞：To My Wife。1952 年重印于美国时又写了新的序言。1965 年出版德文原稿时，恢复原标题《霍布斯的政治科学》，并做了一些改动，以德文版序替换了之前的序言，并附“评施米特《政治的概念》”（1932）一文。

1936 年：专书《霍布斯的政治哲学》出版后虽为学界推重，但仍未能使施特劳斯在英国找到正式教职。陶尼向美国芝加哥大学同行、经济史家纳夫（John U. Nef，1899—1988）推荐施特劳斯到芝大谋取正式教职，未果。

——1936［文］，“法拉比的一篇佚文”

——1936［文］，“简评迈蒙尼德和法拉比的政治学”

——1937［文］，“神意学说在迈蒙尼德作品中的位置”

——1937［文］，“论阿布拉瓦内的哲学趋向和政治教诲”

——1937［文］，“评阿布拉瓦内对王政的批判”

——1937［文］，“追忆莱辛”

——1937—1940［文］，“迈蒙尼德的隐秘教诲”

四、落户纽约（1937—1949）

1937 年：应美籍犹太史家巴容（Salo Wittmayer Baron, 1895—1989）之邀，只身赴美国哥伦比亚大学历史学系任研究员（非正式教职）。

克莱因赴美国马里兰州安娜波里斯（Annapolis）市圣约翰学院（St. John's College）执教（至死未离开）。

1938 年至 1948 年：经英国政治理论家拉斯基（Harold Joseph Laski，1893—1950）推荐，入纽约社会研究新学院（New School for Social Research）政治学系任研究员（非正式职务）。第一年转为正式教员，从此三十九岁的施特劳斯有了第一份稳定工作。不久后，他把妻儿接到了身边。

在新学院开设的第一门课是亚里士多德的《政治学》，还担任学院学刊《社会研究》（*Social Research*）编辑。没多久，身边聚焦起第一批学生，包括怀特（Howard B. White，1912—1974，研究培根和莎士比亚，后来接替了施特劳斯在新学院的教职）、雅法（Harry V. Jaffa，1918—　，研究托马斯主义和亚里士多德主义，以及美国政治思想）、马吉德（Henry Magid，1917—1979，研究穆勒和英国政治思想）以及克罗波西（Joseph Cropsey，1919—2012，研究斯密和柏拉图，后转任芝加哥大学教授，后又任施特劳斯著作遗产管理人）。

1939 年：在纽约汉弥尔顿学院（Hamilton College）做短期访问教授。

第二次世界大战爆发。欧陆学术名流纷纷转任美国大学教授，使美国渐渐成为与欧洲诸强国并立的学术重镇。

——1939［文］，"'迫害与写作技艺'讲座笔记"

——1939［文］，"斯巴达精神或色诺芬的品味"

——1939［文］，"显白的教诲"

——1939［文］，"评迈蒙尼德《重述托拉》的海姆森笺注本卷一"

——1940［讲］，"德国战后哲学的现存问题"

——1941［文］，"评肖特维尔《史之史》"

——1941［文］，"迫害与写作技艺"。修订后收入同名专书（1952）。

——1941［讲］，"德意志虚无主义"

1942 年 1 月 25 日：父亲胡果·施特劳斯在家乡去世，享年七十三岁。随后，继母及其他亲属被纳粹驱逐到波兰，在那里连同其他犹太人死于"最后处决"（Endlösung，当时施特劳斯不知此事）。

妹妹贝蒂娜与妹夫克劳斯在开罗生下女儿珍妮（Jenny）。贝蒂娜不幸去世，两年后克劳斯亦去世。珍妮被接到美国，成为施特劳斯夫妇的养女（即后来的古典学家克雷［Jenny Strauss Clay］）。

——**1942**［**讲**］，“我们能够从政治理论中学到什么？”

——**1943**［**讲**］，“就犹太人问题对轴心国的再教育”

——**1944**［**讲**］，“如何研究中古哲学”

1944 年：成为美国公民。

1945 年：二战结束，德国战败，被美、苏、英、法四国管制。施米特和海德格尔受到不同程度的调查。

——**1945**［**文**］，“法拉比的《柏拉图》”

——**1946**［**文**］，“一部计划命名为《哲学与律法：历史论文》的书的大纲”

——**1946**［**文**］，“论柏拉图政治哲学的一种新解释”

——**1946**［**文**］，“评吉勒斯《哲人们的谬误》的海姆森笺注本”

——**1947**［**文**］，“论卢梭的意图”

——**1948**［**书**］，《论僭政：色诺芬〈希耶罗〉释义》。题辞：To CWM。1963 年第一次增订时增加了施特劳斯回应科耶夫评论的文章“重述”［后收入《什么是政治哲学？及其他研究》(1959)］。施特劳斯去世后，又有两次增订，增加了与科耶夫的通信。

——**1948**［讲］，“理性与启示”

五、执教芝大（1949—1967）

1949 年：美、英、法占据的西德成立德意志联邦共和国，苏联占据的东德成立德意志民主共和国。施特劳斯去世多年之后的 1990 年，两德统一。

经社会学家希尔斯（Edward Shils，1910—1995）争取（主要阻力在于纳夫社会思想委员会［The John U. Nef Committee on Social Thought］创办人纳夫［对观前述 1936 年］），受聘芝加哥大学政治学系“政治哲学教授”（全职），接替政治理论家马里安（Charles Edward Merriam，1874—1953）。收入状况前所未有地得到改善。

——**1949**［讲］，“自然权利与历史”。扩充为专书《自然权利与历史》（1953）。

施特劳斯开始吸引学生，包括马迪（Muhsin Mahdi，1926—2007，研究伊斯兰政治哲学）、伯纳德特（Seth Benardete，1930—2001，研究荷马）、布鲁姆（Allan Bloom，1930—1992，研究古希腊政治哲学）、古热维奇（Victor Gourevitch，研究现代哲学）、罗森（Stanley Rosen，1929—　，研究斯宾诺莎）、勒纳（Ralph Lerner，研究伊斯兰政治哲学）、吉尔丁（Hilail Gildin，研究现代哲学）、马斯特斯（Roger Davis Masters，1933—　，研究现代政治哲学）、阿喀斯（Hadley P. Arkes，1940—，研究

政治理论和法学)、潘戈(Thomas L. Pangle,1944— ,研究现代政治哲学)。诸生多半在纳夫社会思想委员会攻读博士,前六人是施特劳斯在芝大的第一批弟子,博士毕业于1954年至1955年间。[1]由于施特劳斯本人并非这个委员会的成员,因而并非弟子们的博士生导师。

——1949—1970[信],《致肯达尔(Willmoore Kendall,1909—1968)》

——1950[文],“[关于色诺芬《希耶罗》的]重述”。参见上文“1948[书],《论僭政:色诺芬〈希耶罗〉释义》”条目。这场与科耶夫的讨论在学界影响较大,相关文献见《论僭政》增订版。

——1950[讲],“耶路撒冷与雅典”

1950年:索勒姆再次提议让施特劳斯出任希伯莱大学教授,接替犹太哲人布伯(Martin Buber),施特劳斯婉拒。从索勒姆处闻知古特曼逝世于希伯莱大学之后,施特劳斯推荐故友派恩斯接替古特曼。

1950年至1954年:随着冷战开始,美国麦卡锡主义泛滥,迫害共产党人士。

——1950s[讲],“柏拉图的《游叙弗伦》”

——1950s[课],《马基雅维里》

---

[1] 中国人汪一驹(Yi Chu Wang)1957年博士毕业于纳夫社会思想委员会,论文研究中国知识分子与西方,似未见其提及施特劳斯。

——**时间不详**［**课**］，《柏拉图的〈治邦者〉》

——**时间不详**［**课**］，《卢梭的〈社会契约论〉》

——**时间不详**［**信**］，《致伯纳德特（Seth Benardete，1930—2001）》

——**1952**［**书**］，《迫害与写作技艺》

——**1952**［**文**］，“论科林武德的历史哲学”

——**1952**［**编**］，Husic，Isaac，《哲学论文：古代、中古以及现代》

——**1952**［**文**］，Nahm，M. C. & L. Strauss，“［胡锡克《哲学论文》］序”

——**1952**［**讲**］，“进步还是回归？西方文明的当代危机”

——**1953**［**书**］，《自然权利与历史》

——**1953**［**文**］，“瓦尔克的马基雅维里：评马基雅维里《论李维》的瓦尔克笺注本”

——**1953**［**讲**］，“思索马基雅维里”。扩充为专书《思索马基雅维里》(1958)。

1954年至1955年：任希伯莱大学访问教授一年。

——**1954—1955**［**讲**］，“什么是政治哲学?”。发表于希伯莱大学。文字版修订后收入专书《什么是政治哲学？及其他研究》(1959)。

顺道在德国做短暂停留，回故里祭奠亡父，随后去海德堡会见洛维特和伽达默尔，据说发表了关于苏格拉底的公开演讲

（似未留下相关资料）。

——**1956**［**信**］，《致库恩（Helmut Kuhn，1899—1991）》

——**1956**［**文**］，“社会科学与人文学问”

——**1956**［**讲**］，“存在主义”

——**1956**［**课**］，《尼采：历史主义与现代相对主义》

——**1957**［**文**］，“致编者的信：以色列国家”

——**1957**［**讲**］，“论《创世记》释义”

——**1957**［**课**］，《柏拉图的〈王制〉》

——**1957**［**课**］，《柏拉图的〈高尔吉亚〉》

——**1958**［**书**］，《思索马基雅维里》

——**1958**［**讲**］，“弗洛伊德论摩西与一神教”

——**1958**［**讲**］，“政治学的源头与苏格拉底问题”

——**1958**［**课**］，《康德》

——**1958**［**课**］，《洛克》

——**1958**［**课**］，《黑格尔的〈历史哲学〉》

——**1959**［**书**］，《什么是政治哲学？及其他研究》

——**1959**［**文**］，“现代性的三次浪潮”

——**1959**［**讲**］，“什么是自由教育？”文字版收入专书《古今自由主义》。

——**1959**［**讲**］，内容不详

——**1959**［**课**］，《尼采的〈扎拉图斯特拉〉》

——**1959**［**课**］，《斯宾诺莎》

——1959 [课],《柏拉图的〈会饮〉》

——1959 [课],《柏拉图的〈法义〉》

——1959 [课],《西塞罗》

——1960 [讲],“理性与启示”

——1960 [讲],“迈蒙尼德引说”

——1960 [课],《亚里士多德的〈政治学〉》

——1960 [课],《政治学的源头》

——1960 [课], Strauss, L. & J. Cropsey,《马克思》

——1960s [讲],“修昔底德:政治史的意义”

1960 年:芝大授予施特劳斯“哈钦斯杰出贡献教授”(Robert Maynard Hutchins Distinguished Service Professor)称号。

——1961 [信],《致伽达默尔(Hans-Georg Gadamer, 1900—2002)》

——1961 [文],“‘相对主义’”

——1961 [文],“评哈德森‘再思韦伯论题’”

——1961 [文],“追忆阿容松点滴”

——1961 [课],《古典政治哲学的基本原理》

——1961 [课],《柏拉图的〈王制〉》

——1962 [文],“论门德尔松《上帝的事业:或被维护的神意》”。此文为十篇门德尔松篇目提要之一(参上文“1931—1937 [文],‘[门德尔松篇目]提要’”条目),此为作者本人将旧文初次发表。

——1962［讲］，“为什么我们仍然是犹太人”

——1962［课］，《修昔底德》

——1962［课］，《卢梭》

——1962［课］，《自然权利》

——1962—1963［课］，《色诺芬》

1963年：协助派恩斯出版了信实可靠的迈蒙尼德《迷途指津》英译本，并撰写导言（后收入专书《古今自由主义》）。

——1963［编］，Strauss，L. & J. Cropsey（eds.），《政治哲学史》。此书冲击了之前政治理论家萨拜因（George Holland Sabine，1880—1961）的大著《政治理论史》。

——1963［文］，“［《政治哲学史》］绪论”

——1963［文］，“柏拉图”。《政治哲学史》中的一章。其中《王制》（*Politeia*）部分经扩充后收入专书《城邦与人》（1964）。

除了上述“绪论”和“柏拉图”以外，施特劳斯为《政治哲学史》第一版还写了“帕多瓦的马西利乌”一章（后收入专书《古今自由主义》）。1972年出版第二版时，又换上了施特劳斯写的“马基雅维里”一章（后收入专书《柏拉图式政治哲学研究》［1973］）。

——1963［文］，“答沙尔和沃林”

——1963［讲］，“宗教与共同福祉”

——1963［讲］，“我们时代的危机”—“政治哲学的危机”

——1963［课］，《亚里士多德的〈尼各马可伦理学〉》

——**1963**［**课**］,《柏拉图的〈高尔吉亚〉》

——**1963**［**课**］,《维科》

——**1964**［**书**］,《城邦与人》

——**1964**［**课**］,《亚里士多德的〈修辞术〉》

——**1964**［**课**］,《格劳修斯的〈论战争与和平法〉》

——**1964**［**课**］,《霍布斯的〈论公民〉与〈利维坦〉》

1964年：因健康关系，未能应母校汉堡大学之邀回校讲学，但接受了汉堡大学荣誉博士学位。同时，通过西德驻芝加哥代表，接受了西德政府“大十字勋章”（Bundesverdienstkreuz）。

——**1965**［**文**］,“［《斯宾诺莎的宗教批判》］英译本序”。参见上文“1928［书］,《斯宾诺莎的宗教批判作为其圣经学基础：斯宾诺莎〈神学政治论〉研究》”条目。

——**1965**［**文**］,“评敏兹《追踪利维坦：十七世纪对霍布斯的唯物主义和道德哲学的反应》”

——**1965**［**课**］,《孟德斯鸠的〈法的精神〉》

——**1965**［**课**］,《孟德斯鸠的〈法的精神〉》

——**1965**［**课**］,《政治哲学引说》

——**1965**［**课**］,《柏拉图的〈普罗塔戈拉〉》

——**1965**［**课**］,《黑格尔的〈历史哲学〉》

——**1966**［**书**］,《苏格拉底与阿里斯托芬》

——**1966**［**课**］,《孟德斯鸠的〈法的精神〉》

——**1966**［**课**］,《柏拉图的〈美诺〉》

——1966［**课**］，《柏拉图的〈苏格拉底的申辩〉与〈克力同〉》

1966年：接受俄亥俄州辛辛那提（Cincinnati）市希伯莱联盟学院（Hebrew Union College）荣誉博士学位。

中国爆发"文化大革命"，影响及于世界主要国家。

——1967［**文**］，"洛克作为'权威论者'：评洛克《政府二论》的亚布拉姆笺注本"

——1967［**课**］，《亚里士多德的〈政治学〉》

——1967［**课**］，《尼采的〈超越善恶〉与〈道德的谱系学〉》

——1967［**课**］，《康德》

1967年：从芝大退休

六、最后岁月（1968—1973）

——1968［**书**］，《古今自由主义》

——1968［**文**］，"希腊史家：评亨利《希腊历史写作：基于色诺芬〈希腊志〉的一篇历史编纂学论文》”

1968年至1969年：接受加州克莱蒙男子学院（Claremont Men's College）返聘。吸引了正在读本科的塔科夫（Nathan Tarcov，1948— ，研究现代政治哲学，后接替克罗波西任施特劳斯著作遗产管理人）。

——**1968**［讲］，“苏格拉底式追问”

——**1968**［课］，《柏拉图的〈欧蒂德谟〉》

——**1968—1969**［课］，《亚里士多德的〈尼各马可伦理学〉》

1969年：在克莱因邀请下，转任马里兰州安娜波里斯市圣约翰学院“布坎南杰出贡献驻院学人”（Scott Buchanan Distinguished Scholar in Residence）。

——**1969—1970**［课］，《色诺芬的〈齐家〉》

——**1970**［书］，《色诺芬的苏格拉底言辞：〈齐家〉释义》

——**1970**［文］，“马基雅维里与古典文献”

——**1970**［讲］，“苏格拉底问题”

——**1970**［讲］，Klein，J. & L. Strauss，“剖白”

——**1970—1971**［课］，《尼采的〈超越善恶〉》

——**1970—1971**［课］，《柏拉图的〈法义〉》

——**1971**［书］，《柏拉图〈法义〉的论辩与情节》

——**1972**［书］，《色诺芬的苏格拉底》

——**1972—1973**［课］，《修昔底德》

——**1973**［书］，《柏拉图式政治哲学研究》

——**1973**［课］，《柏拉图的〈高尔吉亚〉》

1973 年 10 月 18 日：由于两年来健康状况恶化，因肺病萎于安娜波里斯市，享年七十四岁。逝世前几天开设的关于柏拉图《高尔吉亚》的课程刚讲了第一讲，手头则刚完成关于尼采、修昔底德和色诺芬的论文（均收在《柏拉图式政治哲学研究》中，这部文集最终没能编完）。葬礼在当地克涅赛斯以色列会堂（Knesseth Israel Synagogue）举行，宣读了犹太圣经之《诗篇》第 114 节："以色列出了埃及……"

施特劳斯文献分类编年

叶　然　编

【编者说明】

前人已有多种施特劳斯（Leo Strauss，1899—1973）著述出版编年，[1]本编则按文献的整体状况进行分类编年，首次整理了未正式出版的讲座和讲课记录稿，以及十多年来汉语学界可贵的翻译成果（尤其刘小枫教授主持的“施特劳斯集”）。本编分为“专著”、“编著”、“论文”、“讲座”、“讲课”和“书信”六个部分。

一、每个条目前标出的写作年份通常就是出版年份，不再另行标注出版年份。如出版年份不同于写作年份，则于条目中标注出版年份。

二、修订本和译本不单独列为条目，而是附列于原著最初所在的条目。不收录中译本以外的译本，少量重要的译本除外。

三、诸多早期文章重印于迈尔教授夫妇编订的三大卷文集，[2]

---

[1] Meier，H.（ed.），“Leo Strauss：1899—1973，A Bibliography”，2008. 仅有电子版：http：//leostrausscenter. uchicago. edu/files/pdf/Strauss_ Bibliographie_ 3-5-09. pdf。Merley，J. A.（ed.），“Bibliography of Leo Strauss”，in *Leo Strauss and his Legacy：A Bibliography*，Lanham：2005，pp. 1-14. 前一种文献表对原著的罗列更为完备，后一种则同时收录了西方学界可观的翻译成果。

[2] Strauss，L.，*Gesammelte Schriften，I：Die Religionskritik Spinozas und zugehörige Schriften*，ed. Meier，H. & W. Meier，Dritte：2008. Strauss，L.，*Gesammelte Schriften，II：Philosophie und Gesetz-Frühe Schriften*，ed. Meier，H. & W. Meier，Dritte：2004. Strauss，L.，*Gesammelte Schriften，III：Hobbes' politische Wissenschaft und zugehörige Schriften-Briefe*，ed. Meier，H. & W. Meier，Dritte：2008. 本编所使用的卷一为2008年

校勘精善，并附有校勘记，以及某些文章的作者批注和相关笔记（本编未把这些文字列为条目）。因此，凡本编提到的重印于这套文集中的作品，读者最好径直采用此文集中的版本。

四、基本未作修改就直接收入专书的文章，不列为条目。本于讲座和讲课的记录稿均归入“讲座”类和“讲课”类，其中一部分亦见于“专书”类。

五、讲座和讲课中，有些既有录音又有文字版（即正式的文字版），有些只有录音而无文字版，有些只有文字版而无录音。[1]由于讲座和讲课资料整理工作进展缓慢，本编在描述讲座和讲课时只能作出种种推测。网络上流传着一些非正式文字版讲演，当为过去听讲者所临时整理，本编对这些材料也予以重视。最后需要说明的是，讲课尽管涉及许多领域，但鉴于施特劳斯的头衔是“政治哲学教授”，故几乎所有课程都有一个总名叫做“政治哲学引说”。

叶然（中山大学哲学系）

2013 年 9 月 26 日旅居芝加哥期间

（接上页）版，较之初版增加了少量篇目。此文集后续又出版了卷四至卷六，收录英文原著的德译文，本编不考虑。

〔1〕 录音下载见芝加哥大学 The Leo Strauss Center 网站：http：//leostrausscenter. uchicago. edu。

一、专　著

1921，《雅可比哲学中的认识论问题》（*Das Erkenntnisproblem in der philosophischen Lehre Fr. H. Jacobis*, Hamburg, ii + 71pp.），博士论文。重印于 Strauss, L., *Gesammelte Schriften, II: Philosophie und Gesetz-Frühe Schriften*, ed. Meier, H. & W. Meier, Dritte: 2004. 中译文见施特劳斯，《哲学与律法：论迈蒙尼德及其先驱》，黄瑞成译，北京：华夏出版社，2012 年。

1928，《斯宾诺莎的宗教批判作为其圣经学基础：斯宾诺莎〈神学政治论〉研究》（*Die Religionskritik Spinozas als Grundlage seiner Bibelwissenschaft: Untersuchungen zu Spinozas Theologisch-politischem Traktat*, Berlin: 1930, xiii + 288 pp.）。题辞：Dem Gedächtnis Frans Rosenzweigs。因与当时的上司古特曼（Julius Guttmann）意见不合，推迟至 1930 年出版。重印于 Strauss, L., *Gesammelte Schriften, I: Die Religionskritik Spinozas und zugehörige Schriften*, ed. Meier, H. & W. Meier, Dritte: 2008. 英译本：*Spinoza's Critique of Religion*, tr. Sinclair, E. M., New York: 1965，作者增写了一篇很长的英译本序（稍加修订后收入专书《古今自由主义》［*Liberalism Ancient and Modern*, New York: 1968］）。中译本：施特劳斯，《斯宾诺莎的宗教批判》，李永晶译，北京：华夏出版社，2013 年。

1933—1934，《霍布斯的宗教批判：论理解启蒙》（*Die Re-*

ligionskritik des Hobbes: *Ein Beitrag zum Verständnis der Aufklärung*, in Strauss, L., *Gesammelte Schriften*, *III*: *Hobbes' politische Wissenschaft und zugehörige Schriften-Briefe*, ed. Meier, H. & W. Meier, Dritte: 2008, pp. 263–373)。中译本：施特劳斯,《霍布斯的宗教批判》，杨丽等译，北京：华夏出版社，2012 年。此书为后人依据手稿整理，作者在世时未打算发表。

1935,《哲学与律法：论迈蒙尼德及其先驱》（*Philosophie und Gesetz*: *Beiträge zum Verständnis Maimunis und seiner Vorläufer*, Berlin, 122 pp.）。题辞：Dem Andenken von Meyer Strauss（施特劳斯的祖父）。重印于 Strauss, L., *Gesammelte Schriften*, *II*, *op. cit.* 英译本：*Philosophy and Law*: *Essays toward the Understanding of Maimonides and his Predecessors*, tr. Adler, E., Albany, NY: 1995. 中译本：施特劳斯,《哲学与律法》，前揭。

1936,《霍布斯的政治科学》（*Hobbes' politische Wissenschaft in ihrer Genesis*, Neuwied, Luchterhand, 1965, 189 pp.）。重印于 Strauss, L., *Gesammelte Schriften*, *III*, *op. cit.* 英译本：《霍布斯的政治哲学》（*The Political Philosophy of Hobbes*: *Its Basis and Its Genesis*, tr. Sinclair, E. M., Oxford: 1936, xix + 172 pp.; reprinted in Chicago: 1952, xxi + 172 pp.），带有作者写的英译本序，美国版还有一篇专门的序。此书最早以英译本出版，题辞：To My Wife。德文版面世迟至 1965 年，对原来的德文手稿有了改动（但手稿标题原本就是“政治科学”，而非英

译本标题“政治哲学”），去除了英译本序，换上了德文版序，并增加了“评施米特《政治的概念》”（1932）一文（见下面“文章”类），增加的这篇文章以及德文版序言的中译文均见施特劳斯，《霍布斯的宗教批判》，前揭。依据前述英文版翻译的中译本：施特劳斯，《霍布斯的政治哲学》，申彤译，南京：译林出版社，2001年。

1948，《论僭政：色诺芬〈希耶罗〉释义》（*On Tyranny: An Interpretation of Xenophon's Hiero*，New York，xiii + 121 pp.）。题辞：To CWM。法译本：*De la Tyrannie*，tr. Kern，H.，Paris：1954，347 pp.，包含《希耶罗》法译文，科耶夫（A. Kojève）文章“僭政与智慧”（“Tyrannie et Sagesse”），以及施特劳斯作于1950年的回应性文章“重述”（“Restatement”，后人整理本见 *Interpretation*，36：1［Fall 2008］，pp. 29 – 78）的法译文“Mise au point”。英文版第一次增订：*On Tyranny: Revised and Enlarged*，Glencoe，Ill.：1963，xi + 228 pp.，包含《希耶罗》英译文，科耶夫文章英译文，以及施特劳斯“重述”英文原作的删订本（后收入专书《什么是政治哲学？及其他研究》［*What Is Political Philosophy? And other Studies*，Glencoe，Ill.：1959］）。第二次增订：ed. Gourevitch，V. & M. S. Roth，New York：1991，增加了与科耶夫的通信（其中法文被译成了英文）。第三次增订：ed. Gourevitch，V. & M. S. Roth，Chicago：2000，xxii + 336 pp. 依据第三次增订本逐译的中译本：施特劳斯等，《论僭政：色诺芬〈希

耶罗〉义疏》，古热维奇等编，何地译，北京：华夏出版社，2006 年。

1952，《迫害与写作技艺》（*Persecution and the Art of Writing*，Glencoe，Ill.，204 pp.）。中译本：施特劳斯，《迫害与写作艺术》，刘锋译，北京：华夏出版社，2012 年。

1953，《自然权利与历史》（*Natural Right and History*，Chicago，x + 327 pp.）。重印本：Chicago：1971，x + 326 pp.，作者换上了新序言。中译本：施特劳斯，《自然权利与历史》，彭刚译，北京：三联书店，2006 年。

1958，《思索马基雅维里》（*Thoughts on Machiavelli*，Glencoe，Ill.，348 pp.）。中译本：施特劳斯，《关于马基雅维里的思考》，申彤译，南京：译林出版社，2009 年。

1959，《什么是政治哲学？及其他研究》（*What is Political Philosophy? And other Studies*，Glencoe，Ill.，315 pp.）。中译本：施特劳斯，《什么是政治哲学》，李世祥等译，北京：华夏出版社，2011 年。

1964，《城邦与人》（*The City and Man*，Chicago，vii + 245 pp.）。中译本：舒炜、黄俊松译，北京：三联书店，即出。

1966，《苏格拉底与阿里斯托芬》（*Socrates and Aristophanes*，New York，vii + 321 pp.）。中译本：施特劳斯，《苏格拉底与阿里斯托芬》，李小均译，北京：华夏出版社，2011 年。

1968，《古今自由主义》（*Liberalism Ancient and Modern*，

New York, xi + 276 pp.)。中译本：施特劳斯，《古今自由主义》，马志娟译，南京：江苏人民出版社，2012 年。

1970，《色诺芬的苏格拉底言辞：〈齐家〉释义》（*Xenophon's Socratic Discourse*：*An Interpretation of the Oeconomicus*, New York, viii + 211 pp. ），包含 C. Lord 新译的《齐家》。中译本：施特劳斯，《色诺芬的苏格拉底言辞：〈齐家〉义疏》，杜佳译，上海：华东师范大学出版社，2010 年。

1971，《柏拉图〈法义〉的论辩与情节》（*The Argument and the Action of Plato's Laws*, Chicago：1975, ix + 186 pp. ）。中译本：施特劳斯，《柏拉图〈法义〉的论辩与情节》，程志敏等译，北京：华夏出版社，2011 年。

1972，《色诺芬的苏格拉底》（*Xenophon's Socrates*, Ithaca, NY, ix + 181 pp. ）。中译本：施特劳斯，《色诺芬的苏格拉底》，高诺英译，上海：华东师范大学出版社，2011 年。

1973，《柏拉图式政治哲学研究》（*Studies in Platonic Political Philosophy*, Chicago：1983, vii + 260 pp. ）。中译本：施特劳斯，《柏拉图式政治哲学研究》，张缨等译，上海：华东师范大学出版社，2012 年。后人根据手稿整理。

二、编　著

1931—1937，Mendelssohn，M.，《著作集：纪念版》（*Gesammelte Schriften*：*Jubiläumsausgabe*, Band II, ed. Bamberger, F. &

L. Strauss, Stuttgart: 1972; Band III-1, ed. Bamberger, F. & L. Strauss, Stuttgart: 1972; Band III-2, ed. Strauss, L., Stuttgart: 1973)。Band II 和 Band III-1 收录了施特劳斯 1931 至 1932 年撰写的八篇提要以及所涉篇目的注释，Band III-2 收录了他 1936 至 1937 年撰写的两篇提要以及所涉篇目的注释。总共十篇提要重印于 Strauss, L., *Gesammelte Schriften*, *II*, *op. cit.* 提要的英译本：Strauss, L., *On Moses Mendelssohn*, tr. Yaffe, M. D., Chicago: 2012. 提要的中译文见施特劳斯，《门德尔松与莱辛》，卢白羽译，北京：华夏出版社，2012 年。

1952，Husic，Isaac，《哲学论文：古代、中古以及现代》(*Philosophical Essays*: *Ancient*, *Mediaeval and Modern*, ed. Nahm, M. C. & L. Strauss, Oxford, xlii + 358 pp.)。两位编者合作了一篇序言，中译文见施特劳斯，《犹太哲人与启蒙：施特劳斯讲演与论文集：卷一》，增订本，刘小枫编，张缨等译，即刊。

1963，Strauss，L. & J. Cropsey (eds.)，《政治哲学史》(*History of Political Philosophy*, Chicago, ix + 790 pp.)。施特劳斯撰写了导言以及"柏拉图"和"帕多瓦的马西利乌"两章("柏拉图"章的《王制》[*Politeia*]部分经扩充后收入专书《城邦与人》[*op. cit.*]，"帕多瓦的马西利乌"收入专书《古今自由主义》[*op. cit.*])。第二版：Chicago: 1972, xi + 849 pp.，换上了施特劳斯新作的"马基雅维里"章（后收入专书《柏拉图式政治哲学研究》[*op. cit.*])。第三版：Chicago: 1987, xiv + 966 pp. 依据第三版迻译的中译本：施特劳斯等编，《政治哲学史》，李洪润等译，北京：法律出版社，2009 年。

三、论　文

1917，“强大的东西多又多，可没有什么强过人”［“Vieles Gewaltige gibt es，doch nichts ist gewaltiger als der Mensch”，in Pickerodt-Uthleb，E. J.（ed.），*Zukunft brancht Erfahrung*：*Eine Festschrift*：475 *Jahre Gymnasium Philippinum*（*1527 – 2002*），Marburg：2002，pp. 123 – 126］。此为高中毕业论文。

1921，“雅可比哲学中的认识论问题（提要）”（“Das Erkenntnisproblem in der philosophischen Lehre Fr. H. Jacobis［Auszug］”，Hamburg，8 pp.）。重印于 Strauss，L.，*Gesammelte Schriften*，*II*，*op. cit.* 英译文见 Strauss，L.，*The Early Writing*（*1921 – 1932*），tr. Zank，M.，Albany：2002. 此为博士论文提要。

1923，“［评奥托的］《神圣》”（“*Das Heilige*”，in *Der Jude*，7：4，pp. 240 – 242）。重印于 Strauss，L.，*Gesammelte Schriften*，*II*，*op. cit.* 英译文见 Strauss，L.，*The Early Writing*，*op. cit.* 中译文见施特劳斯，《门德尔松与莱辛》，前揭。

1923，“答法兰克福小组的原则之言”（“Antwort auf das ‘Prinzipielle Wort’ der Frankfurter”，in *Jüdische Rundschau*，28：9，pp. 45 – 46）。重印于 Strauss，L.，*Gesammelte Schriften*，*II*，*op. cit.* 英译文见 Strauss，L.，*The Early Writing*，*op. cit.* 中译文

见施特劳斯,《犹太哲人与启蒙》, 前揭。

1923,“评‘犹太复国主义和反闪族主义’讨论”(“Anmerkung zur Diskussion über ‘Zionismus und Antisemitismus’”, in *Jüdische Rundschau*, 28: 83–84, pp. 501–502)。重印于 Strauss, L., *Gesammelte Schriften*, *II*, *op. cit.* 英译文见 Strauss, L., *The Early Writing*, *op. cit.* 中译文见施特劳斯,《犹太哲人与启蒙》, 前揭。

1923,“诺焘的犹太复国主义”(“Der Zionismus bei Nordau”, in *Der Jude*, 7: 10–11, pp. 657–660)。重印于 Strauss, L., *Gesammelte Schriften*, *II*, *op. cit.* 英译文见 Strauss, L., *The Early Writing*, *op. cit.* 中译文见施特劳斯,《犹太哲人与启蒙》, 前揭。

1924, “拉伽德”(“Paul de Lagarde”, in *Der Jude*, 8: 1, pp. 8–15)。重印于 Strauss, L., *Gesammelte Schriften*, *II*, *op. cit.* 英译文见 Strauss, L., *The Early Writing*, *op. cit.* 中译文见施特劳斯,《犹太哲人与启蒙》, 前揭。

1924,“柯亨对斯宾诺莎圣经学的分析”(“Cohens Analyse der Bibel-Wissenscaft Spinozas”, in *Der Jude*, 8: 5-6, pp. 295–314)。重印于 Strauss, L., *Gesammelte Schriften*, *I*, *op. cit.* 英译文见 Strauss, L., *The Early Writing*, *op. cit.* 中译文见施特劳斯,《斯宾诺莎的宗教批判》, 前揭。

1924,“犹太复国主义与正统”(“Zionismus und Orthodoxie”,

in *Jüdische Rundschau*, 29: 50, p. 362)。重印于 Strauss, L., *Gesammelte Schriften*, *I*, *op. cit.* 中译文见施特劳斯,《犹太哲人与启蒙》, 前揭。

1924, "犹太复国主义之源" ("Quellen des Zionismus", in *Jüdische Rundschau*, 29: 77-78 and 79, pp. 558 and 566)。重印于 Strauss, L., *Gesammelte Schriften*, *I*, *op. cit.* 中译文见施特劳斯,《犹太哲人与启蒙》, 前揭。

1924, "社会学的史学" ("Soziologische Geschichtsschreibung?" in *Der Jude*, 8: 3, pp. 190–192)。重印于 Strauss, L., *Gesammelte Schriften*, *II*, *op. cit.* 英译文见 Strauss, L., *The Early Writing*, *op. cit.* 中译文见施特劳斯,《门德尔松与莱辛》, 前揭。

1924, "论与欧洲学术的讨论" ("Zur Auseinandersetzung mit der europäischen Wissenschaft", in *Der Jude*, 8: 10, pp. 613–617)。重印于 Strauss, L., *Gesammelte Schriften*, *II*, *op. cit.* 英译文见 Strauss, L., *The Early Writing*, *op. cit.* 中译文见施特劳斯,《门德尔松与莱辛》, 前揭。

1924, "评列夫科维茨《当代宗教思想家》" ("Besprechung von A. Levkowitz, *Religiöse Denker der Gegenwart*", in *Der Jüdische Student*, 22: 1-2, pp. 15–18)。重印于 Strauss, L., *Gesammelte Schriften*, *II*, *op. cit.* 英译文见 Strauss, L., *The Early Writing*, *op. cit.* 中译文见施特劳斯,《门德尔松与莱辛》, 前揭。

1925, "圣经的历史与科学" ("Biblische Geschichte und

Wissenschaft", in *Jüdische Rundschau*, 30: 88, pp. 744 – 745)。重印于 Strauss, L., *Gesammelte Schriften*, *II*, *op. cit.* 英译文见 Strauss, L., *The Early Writing*, *op. cit.* 中译文见施特劳斯,《斯宾诺莎的宗教批判》,前揭。

1925,"柯亨的《犹太教文集》"("Hermann Cohen, *Jüdische Schriften*", in *Jüdische Wochenzeitung*, vom 08. 05)。中译文见施特劳斯,《犹太哲人与启蒙》,前揭。

1925,"武装的教会"("Ecclesia militans", in *Jüdische Rundschau*, 30: 36, p. 334)。重印于 Strauss, L., *Gesammelte Schriften*, *II*, *op. cit.* 英译文见 Strauss, L., *The Early Writing*, *op. cit.* 中译文见施特劳斯,《犹太哲人与启蒙》,前揭。

1925,"评温伯格的批评"("Bemerkung zu der Weinbergschen Kritik", in *Der Jüdische Student*, 22: 1-2, pp. 15–18)。重印于 Strauss, L., *Gesammelte Schriften*, *I*, *op. cit.* 英译文见 Strauss, L., *The Early Writing*, *op. cit.* 中译文见施特劳斯,《犹太哲人与启蒙》,前揭。

1925—1928,"犹太学术研究院卡塞尔课程大纲"("Casseler Kurse im Auftrage der Akademie für die Wissenschaft des Judentums", in *Jüdische Wochenzeitung für Kassel*, *Hessen und Waldeck*, 刊号不详)。德英对照本见 *Interpretation*, 39: 2 (2012), pp. 109– 138. 中译文见施特劳斯,《犹太哲人与启蒙》,前揭。

1926,"论斯宾诺莎及其先驱们的圣经学"("Zur Bibelwissenschaft Spinozas und seiner Vorläufer", in *Korrespondenzblatt des Vereins zur Gründung und Erhaltung einer Akademie für die Wissenschaft der Judentums*, 7, pp. 1-22)。重印于 Strauss, L., *Gesammelte Schriften*, *I*, *op. cit.* 英译文见 Strauss, L., *The Early Writing*, *op. cit.* 中译文见施特劳斯,《斯宾诺莎的宗教批判》,前揭。

1928, "[评弗洛伊德的]《一个幻觉的未来》"("*Die Zukunft einer Illusion*", in *Der Jüdische Student*, 25: 4, pp. 16-22)。重印于 Strauss, L., *Gesammelte Schriften*, *I*, *op. cit.* 英译文见 Strauss, L., *The Early Writing*, *op. cit.* 中译文见施特劳斯,《犹太哲人与启蒙》,前揭。

1929, "纵览主义"("Der Konspektivismus", in Strauss, L., *Gesammelte Schriften*, *II*, *op. cit.*, pp. 365-376)。中译文见施特劳斯,《门德尔松与莱辛》,前揭。

1929, "罗森茨威格与犹太学术研究院"("Franz Rosenzweig und die Akademie für die Wissenschaft des Judentums", in *Jüdische Wochenzeitung für Kassel*, *Hessen und Waldeck*, 6: 49, p. 2)。重印于 Strauss, L., *Gesammelte Schriften*, *II*, *op. cit.* 英译文见 Strauss, L., *The Early Writing*, *op. cit.* 中译文见施特劳斯,《犹太哲人与启蒙》,前揭。

1929, "论政治犹太复国主义的意识形态(答约瑟夫三文)"("Zur Ideologie des politischen Zionismus [In Erwiderung auf drei Aufsätze Max Josephs]", in *Der Jüdische Student*, 26: 5, pp. 22–27)。重印于 Strauss, L., *Gesammelte Schriften*, *I*, *op. cit.* 中译文见施特劳斯,《犹太哲人与启蒙》,前揭。

1931,"一部计划写的关于霍布斯的书的前言"("Vorwort zu einem geplanten Buch über Hobbes", in Strauss, L., *Gesammelte Schriften*, *III*, *op. cit.*, pp. 201–216)。中译文见施特劳斯,《霍布斯的宗教批判》,前揭。

1931,"研究大纲:霍布斯的政治科学:自然权利导论"("Disposition: Die politische Wissenschaft des Hobbes: Eine Einführung in das Naturrecht", in Strauss, L., *Gesammelte Schriften*, *III*, *op. cit.*, pp. 193–200)。中译文见施特劳斯,《霍布斯的宗教批判》,前揭。

1931,"评艾宾浩斯《论形而上学的进步》"("Besprechung von Julius Ebblinghaus, *Über die Fortschritte der Metaphysik*", in *Deutsche Literaturzeitung*, 52, columns 2451–2453)。重印于 Strauss, L., *Gesammelte Schriften*, *II*, *op. cit.* 英译文见 Strauss, L., *The Early Writing*, *op. cit.* 中译文见施特劳斯,《门德尔松与莱辛》,前揭。

1931—1937,"[门德尔松篇目]提要"("Einleitungen", in Mendelssohn, M., *Gesammelte Schriften: Jubiläumsausgabe*, Band II, ed. Bamberger, F. & L. Strauss, Stuttgart: 1972; Band III-1, ed. Bamberger, F. & L. Strauss, Stuttgart: 1972; Band III-2, ed.

Strauss, L., Stuttgart: 1973)。参“编述”类之“1931—1937, Mendelssohn”。

1932,“当今思想状况”(“Die geistige Lage der Gegenwart”, in Strauss, L., *Gesammelte Schriften*, *II*, *op. cit.*, pp. 441-464)。中译文见施特劳斯,《门德尔松与莱辛》,前揭。

1932,“斯宾诺莎的遗言”(“Das Testament Spinozas”, in *Bayerische Israelitische Gemeindezeitung*, 8: 21, p. 322 and pp. 324-326)。重印于 Strauss, L., *Gesammelte Schriften*, *I*, *op. cit.* 英译文见 Strauss, L., *The Early Writing*, *op. cit.* 中译文见施特劳斯,《斯宾诺莎的宗教批判》,前揭。

1932,“评施米特《政治的概念》”(“Anmerkungen zu Carl Schmitt, *Der Begriff des Politischen*”, in *Archiv für Sozialwissenschaft und Sozialpolitik*, 67: 6, pp. 732-749)。重印于 Strauss, L., *Gesammelte Schriften*, *III*, *op. cit.* 中译文见施特劳斯,《霍布斯的宗教批判》,前揭。

1933,“关于霍布斯政治科学的几点评注”(“Einige Anmerkungen über die politische Wissenschaft des Hobbes”, in Strauss, L., *Gesammelte Schriften*, *III*, *op. cit.*, pp. 243-262)。法译文:“Quelques remarques sur la science politique de Hobbes: A propes de livre recent de M. Lubienski”, tr. Kojève, A., in *Recherches Philosophiques*, 2 (1933), pp. 609-622. 中译文见施特劳斯,《霍布斯的宗教批判》,前揭。此文最初以法译文面世,

德文版是后人整理本。

1934，“迈蒙尼德的先知学说及其源头”（“Maimunis Lehre von der Prophetie und ihre Quellen”，in *Le Monde Oriental*（*Uppsala*），28，pp. 99–139）。修订后收入专书《哲学与律法》（*op. cit.*）。

1936，“法拉比的一篇佚文”（“Eine vermiβte Schrift Fârâbîs”，in *Monatsschrift für Geschichte und Wissenschaft des Judentums*，80：1，pp. 96–106）。重印于 Strauss，L.，*Gesammelte Schriften*，*II*，*op. cit.* 中译文见施特劳斯，《论法拉比与迈蒙尼德》，刘小枫编，张缨等译，即刊。

1936，“简评迈蒙尼德和法拉比的政治学”（“Quelques remarques sur la science politique de Maïmonide et de Fârâbî”，in *Revue des Etudes Juives*，100，pp. 1–37）。重印于 Strauss，L.，*Gesammelte Schriften*，*II*，*op. cit.* 英译文见 Strauss，L.，*On Maimonides*：*The Complete Writings*，ed. Green，K. H.，Chicago：2013. 中译文见施特劳斯，《犹太哲人与启蒙》，前揭。中译增订版见施特劳斯，《论法拉比与迈蒙尼德》，前揭。

1937，“神意学说在迈蒙尼德作品中的位置”（“Der Ort der Vorsehungslehre nach der Ansicht Mainunis”，in *Monatsschrift für Geschichte und Wissenschaft des Judentums*，81：1，pp. 93–105）。重印于 Strauss，L.，*Gesammelte Schriften*，*II*，*op. cit.* 英译文见 Strauss，L.，*On Maimonides*，*op. cit.* 中译文见施特劳斯，《犹太哲人与启蒙》，前揭。中译增订版见施特劳斯，《论法拉比与迈

蒙尼德》，前揭。

1937，“论阿布拉瓦内的哲学趋向和政治教诲”（“On Abravanel's Philosophical Tendency and Political Teaching”，in Abravanel，I.，*Six Lectures*，ed. Trend，J. B. & H. Loewe，Cambridge，pp. 448－456）。重印于 Strauss，L.，*Gesammelte Schriften*，*II*，*op. cit.* 中译文增订版见施特劳斯，《论法拉比与迈蒙尼德》，前揭。

1937，“评阿布拉瓦内对王政的批判”（“Zu Abravanels Kritik des Königrums”，in Strauss，L.，*Gesammelte Schriften*，*II*，*op. cit.*，pp. 233－234）。中译文增订版见施特劳斯，《论法拉比与迈蒙尼德》，前揭。

1937，“追忆莱辛”（“Eine Erinnerung an Lessing”，in Strauss，L.，*Gesammelte Schriften*，*II*，*op. cit.*，pp. 607－608）。英译文见 Strauss，L.，*On Moses Mendelssohn*，*op. cit.* 中译文见施特劳斯，《门德尔松与莱辛》，前揭。

1937—1940，“迈蒙尼德的隐秘教诲”（“The Secret Teaching of Maimonides”，in Strauss，L.，*On Maimonides*，*op. cit.*）。中译文见施特劳斯，《论法拉比与迈蒙尼德》，前揭。一份笔记，具体写作年份不确定。

1939，“‘迫害与写作技艺’讲座笔记”（“Lecture Notes for ‘Persecution and the Art of Writing’”，ed. Kerber，H.，in Yaffe，M. D. & R. S. Ruderman（ed.），*Reorientation*：*Leo Strauss in the 1930s*，New York：2014，pp. 293－304）。中译文见施特劳斯，

《苏格拉底问题与现代性：施特劳斯讲演与论文集：卷二》，增订版，刘小枫编，彭磊译，北京：华夏出版社，2014 年。

1939，“斯巴达精神或色诺芬的品味”（“The Spirit of Sparta or the Taste of Xenophon”，in *Social Research*，6：4，pp. 502 – 536）。中译文见施特劳斯，《苏格拉底问题与现代性》，前揭。

1939，“显白的教诲”［“Exoteric Teaching”，in *Interpretation*，14：1（1986），pp. 51 – 59；edited and reprinted in Yaffe，M. D. & R. S. Ruderman（ed.），*Reorientation*，*op. cit.*，pp. 275 – 286］。中译文见施特劳斯，《古典政治理性主义的重生：施特劳斯思想入门》，潘戈编，郭振华等译，叶然校，北京：华夏出版社，2011 年；亦见施特劳斯，《苏格拉底问题与现代性》，前揭。

1939，“评迈蒙尼德《重述托拉》的海姆森笺注本卷一”（“Review of Moses Hyamson's edition of Maimonides：*The Mishneh Torah*，Book 1”，in *Review of Religion*，3：4，pp. 448 – 456）。重印于 Strauss，L.，*On Maimonides*，*op. cit.* 中译文见施特劳斯，《论法拉比与迈蒙尼德》，前揭。

1941，“评肖特维尔《史之史》”（“Review of James T. Shotwell：*The History of History*”，in *Social Research*，8：1，pp. 126 – 127）。中译文见施特劳斯，《苏格拉底问题与现代性》，前揭。

1941，“迫害与写作技艺”（“Persecution and the Art of Writing”，in *Social Research*，8：4，pp. 488 – 504）。修订后收入 Strauss，L.，《迫害与写作技艺》（*op. cit.*）。

1945，"法拉比的《柏拉图》"（"Fârâbî's *Plato*"，in American Academy for Jewish Research，*Louis Ginzberg Jubilee Volume on the Occasion of his Seventieth Birthday*，English Section，New York：1945，pp. 357–358）。中译文见施特劳斯，《论法拉比与迈蒙尼德》，前揭。本文部分内容经改订后并入《迫害与写作技艺》（*op. cit.*）导言。

1946，"一部计划命名为《哲学与律法：历史论文》的书的大纲"（"Plan of a Book Tentatively Entitled *Philosophy and the Law*：*Historical Essays*"，in Strauss，L.，*Jewish Philosophy and the Crisis of Modernity*：*Essays and Lectures in Modern Jewish Thought*，ed. Green，K. H.，Albany，NY：1997，pp. 467–470）。

1946，"论柏拉图政治哲学的一种新解释"（"On a New Interpretation of Plato's Political Philosophy"，in *Social Research*，13：3，pp. 326–367）。中译文见施特劳斯，《苏格拉底问题与现代性》，前揭。

1946，"评吉勒斯《哲人们的谬误》的海姆森笺注本"（"Review of John O. Riedl's edition of Giles of Rome：*Errores Philosophorum*"，in *Church History*，15：1，pp. 62–63）。中译文见施特劳斯，《论法拉比与迈蒙尼德》，前揭。

1947，"论卢梭的意图"（"On the Intention of Rousseau"，in *Social Research*，14：4，pp. 455–487）。中译文见施特劳斯，《苏格拉底问题与现代性》，前揭；修订本见刘小枫，《设计共和：

施特劳斯〈论卢梭的意图〉绎读》，北京：华夏出版社，2013年。

1950，“［关于色诺芬《希耶罗》的］重述”［“Restatement”，in *Interpretation*，36：1（Fall 2008），pp. 29 – 78］。参“专著”类之“1948,《论僭政》”。

1952,“论科林武德的历史哲学”（“On Collingwood's Philosophy of History”，in *Review of Metaphysics*，5：4，pp. 559–586）。中译文见施特劳斯,《苏格拉底问题与现代性》，前揭。

1952，Nahm，M. C. & L. Strauss，“［胡锡克《哲学论文》］序”（“Preface”，in Husik，Isaac，*Philosophical Essays*：*Ancient*，*Mediaeval and Modern*，ed. Nahm，M. C. & L. Strauss，Oxford，pp. vii– xli）。参“编著”类之“1952，Husic”。

1953,“瓦尔克的马基雅维里：评马基雅维里《论李维》的瓦尔克笺注本”（“Walker's Machiavelli：Review of L. J. Walker's edition of the *Discourses* of Niccolò Machiavelli”，in *Review of Metaphysics*，6：3，pp. 437 – 446）。中译文见施特劳斯,《苏格拉底问题与现代性》，前揭。

1956,“社会科学与人文学问”［“Social Science and Humanism”，in White，L. D.（ed.），*The State of the Social Sciences*，Chicago，pp. 415–425］。中译文见施特劳斯,《古典政治理性主义的重生》，前揭。

1957,“致编者的信：以色列国家”（“Letter to the Editor：

The State of Israel", in Strauss, L., *Jewish Philosophy and the Crisis of Modernity*, *op. cit.*, pp. 413–416)。中译文见施特劳斯，《犹太哲人与启蒙》，前揭。

1959，"现代性的三次浪潮"["The Three Waves of Modernity", in Gildin, H. (ed.), *Political Philosophy*: *Six Essays*, Indianapolis: 1975, pp. 81–98]。中译文见施特劳斯，《苏格拉底问题与现代性》，前揭。

1961，"'相对主义'"["'Relativism'", in Schoeck, H. & J. W. Wiggins (eds.), *Relativism and the Study of Man*, Princeton, pp. 135–157]。中译文见施特劳斯，《古典政治理性主义的重生》，前揭。

1961，"评哈德森'再思韦伯论题'"("Comment on W. S. Hudson, 'The Weber Thesis Re-examined'", in *Church History*, 30: 1, pp. 100–102)。中译文见施特劳斯，《苏格拉底问题与现代性》，前揭。

1961，"追忆阿容松点滴"("Memorial Remarks for Jason Aronson", in Strauss, L., *Jewish Philosophy and the Crisis of Modernity*, *op. cit.*, pp. 475–476)。中译文见施特劳斯，《犹太哲人与启蒙》，前揭。

1962，"论门德尔松《上帝的事业：或被维护的神意》"("Zu Mendelssohns *Sache Gottes*, *oder die gerettete Vorsehung*", in *Einsichten*: *Gerhard Krüger zum 60*: *Geburtstag*, Frankfurt/Main, pp. 361–375）。此文为十篇门德尔松提要之一（参“编著”类之“1931—1937，Mendelssohn”），此为作者本人将旧文初次发表。

1963，“柏拉图”［“Plato”，in Strauss，L. & J. Cropsey（eds.），*History of Political Philosophy*，Chicago，pp. 7–63］。中译文见施特劳斯，《苏格拉底问题与现代性》，前揭。参“编著”类之“1963，Strauss，L. & J. Cropsey”。

1963，“答沙尔和沃林”（“Replies to Schaar and Wolin”，in *American Political Science Review*，57：1，pp. 152–155）。中译文见施特劳斯，《苏格拉底问题与现代性》，前揭，译名作“摆脱无论左派还是右派的偏见”。

1963，“［《政治哲学史》］绪论”（“Introduction”，in Strauss，L. & J. Cropsey（eds.），*History of Political Philosophy*，Chicago，pp. 1–6）。中译文见施特劳斯，《苏格拉底问题与现代性》，前揭。

1965，“［《斯宾诺莎的宗教批判》］英译本序”（“Preface to the English Translation”，in Strauss，L.，*Spinoza's Critique of Religion*，*op. cit.*）。参“专著”类之“1930，《斯宾诺莎的宗教批判作为其圣经学基础》”。

1965，“评敏兹《追踪利维坦：十七世纪对霍布斯的唯物主义和道德哲学的反应》”（“Review of Samuel I. Mintz：*The Hunting of Leviathan*：*Seventeenth-Century Reactions to the Material-*

ism and Moral Philosophy of Thomas Hobbes”, in *Modern Philology*, 62：3, pp. 253－255）。中译文见施特劳斯,《霍布斯的宗教批判》，前揭。

1967,“洛克作为‘权威论者’：评洛克《政府二论》的亚布拉姆笺注本”（“John Locke as ‘Authoritarian’：Review of Philip Abrams's edition of John Locke：*Two Tracts on Government*”, in *Intercollegiate Review*, 4：1, pp. 46－48）。中译文见施特劳斯,《苏格拉底问题与现代性》，前揭。

1968，“希腊史家：评亨利《希腊历史写作：基于色诺芬〈希腊志〉的一篇历史编纂学论文》”（“Greek Historians：Review of W. P. Henry：*Greek Historical Writing*：*A Historiographical Essay Based on Xenophon's ‘Hellenica’*”, in *Review of Metaphysics*, 21：4, pp. 656－666）。中译文见施特劳斯,《苏格拉底问题与现代性》，前揭。

1970,“马基雅维里与古典文学”（“Machiavelli and Classical Literature”, in *Review of National Literature*, 1：1, pp. 7－25）。中译文见施特劳斯,《苏格拉底问题与现代性》，前揭。

四、讲　座

1930,“［评蒂利希的］《当代宗教状况》”（“*Religiöse Lage der Gegenwart*”, Bundeslager of the Kadimah in Brieselang near Berlin, 21 Dec.）。正式文字版见 Strauss, L., *Gesammelte Schriften*,

II, *op. cit.* 中译文见施特劳斯,《犹太哲人与启蒙》, 前揭。

1931, "柯亨与迈蒙尼德" ("Cohen und Maimuni", Hochschule für die Wissenschaft des Judentums, Berlin, 4 May)。正式文字版见 Strauss, L., *Gesammelte Schriften*, *II*, *op. cit.* 英译文见 Strauss, L., *On Maimonides*, *op. cit.* 中译文增订版见施特劳斯,《论法拉比与迈蒙尼德》, 前揭。

1940, "德国战后哲学的现存问题" ("The Living Issues of German Postwar Philosophy", Syracuse University, 27 Apr.)。正式文字版见 Meier, H., *Leo Strauss and the Theologico-Political Problem*, Cambridge: 2006, appendix. 中译文见施特劳斯,《苏格拉底问题与现代性》, 前揭。

1941, "德意志虚无主义" ("German Nihilism", New School for Social Research, 26 Feb.)。正式文字版见 *Interpretation*, 26: 3 (Spring 1999), pp. 353–378 [另参 "Corrections to *German Nihilism*", in *Interpretation*, 28: 1 (Fall 2000), pp. 33 – 34]。中译文见施特劳斯,《苏格拉底问题与现代性》, 前揭。

1942, "我们能够从政治理论中学到什么?" ("What Can We Learn from Political Theory?" New School for Social Research, July)。正式文字版见 *Review of Politics*, 69: 4 (Fall 2007), pp. 515–529. 中译文见施特劳斯,《苏格拉底问题与现代性》, 前揭。

1943, "就犹太人问题对轴心国的再教育" ("The Re-education of Axis Countries Concerning the Jews", New School for Social Research, 7 Nov.)。正式文字版见 *Review of Politics*, 69: 4 (Fall 2007), pp. 530–538。中译文见施特劳斯,《犹太哲人与启蒙》, 前揭。

1944, "如何研究中古哲学"("How to Study Medieval Philosophy", 16 May)。正式文字版见 *Interpretation*, 23: 3 (Spring 1996), pp. 321–338. 中译文见施特劳斯,《古典政治理性主义的重生》, 前揭。

1948, "理性与启示"("Reason and Revelation", Hartford Theological Seminary, 8 Jan.)。正式文字版见 Meier, H. , *Leo Strauss and the Theologico-Political Problem*, *op. cit.* , appendix. 中译文见施特劳斯,《苏格拉底问题与现代性》, 前揭。

1949, "自然权利与历史"("Natural Right and History", The University of Chicago, autumn)。共六讲。扩充为专书《自然权利与历史》(*op. cit.*)。

1950, "耶路撒冷与雅典"("Jerusalem and Athens", The University of Chicago, 25 Oct. and 8 Nov.)。原有三讲, 有第一讲和第三讲录音。

1950s, "柏拉图的《游叙弗伦》"("Plato's *Euthyphron*")。正式文字版见 *Interpretation*, 24: 1 (Fall 1996), pp. 5 – 23. 中译文见施特劳斯,《古典政治理性主义的重生》, 前揭。

1952, "进步还是回归? 西方文明的当代危机"("Progress

or Return? The Contemporary Crisis in Western Civilization", The University of Chicago, 5 and 19 Nov.)。原有三讲，有第一讲和第三讲录音。正式文字版见 *Modern Judaism*, 1: 1 (1981), pp. 17–45. 中译文见施特劳斯,《古典政治理性主义的重生》,前揭。部分内容亦以如下标题出现："The Mutual Influence of Theology and Philosophy", in *Independent Journal of Philosophy*, 3 (1979), pp. 111–118. 中译文见施特劳斯,《苏格拉底问题与现代性》，前揭。

1953,"思索马基雅维里"("Thoughts on Machiavelli", The University of Chicago, autumn)。共四讲。扩充为专书《思索马基雅维里》(*op. cit.*)。

1954—1955,"什么是政治哲学?"("What Is Political Philosophy?" Hebrew University, December and January)。修订后的正式文字版收入专书《什么是政治哲学? 及其他研究》(*op. cit.*)。

1956,"存在主义"("Existentialism", The University of Chicago, February)。正式文字版见 *Interpretation*, 22: 3 (Spring 1995), pp. 303–320. 中译文见施特劳斯,《古典政治理性主义的重生》，前揭，请注意中译文所据英文文集对原文有细微的删节。

1957,"论《创世记》释义"("On the Interpretation of Genesis", The University of Chicago, 25 Jan.)。正式文字版见 *L'Homme: Revue française d'anthropologie*, 21: 1 (1981), pp. 5–20. 中译文见

施特劳斯,《犹太哲人与启蒙》,前揭。

1958,“弗洛伊德论摩西与一神教”(“Freud on Moses and Monotheism”, The University of Chicago, spring)。正式文字版见 Strauss, L., *Jewish Philosophy and the Crisis of Modernity*, *op. cit.*, pp. 258-309. 中译文见施特劳斯,《犹太哲人与启蒙》,前揭。

1958,“政治学的源头与苏格拉底问题”(“The Origins of Political Science and the Problem of Socrates”, The University of Chicago, between 27 Oct. to 7 Nov)。共六讲,正式文字版见 *Interpretation*, 23:2 (Winter 1996), pp. 129-207. 第一讲中译文见施特劳斯,《苏格拉底问题与现代性》,前揭。后五讲中译文修订本见施特劳斯,《古典政治理性主义的重生》,前揭。

1959,“什么是自由教育?”(“What Is Liberal Education?” The University of Chicago, 6 June.)。正式文字版收入专书《古今自由主义》(*op. cit.*)。

1959,内容不详。相关文献为 Strauss, L., “An Unspoken Prologue to a Public Lecture at St John's College in Honor of Jacob Klein”, in *Interpretation*, 7:3 (1978), pp. 1-3. 中译文见施特劳斯,《犹太哲人与启蒙》,前揭。

1960,“理性与启示”(“Reason and Revelation”, The University of Chicago)。共三讲,录音全。

1960,“迈蒙尼德引说”(“Introduction to Maimonides' *The Guide of the Perplexed*”, The University of Chicago, 7 and 14

Feb.)。录音全，正式文字版见 Strauss, L. , *On Maimonides*, *op. cit.* 中译文见施特劳斯，《论法拉比与迈蒙尼德》，前揭。

1960s，“修昔底德：政治史的意义”（“Thucydides: The Meaning of Political History”）。具体时间地点不详。正式文字版见 Strauss, L. , *The Rebirth of Classical Political Rationalism*, ed. Pangle, Th. L. , Chicago: 1989. 中译文见施特劳斯，《古典政治理性主义的重生》，前揭。

1962，“为什么我们仍然是犹太人”（“Why We Remain Jews”, The University of Chicago, 4 Feb.)。录音全，正式文字版见 Strauss, L. , *Jewish Philosophy and the Crisis of Modernity*, *op. cit.* 中译文见施特劳斯，《犹太哲人与启蒙》，前揭。

1963，“宗教与共同福祉”（“Religion and the Commonweal”, The University of Chicago, 27 Jan.)。录音全。

1963，“我们时代的危机”—“政治哲学的危机”（“The Crisis of Our Time” - “The Crisis of Political Philosophy”, University of Detroit, 28—29 Mar.)。正式文字版见 Spaeth, H. J. (ed.), *The Predicament of Modern Politics*, Detroit: 1964, pp. 41 - 54, 91-103. 中译文见施特劳斯，《苏格拉底问题与现代性》，前揭。

1968，“苏格拉底式追问”（“The Socratic Question”, Claremont Men's College, 14 Feb.)。录音全。

1970，“苏格拉底问题”（“The Problem of Socrates”, St. John's

College at Annapolis, 17 Apr.)。正式文字版见 *Interpretation*, 22: 3 (Spring 1995), pp. 321–338. 中译文见施特劳斯,《苏格拉底问题与现代性》, 前揭。

1970, Klein, J. & L. Strauss, "剖白"("A Giving of Accounts", St. John's College at Annapolis, 30 Jan.)。正式文字版见 *The College*, 22: 1 (1970), pp. 1–5. 中译文见施特劳斯,《苏格拉底问题与现代性》, 前揭。

五、讲 课

1950s,《马基雅维里》(*Machiavelli*, The University of Chicago)。可能已无任何资料留下, 除了一份必读书目(题为 Machiavelli Supplements, 流传于网络)。

1956,《尼采: 历史主义与现代相对主义》(*Nietzsche: Historicism and Modern Relativism*)。共几讲以及录音状况不明。有非正式文字版。

1957,《柏拉图的〈王制〉》(*Plato's Republic*, The University of Chicago, autumn quarter)。共十六讲, 录音状况不明。有非正式文字版。

1957,《柏拉图的〈高尔吉亚〉》(*Plato's Gorgias*, The University of Chicago, autumn quarter)。共几讲以及录音状况不明。有非正式文字版。

1958,《康德》(*Kant*, The University of Chicago, spring

quarter)。共二十讲，录音全。有非正式文字版。阅读文本：*Prolegomenon* (*Introduction*), *Critique of Pure Reason* (prefaces and select passages), *Idea for A Universal History with Cosmopolitan Intent*, *Theory and Practice*, *The Principle of Progress*, *Perpetual Peace*, *Fundamental Principles of the Metaphysics of Morals*, *The Critique of Judgment* (select passages).

1958,《洛克》(*Locke*, The University of Chicago)。共几讲以及录音状况不明。有非正式文字版。

1958,《黑格尔的〈历史哲学〉》(*Hegel's The Philosophy of History*, The University of Chicago, autumn quarter)。共十二讲，录音状况不明。有非正式文字版。阅读文本除标题中提到的以外，还包括 *Logic*, *Phenomenology of Mind.*

1959,《尼采的〈扎拉图斯特拉〉》(*Nietzsche's Zarathustra*, The University of Chicago, spring quarter)。共几讲以及录音状况不明。有非正式文字版。

1959,《斯宾诺莎》(*Spinoza*, The University of Chicago)。共十六讲，录音状况不明。有非正式文字版。

1959,《柏拉图的〈会饮〉》(*Plato's Symposium*, The University of Chicago)。共十二讲，录音只剩一讲。十二讲的正式文字版：Strauss, L., *On Plato's Symposium*, ed. Benardete, S., Chicago: 2001, ix + 294 pp.，收录了作者自己的《会饮》英译。中译本：施特劳斯,《论柏拉图的〈会饮〉》，伯纳德特编，

邱立波译，北京：华夏出版社，2012年。

1959，《柏拉图的〈法义〉》（*Plato's Laws*，The University of Chicago，autumn quarter）。共十五讲，录音只有一讲。有非正式文字版。

1959，《西塞罗》（*Cicero*，The University of Chicago，spring quarter）。共十四讲，录音只有两讲。有非正式文字版。阅读文本：*The Republic*，*The Laws*，*On the Ends of Good and Bad Things* and *The Offices*.

1960，《亚里士多德的〈政治学〉》（*Aristotle's Politics*，The University of Chicago，spring quarter）。共十七讲，录音仅缺第二讲。有非正式文字版。

1960，《政治学的源头》（*The Origins of Political Science*，The University of Chicago，winter quarter）。共十四讲，录音仅缺第一讲。有非正式文字版。阅读文本：Plato，*Apology* and *Crito*；Aristophanes，*Clouds*，*Birds*，and *Wasps*。

1960，Strauss，L. & J. Cropsey，《马克思》（*Marx*，The University of Chicago，spring quarter）。共十六讲，录音仅缺一讲。有非正式文字版。阅读文本：*Capital*，*German Ideology*，and *Communist Manifesto*.

1961，《古典政治哲学的基本原理》（*Basic Principles of Classical Political Philosophy*，The University of Chicago，autumn quarter）。共十六讲，录音状况不明。有非正式文字版。

1961,《柏拉图的〈王制〉》(*Plato's Republic*, The University of Chicago, autumn quarter)。共十六讲，录音状况不明。有非正式文字版。

1962,《修昔底德》(*Thucydides*, The University of Chicago, winter quarter)。共十七讲，录音状况不明。有非正式文字版。

1962,《卢梭》(*Rousseau*, The University of Chicago, autumn quarter)。共十七讲，录音只有四讲。有非正式文字版。阅读文本: *Second Discourse* and *Emile*。

1962,《自然权利》(*Natural Right*, The University of Chicago, autumn quarter)。共十二讲，录音只有八讲。有非正式文字版。此课讨论赫拉克利特、柏拉图、亚里士多德和西塞罗。

1962—1963,《色诺芬》(*Xenophon*, The University of Chicago)。共十六讲，录音只有四讲。有非正式文字版。阅读文本: *Oeconomicus*, *Hiero*, *Memorabilia*, *Ways and Means*, *Athenian Constitution*, *Lacedaemonian Constitution*, and *Cyropaedia*。

1963,《亚里士多德的〈尼各马可伦理学〉》(*Aristotle's Nicomachean Ethics*, The University of Chicago, spring quarter)。共十六讲，录音只有一讲。有非正式文字版。

1963,《柏拉图的〈高尔吉亚〉》(*Plato's Gorgias*, The University of Chicago, autumn quarter)。共十五讲，录音只缺第三讲。有非正式文字版。

1963,《维科》(*Vico*, The University of Chicago, autumn

quarter)。共十七讲，录音只缺两讲。有非正式文字版。

1964，《亚里士多德的〈修辞术〉》(*Aristotle's Rhetoric*，The University of Chicago，spring quarter)。共十六讲，录音全。

1964，《格劳修斯的〈论战争与和平法〉》(*Grotius's On the Law of War and Peace*，The University of Chicago，autumn quarter)。共十四讲，录音状况不明。有非正式文字版。

1964，《霍布斯的〈论公民〉与〈利维坦〉》(*Hobbes' De Cive and Leviathan*，The University of Chicago，winter quarter)。共十六讲，录音全。有非正式文字版。阅读文本除标题所示的以外，还包括 Macqherson，C. B.，*The Political Theory of Possessive Individualism*：*Hobbes to Locke*，Oxford：1962.

1965，《孟德斯鸠的〈法的精神〉》(*Montesquieu's The Spirit of the Laws*，The University of Chicago，autumn quarter)。两讲之后取消了此课，录音全。

1965，《孟德斯鸠的〈法的精神〉》(*Montesquieu's The Spirit of the Laws*，The University of Chicago，winter quarter）共十七讲，录音只有五讲。

1965，《政治哲学引说》(*Introduction to Political Philosophy*，The University of Chicago，winter quarter)。共十六讲，录音只有九讲。有非正式文字版。

1965，《柏拉图的〈普罗塔戈拉〉》(*Plato's Protagoras*，The University of Chicago，spring quarter)。共十七讲，录音全。有非

正式文字版。

1965,《黑格尔的〈历史哲学〉》(*Hegel's The Philosophy of History*, The University of Chicago, winter quarter)。共十六讲,录音全。有非正式文字版。

1966,《孟德斯鸠的〈法的精神〉》(*Montesquieu's The Spirit of the Laws*, The University of Chicago, spring quarter)。共十六讲,录音全。阅读文本除标题所示的以外,还包括 *Persian Letters*。

1966,《柏拉图的〈美诺〉》(*Plato's Meno*, The University of Chicago, spring quarter)。共十六讲,录音全。有非正式文字版。

1966,《柏拉图的〈苏格拉底的申辩〉与〈克力同〉》(*Plato's Apology of Socrates and Crito*, The University of Chicago, autumn quarter)。共十六讲,录音全。有非正式文字版。阅读文本除标题所示的以外,还包括 Xenophon, *Memorabilia* 选段。

1967,《亚里士多德的〈政治学〉》(*Aristotle's Politics*, The University of Chicago, autumn quarter)。共十六讲,录音状况不明。有非正式文字版。

1967,《尼采的〈超越善恶〉与〈道德的谱系学〉》(*Nietzsche's Beyond Good and Evil and Genealogy of Morals*, The University of Chicago, winter quarter)。共十七讲,录音状况不明。有非正式文字版。阅读文本除标题所示的以外,还包括 *Zarathustra* and *The Birth of Tragedy*。

1967,《康德》(*Kant*, The University of Chicago, spring

quarter)。共十七讲，录音全。有非正式文字版。阅读文本：*The Critique of Pure Reason*, *Metaphysical Foundation of Morals*, *What is Enlightenment? Idea for a Universal History*, *A Critical Review of J. G. Herder's Ideas for a Philosophy of History*, *Conjectural Beginning of Human History*, *Theory and Practice*, *The End of All Things*, *Perpetual Peace* (including Appendix), *An Old Question Raised Again.*

1968,《柏拉图的〈欧蒂德谟〉》(*Plato's Euthydemus*, Claremont Men's College, summer quarter)。不知共几讲，录音有六讲。

1968—1969,《亚里士多德的〈尼各马可伦理学〉》(*Aristotle's Nicomachean Ethics*, Claremont Men's College, winter and spring quarters)。共二十五讲，录音只缺第一讲。有非正式文字版。

1969—1970,《色诺芬的〈齐家〉》(*Xenophon's Oeconomicus*, St. John's College at Annapolis)。共十九讲，录音全。

1970—1971,《尼采的〈超越善恶〉》(*Nietzsche's Beyond Good and Evil*, St. John's College at Annapolis)。共十三讲，录音全。有非正式文字版。

1970—1971,《柏拉图的〈法义〉》(*Plato's Laws*, St. John's College at Annapolis)。共二十六讲，录音全。有非正式文字版。

1972—1973,《修昔底德》(*Thucydides*, St. John's College at

Annapolis）。共十七讲，录音全。

1973，《柏拉图的〈高尔吉亚〉》（*Plato's Gorgias*，St. John's College at Annapolis，autumn quarter）。录音只有第一讲（10 月 3 日）。

时间不详，《柏拉图的〈治邦者〉》（*Plato's Statesman*）。The Leo Strauss Center 网站上仅存其目。

时间不详，《卢梭的〈社会契约论〉》（*Rousseau's Social Contract*）。The Leo Strauss Center 网站上仅存其目。

六、书　信

1928 — 1962，《致克吕格（Gerhard Krüger，1902 — 1972）》。见 Strauss，L.，*Gesammelte Schriften*，*III*，*op. cit.* 中译文见迈尔编，《回归古典政治哲学：施特劳斯通信集》，朱雁冰等译，北京：华夏出版社，2006 年。

1929 — 1969，《致克莱因（Jacob Klein，1899 — 1978）》。见 Strauss，L.，*Gesammelte Schriften*，*III*，*op. cit.* 中译文见迈尔编，《回归古典政治哲学》，前揭。

1932 — 1933，《致施米特（Carl Schmitt，1888 — 1985）》。见 Meier，H.，*Carl Schmitt*，*Leo Strauss und* "*Der Begriff des Politischen*"：*Zu einem Dialog unter Abwesenden*，Stuttgart：1988，pp. 129– 139. 中译文见施特劳斯，《霍布斯的宗教批判》，前揭。

1932 — 1965，《致科耶夫（Alexandre Kojève，1902 — 1968）》。

见 Strauss, L. ,《论僭政》(*op. cit.*)。中译文见施特劳斯等,《论僭政》, 前揭。亦见 "Supplement to the Strauss-Kojève Correspondence", in *Interpretation*, 36: 1 (Fall 2008), 79—100.

1932—1971,《致洛维特 (Karl Löwith, 1897—1973)》。见 Strauss, L. , *Gesammelte Schriften*, *III*, *op. cit.* 中译文见迈尔编,《回归古典政治哲学》, 前揭。

1933—1973,《致索勒姆 (Gershom Scholem, 1897—1982)》。见 Strauss, L. , *Gesammelte Schriften*, *III*, *op. cit.* 中译文见迈尔编,《回归古典政治哲学》, 前揭。

1934—1964,《致沃格林 (Eric Voegelin, 1901—1985)》。见 Emberley, P. & B. Cooper (eds.), *Faith and Political Philosophy*: *The Correspondence between Leo Strauss and Eric Voegelin*, *1934—1964*, University of Missouri Press, 2004. 中译文见恩伯莱等编,《信仰与政治哲学: 施特劳斯与沃格林通信集》, 谢华育等译, 上海: 华东师范大学版, 2007。另有 1951 年两封见 Voegelin, E. etc. , *Briefwechsel über "Die Neue Wissenschaft der Politik"*, ed. Opitz, P. J. , Freiburg/München: 1993, pp. 29–32, 46–52.

1949—1970,《致肯达尔 (Willmoore Kendall, 1909—1968)》。见 Murley, J. A. & J. E. Alvis (eds.), *Willmoore Kendall*: *Maverick of American Conservatives*, Lanham/Oxford: 2002, pp. 191–261.

1956,《致库恩 (Helmut Kuhn, 1899—1991)》。见 *Inde-*

pendent Journal of Philosophy, 2（1978）, pp. 23–26. 中译文见施特劳斯,《苏格拉底问题与现代性》, 前揭。

1961,《致伽达默尔（Hans-Georg Gadamer, 1900—2002）》。见 *Independent Journal of Philosophy*, 2（1978）, pp. 5–12. 中译文见迈尔编,《回归古典政治哲学》, 前揭。

时间不详,《致克劳斯（Paul Kraus, 1900—1944）》。尚未整理。

时间不详,《致伯纳德特（Seth Benardete, 1930—2001）》。手稿今存迈尔教授处, 尚未整理。